郁贤皓先生
学术思想研究文集

Yu xianhao xiansheng
xueshusixiang yanjiuwenji

张采民 编

凤凰出版社

图书在版编目（CIP）数据

郁贤皓先生学术思想研究文集 / 张采民编. -- 南京
: 凤凰出版社, 2012.1
ISBN 978-7-5506-1043-9

Ⅰ. ①郁… Ⅱ. ①张… Ⅲ. ①郁贤皓—学术思想—文集 Ⅳ. ①K825.6-53

中国版本图书馆CIP数据核字(2011)第254708号

书　　名	郁贤皓先生学术思想研究文集
编　　者	张采民
责任编辑	倪培翔
出版发行	凤凰出版传媒集团 凤凰出版传媒股份有限公司 凤凰出版社(原江苏古籍出版社) 发行部电话025-83223462
集团地址	南京市湖南路1号A楼,邮编:210009
集团网址	http://www.ppm.cn
出版社地址	南京市中央路165号,邮编:210009
经　　销	凤凰出版传媒股份有限公司
照　　排	南京凯建图文制作有限公司
印　　刷	江苏凤凰通达印刷有限公司 南京市六合区冶山镇,邮编:211523
开　　本	880×1230毫米　1/32
印　　张	10.75
字　　数	289千字
版　　次	2012年1月第1版　2012年1月第1次印刷
标准书号	ISBN 978-7-5506-1043-9
定　　价	42.00元

(本书凡印装错误可向承印厂调换,电话:025-57572508)

郁贤皓先生

郁贤皓先生在南京陶谷新村寓所书房

2004年8月郁贤皓先生与夫人卢美玲女士在俄罗斯参观莫斯科大学

1996年，郁贤皓先生与93级博士生查屏球（左一）、
封野（左二）、傅承洲（右一）在博士学位颁证仪式后合影

1993年参加南京大学徐兴无、胡传志博士论文答辩会。郁贤皓先生担任胡传志博士论文答辩会主席。前排为答辩委员。右起：周勋初（导师）、陈辽、吴文治、顾易生、郁贤皓、卞孝萱、郭维森、莫砺锋（导师）。

2000年11月17日，郁贤皓先生在日本早稻田大学作学术讲演，题为《安史之乱初期李白行踪新探索》。左为翻译寺尾刚先生。

1995年4月，郁贤皓先生（后右）在美国访问讲学间隙，与美国唐学会会长艾龙先生（后中）、宾夕法尼亚大学教授梅维恒先生夫妇（前一、二）、秦寰明先生（后左）一起在Key West岛宾馆楼梯上合影。

郁贤皓先生部分李白研究著作书影

郁贤皓先生部分史学研究与文献整理著作书影

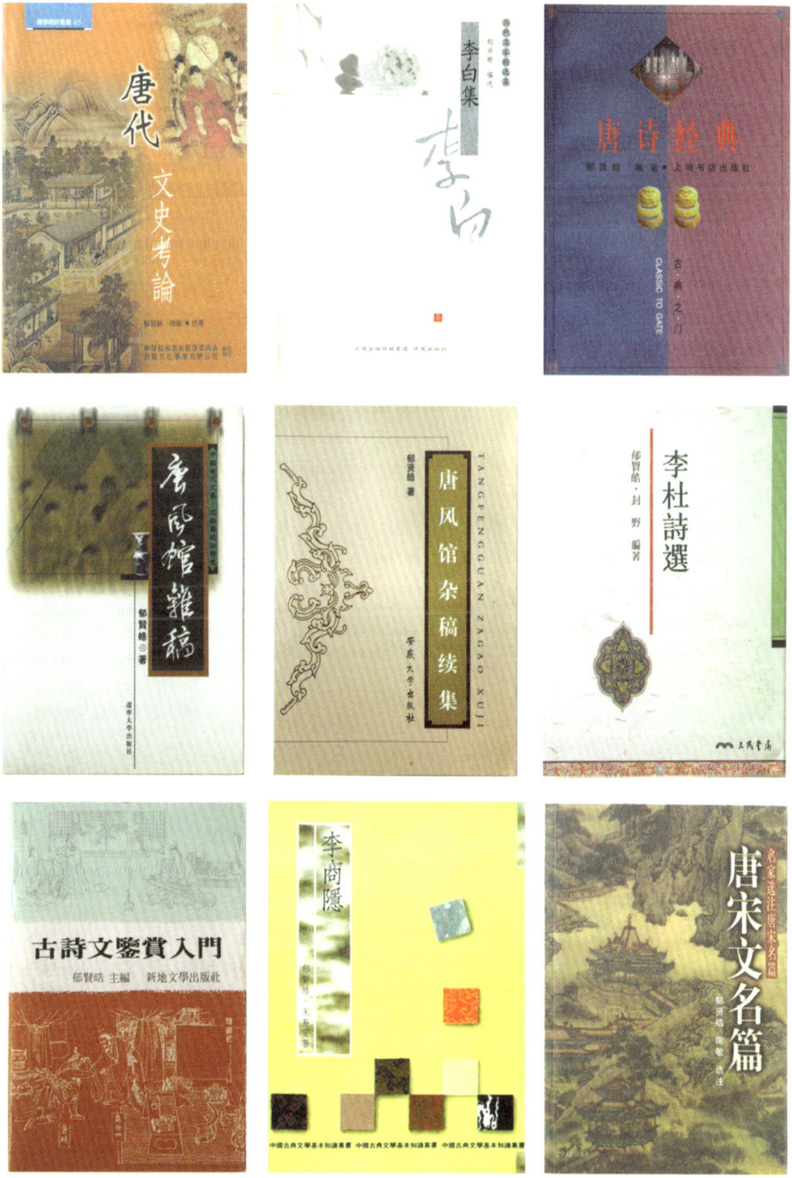

郁贤皓先生部分文史研究著作书影

郁贤皓先生主编的部分著作书影

目　录

序

张采民

郁贤皓先生在学术研究领域获得了巨大的成功。一个人能否在事业上取得成功,要受到许多因素的制约。就个人而言,应具备的素质主要有立志高远,目光敏锐;勤奋努力,功底扎实;专心致志,严谨朴实。这些素质郁先生都具备了,因此他的成功并非侥幸,也非偶然,可以说是成功的典范。

立志高远,目光敏锐。孔夫子云"登泰山而小天下",诗圣杜甫亦云"会当凌绝顶,一览众山小",诗仙李白更是"身不满七尺,而心雄万夫"。可以说立志高远、目光远大是一个人事业上取得成功的首要因素。郁先生深受古代圣贤伟人的激励和影响,有远大的目标,极强的进取心。记得还是在上世纪七十年代,当时郁先生还只是一个青年教师。有一次,他对我说:"做学问,就要成为一流专家;写书,就要写传世之作。"当时我心想,口气够大的,有几个人能成为一流专家,又有几个人能写出传世之作。然而事实证明,郁先生的话并非痴人说梦。十几年后,郁先生就被学界誉为"当代李白研究第一人",说他是一流专家,应该是当之无愧的。他的大型文史工具书《唐刺史考》具有极高的学术价值和实用价值,一问世,就在学界引起了轰动,受到专家极高的评价。说这部专著是传世之作,应该是毫无疑义的。郁先生不仅立志高远,而且学术眼光敏锐,这是从事学术研究必须具备的又一项重要素质。李白与杜甫是中国诗歌史上的两座高峰，双峰并峙，各有所长。然而李、杜研究的现状却大不相同。对杜甫的研究可以说已经相当全面、细致、深入了，要想有新的发现，或向前推进一步，十分困难。对李白的研究当然也十分困难，但是困难的不是空白（问题）太少，而是空白太多，而这些问题又很难解决。举例来说，在文献研究方面，新中国建立以前就有千家注杜诗之说，而给李白的集子作注的只有几家。究其原因，恐怕主要是因为注杜诗容易，而注李诗太难。为什么研究李白更难呢？这恐怕主要是李、杜二人的个性差异所造成的。杜甫行事稳重、严谨，甚至有点刻板。而李白行事则随意、虚夸，有点天真浪漫。因此，杜甫说的话基本上是真实可靠的，他的生平、创作都交代得清清楚楚。而李白说的话千万不能当真，他的生平、创作留下了许多疑点，或者说是“谜 ”。杜甫的诗中规中矩，有章可循。如果想学杜诗，只要肯下工夫，就必定会有所成。而李白的诗则天马行空，任意挥洒。如果没有李白的才气，是学不会李诗的。因此，在李白研究领域要有新的进展，就更加困难。然而也正因为留下了这么多的空白，或者说“谜”，这一研究课题就更富于挑战性，也更有价值。郁先生把李白作为自己终生从事的主要研究课题，可以说是选择了一个“富矿”，是极具学术眼光。所以他很快就出版了自己的第一本学术专著《李白丛考》，解开了李白生平、创作中的许多的“谜”，取得了一系列的研究成果，一炮打响，从而奠定了他在李白研究领域的地位。

勤奋努力，功底扎实。勤奋是事业成功的重要保证，郁先生就是典型的例证。还是在上世纪八十年代初，当时他正在全力以赴地撰写《唐刺史考》。有一次，是夏天的一个闷热的夜晚，当时的生活条件和今天没法比，不用说空调，连电扇也没有。我在家呆不下去了，就去了他家。一进房门儿，一股热浪扑面而来。只见他赤着膊，穿条短裤，一边用毛巾擦着头上的汗水，一边奋笔疾书。听他说他每天工作十六小时以上，中午吃食堂，吃完后再带点饭菜晚上热热吃，一分钟也耽误不起。当时我心里很是感慨，每一位成功的学者，都是奋斗出来的，他的煌煌巨著正是他的心血和汗水的结晶。正因为勤奋，才十年磨一剑，有了三百多万字的巨著《唐刺史考》问世。也是因为勤奋，郁先生才打下了扎实的专业功底。大家都知道，要想在古代文学研究领域做出成绩，没有扎实的专业功底是不行的。不仅要有坚实的文献功底和理论素养，而且还要有深厚的“小学”功力，即文字学、音韵学、训诂学等基础知识和理论。记得我刚留校工作时，唐圭璋先生就对我说，做学问就要先打好“小学”方面的基础，当时我还不太理解，后来才慢慢明白了。郁先生 1945 年就进工厂做工，1957 年以调干生的身份考取南京师范学院中文系。在大学期间，他勤奋刻苦是出了名的。听说他经常在晚上宿舍熄灯以后，别的同学都睡觉了，他还在走廊，甚至盥洗室看书学习。就是凭借这种勤奋的精神和毅力，毕业时他以优异的成绩留校任教。最初几年他讲授的并不是古代文学课，而是古代汉语课，由此可见他在大学期间在“小学”方面已打下了很好的基础。郁先生特别擅长考证，不仅思维缜密，而且必定言之有据，言之成理，因此具有极强的说服力，这正是得力于他深厚的专业功底。

专心致志，严谨朴实。专心致志，心无旁骛是事业成功的重要一环。一个人的时间和精力是有限的，更何况现代学科分类越来越细，对各个学科的研究也越来越精细，越来越深入了，因此要成为通才几乎是不可能的。进行学术研究更是如此，哪儿热闹就往哪儿凑固然不行，打一枪换一个地方也不可能有大的建树。《老子》云：“善建者不拔，善抱者不脱，子孙以祭祀不辍。”郁师虽然知识面广博，但他四十多年以来，主要从事的是唐代文史研究，咬定青山不放松，从不东张西望，这山望着那山高，因此才能成为享誉海内外的唐代文史研究专家。记得上世纪七十年代初，文化大革命正如火如荼地进行着，许多人都热衷于政治运动。那时各种各样的会议很多，无谓地消耗着人们的时间和精力。郁师是五十年代初入党的老党员，组织纪律观念很强。没有特殊的事情他肯定会准时参加会议。如有特殊的事情他必定会请假的。整天开会，就干不成别的事了。但那时他正在集中精力从事李白生平事迹的考索，时间非常宝贵。因此，在开会时他总是把书和资料摊在桌子上，自顾自地看书，做卡片，完全不顾忌别人对自己的看法。当时有位老师对我说："你看老郁给你们树立了多好的榜样啊，整天不务正业，不求进步。"殊不知郁师务的才是真正的"正业"，做的才是于国于民有益的大事。当时我心里就想，不来开会不行，但来了听不听别人就管不着了。于是我也想学郁师的样子，当然不敢像他那样堂而皇之地看书做卡片，只是带一本书，在下面偷偷地看。但是只看了几页就看不下去了，因为总觉得作报告或主持会议的人在看着你，别的同事也在对你指指点点，犹如芒刺在背，从此就放弃了。反正我这个人也不会有什么大的作为，时间浪费了就算了，别受那个洋罪了吧！一般的人总是很在乎别人对自己的看法和评价，因此自己想说的话不敢说，想做的事不敢做，所以活得很累。一个人能一辈子都很勤奋努力固然不容易，但一辈子都能说自己想说的话，做自己想做的事就更是难上加难了，郁师是我见过的唯一能做到这一点的人。郁师治学严谨，学风朴实；重视实证，不尚空谈。他提倡原创性研究，每有论著发表，必有创见与发明，决不人云亦云，拾人牙慧；提倡"竭泽而渔"式的研究方法，提倡用材料事实说话，反对凭空臆测推断；他思虑缜密，擅长考据，每得出一种结论，必定言之有据（特别重视运用前人没有发现或没有注意到的新材料），论证充分，具有不可辩驳的说服力。

时届郁先生八秩华诞将临，归纳总结一下郁先生的学术贡献、学术思想及治学方法，意义重大，这是留给后人的一笔丰厚的财富。

本书收集的文稿分为题词、序、书评、治学方法、情谊与趣事、访谈录、著述年表等七类，主要是介绍、评价、探讨郁师的学术贡献、学术思想、治学方法、学术道路、与郁师的友情、师生情谊，以及郁师的个性、为人、趣事等，较为全面、真实地反映了郁师的学术活动与人格魅力。我作为郁先生最早的博士生弟子，又长期在郁先生身边工作，责无旁贷地将郁先生的好友及弟子的这些珍贵的文稿汇集成册。所收文稿的内容，文字未作改动，一如原貌。在文集的编纂过程中，得到了同门师兄弟，尤其是郁师的好友们的热情支持，在此表示诚挚的谢意。由于时间仓促，文集在编纂过程中，可能有疏漏不妥之处，尚祈郁师的好友及我同门和广大读者不吝指正。

2011年7月26日于南京师范大学

贺　　词

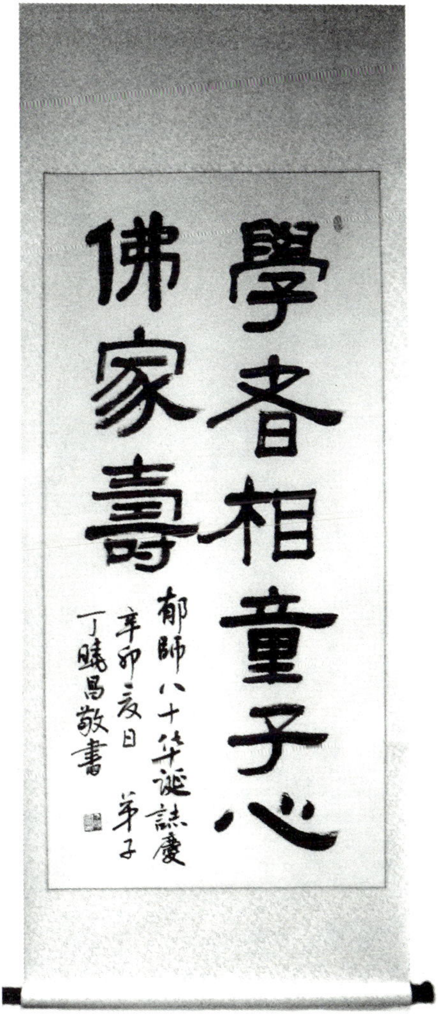

丁晓昌贺书

一、书序

《李白丛考》序

孙　望

郁贤皓同志将近年来所写有关李白的考证文章，汇成一集，送给我看，并要我写一点读后的印象。对于李白，我实无研究。过去我只是浮光掠影地看看王琦的注本而已，于李白生平以及前人对他诗歌所作的诠解，虽也有一些疑问，但都未予追究。因为我知道，诸事不追究也罢，一追究则必枝节横生，问题层出；而且往往彼此连锁，要解决此一端，必先搞清彼一端，而要搞清彼一端，就又得牵扯到另外一些事上去。难题一连串，终于令我望而却步了。贤皓同志的读书态度却非常认真，他曾几次和我谈过他的主张：有问题，必追究。现在从《李白丛考》这部著作里，我更看到了他在这方面的实践成果。

下面，想谈谈我读过这部著作后的几点感想。

一、《李白丛考》为李白生平勾勒了一个新的轮廓。诚然，此书是一部考证性著作，其中所收论文，各自独立成篇，每篇又是各拈一题的。但当我读完以后，把各篇的内容排比一下，沟通起来，李白生平的梗概，便似乎清晰地浮现在我的脑际了。不是吗，从李白早年在蜀中从赵征君蕤学，向苏颋"路中投刺"，到出蜀后"南穷苍梧，东涉溟海"，就婚安陆，两入长安，以致安史乱后长流夜郎，遇赦东归，直至卒于当涂等事迹，文中都有所涉及。正因为这是以各个问题为主的考证性著作，它只能因考证某一问题而涉及某一事迹，当然就不会像评传那样叙写得有条贯，有系统。但我们不能忽视，它也有评传所不能企及的特点，即：评传对某些史事有时容许用模棱的词语去概述；时间、地点、交游人物，有时也可以含糊带过。可是考证文章则处处要求落实，事事要求有确凿根据，事实上也只有在考证的基础上，评传才能写得更正确，更好。《李白丛考》给我的深刻印象是，它提出了许多不同或不尽同于以前学者的研究结论。譬如本书考订李白出蜀，事在开元十二年秋，而前时学者则或主十三年，或主十四年。如考订李白与刘长卿余干之遇，事在上元元年春，而前时学者则认为乃乾元元年之事。又如考订李白前后两度晋京，第一次在开元十八年夏，走的是由安陆经宛的路线，入京后的居处是终南山，入京的原因是由于安州地方官吏的谤毁逼迫，"三见秦草绿"是此番耽在长安的时间，求进无门是此番晋京的结果。第二次晋京则在天宝元年秋，是从南陵奉诏起程的，是由于玉真公主的推荐玄宗才下诏征召的，赐金还山、再次离开长安的年代是天宝三载春，此番离京的时间则总共不足两年。而前时学者首先对一次晋京或两次晋京有争议，在天宝年间的晋京问题上，又认为当在天宝二年。其次对入京的引线人物也有不同意见，一般都说是由于道士吴筠的引荐，而这种说法正是《丛考》所断然不予认可的。再如本书考订李白与元丹丘的订交，其时间早在出蜀之前，而出蜀之后又曾多次会晤：在开元十五年后有安州之会、襄阳之会；开元二十二年后有嵩山之会、洛阳之会、随州之会；天宝初有长安之会，天宝三载有东蒙之会，九载又有唐州石门山之会等等。的确，李白一生与元丹丘交游，"投分三十载，荣枯同所欢"，他们的过从频繁，他们的交谊深厚，而这恰恰又是前时学者所忽略或所语焉不详的。凡此等等有关李白的行事及其与朋友交游的考证，《丛考》都有与人不同或不尽相同的结论。如果根据这些结论来勾勒李白事迹的轮廓，显然会不同于根据前时学者们的结论所勾勒出来的轮廓，所以我说这是"新的轮廓"，自然，我认为这也是比较可靠的轮廓。

二、《李白丛考》为李白诗歌研究提出了新的见解。为了探索李白生平事迹及其交游，就必然要涉及到一些有关的作为第一手资料的李白诗篇。在贤皓同志细心的钩稽考索下，不少诗篇得到了新的理解，从而纠正了过去研究工作者所作出的错误判断。例如《丛考》在辨明崔侍御即崔成甫的基础上，进而对《玩月金陵城西孙楚酒楼……与酒客数人棹歌秦淮往石头访崔四侍御》一诗的内容作了探索，指出这首诗本身说明的事实，一是李白从金陵城西孙楚酒楼棹歌秦淮前往石头，二是李白往访崔成甫。可是《旧唐书·李白传》却说成是李白和崔宗之一同乘舟"自采石达金陵"。史传铸错于前，论家踵误于后，遂使读李白诗者横添了几许困惑。现在《丛考》予以辨析纠正，至少我个人于此是有"拨云雾"之感的。又如《丛考》因论证李白两入长安而涉及的对《蜀道难》一诗的理解，也有新的研究成果。对于这首诗，自来争议甚多。就写作年代言，有说在开元末的，有说在天宝末的，也有说在上元年间的。就诗的写作目的言，或以为讽玄宗幸蜀，或以为刺章仇兼琼跋扈，或以为罪严武，或以为规王炎，更有人认为这只不过是拟古乐府，并无所影射与指属的。总之，众说纷纭，莫衷一是。贤皓同志依据阴铿《蜀道难》中"蜀道难如此，功名讵可要"的立意，以探求李白诗的托意所在，参以姚合诗"李白蜀道难，羞为无成归"等例证，来论定此诗旨在抒发诗人对求取功名的意见。我认为这有充[illegible]的理由，和李白时代比较接近的姚合，不就是作如是观的吗？[illegible]问题上，文章又从贺知章赞赏李白《蜀道难》一事的发[illegible]进行考索，除引孟棨《本事诗》、王定保《唐摭言》等资料[illegible]为有力的佐证是唐诗人张祜的《梦李白》一诗。诗中所说"我昔开元中，生时值明圣"和"一言可否由贺老，即知此老心还公"云云，这无异给问题作了正面的解答，即：贺知章赏识李白《蜀道难》一事，发生的年代是开元之中，具体地说，也就是开元十八年李白初入长安之时。过去曾有人根据李白《蜀道难》入选于殷璠《河岳英灵集》以及这个集子所选诗"起甲寅，终癸巳"两端，以推此诗的写作时限：上不越开元二年，下不出天宝十二载。现在得了张祜“我昔开元中”诗句的提示，一方面既可以排除写于天宝年间的说法，另一方面也可借此作为《丛考》考定此诗写于开元十八年的有力助证。按张祜《梦李白》是一首长期被沉埋了的弥足珍贵的诗，它是常见的各个张祜诗集和《全唐诗》所未收录的。自一九八〇年上海古籍出版社影印北京图书馆藏宋本《张承吉文集》问世后，这诗和另外许多逸篇才得重见于世，也才能为学术界所援引。而贤皓同志则是首先注意到并且利用了这一罕见资料的学人之一。他在考证李白生平事迹及其交游的同时所得出的对若干诗篇的结论，对理解李白诗篇有着十分重要的作用，无疑是学术研究领域中的新的收获。

三、作者擅长从细致坚实的考证中得出结论。读过《李白丛考》后所留给我的一个最突出的印象是：它的每篇文章，其结论都是建筑在细致坚实的考证基础上的。举其中对崔侍御的考辨为例：李白集子里酬赠崔侍御的诗多达十一篇，足见崔、李关系之密。过去有的学者认为“崔侍御是崔宗之，名成辅，以字行，崔日用之子”，又说“成辅或作成甫”。实则这种臆测是缺乏可靠依据的。《丛考》不只从李白与崔宗之、崔成甫的酬答诗中找出两崔的区别，更有说服力的是，还从崔成甫父祖兄弟等家族成员的许多墓志——如[illegible]崔暟，父亲崔沔，母亲王夫人，伯母卢夫人，同祖从兄崔[illegible]甫，同父妹崔严爱，以及同父弟崔祐甫等人的墓志中抉[illegible]以其它史料，经过勾稽排比，从而得出了崔成甫自是崔成甫、[illegible]宗之的结论。事实如此，崔成甫乃崔沔之子，他是和从兄崔孟[illegible]、崔众甫、崔夷甫、以及他的亲弟弟崔祐甫依次排行的，他是行四，祐甫是行五。《丛考》又据《崔四郎(崔宜之)墓志》和崔祐甫作《齐昭公崔府君(崔日用)集序》等文，确证这个崔宜之便是崔宗之的哥哥，宜之是四郎，宗之自是五郎，他们乃崔日用之子。宜之、宗之都是“名”，并非“以字行”，而成甫也不等于成辅。《丛考》这一对旧说的纠正很重要，因为两崔都是李白的重要交游，纠正这一差错，就可免致张冠李戴、事迹缠夹的毛病。本来，这问题在《新唐书·宰相世系表》中已大致有了交代。《世系表》载：成甫、祐甫为崔沔子，出博陵崔氏二房；而宗之则为崔日用之子，出博陵三房。可是，《世系表》只能解答两崔分属于博陵二房与三房不同枝系的问题，却不足以解答宜之与成甫同为崔四，宗之与祐甫同为崔五的问题，以致造成李白研究者中有人错把崔四侍御当做崔宗之的失误。《丛考》主要依靠李白及其有关人物的诗文和众多墓志，参互钩稽，使这个长久混淆不清的疑案终于得到澄清，这个收获不能不引起我们对考证工作的重视。

凭借碑志以考核人事，自是很好的办法，但这只是贤皓同志资以考证的一个方面。此外，随着问题性质的不同和资料情况的不同，他还采取多种途径去求得疑难的解决：从诗文中去寻找内在关系，从历史背景上去找外缘关系，或从时间、地点、官衔的异同上去找线索，或从亲朋交游、离合聚散上去作推敲，也有的时候从版本校勘上去寻求旁助，等等，途径是多方面的。我体会到在充分掌握资料、证据齐备的情况下，许多结论的获得，自有“百川灌河”、“水到渠成”之势。自然，这种结论，也就是坚实可信或比较可信的了。

总之，贤皓同志的这部著作，对李白的部分事迹和部分重要交游作了深入的考索，其中有的是纠正前人错误说法的，有的是部分同意前人论点而部分益以己见的，较多的是发前人之所未发的独创的新见。如前所说，重资料，重考证，是这部著作的基本特点，对于证据不够充足的一些问题，贤皓同志也不排除逻辑推理的方法而出以悬拟，但总要冠以一个“疑”字，以示尚不能肯定之意。这，正是“实事求是”的治学态度。

像李白这样伟大的诗人，无论是对他的诗歌本身或对他的生平事迹，需要研究的问题太多了，显然，《丛考》中所涉及的还很有限。即如李白一生中结识的数以百计的人物，《丛考》里论及的也才四十来人。如果能把这些人物及其与李白交往的情况摸清，那末，对李白生平的了解必能拓宽一步，而对李白诗歌内容的理解也必能更为深入一步。我相信贤皓同志一定有个长远的研究计划，焚膏继晷，继续钻研，准备写出一集集《李白丛考》的续编来。我还希望能在写作《丛考》的基础上，最后重编一部李白年谱，以为李白及李白诗歌爱好者提供更多的考证依据，创造更好的条件，做出更辉煌的成绩！

孙望于南京师范学院

一九八一年一月二十日

（原载《李白丛考》，陕西人民出版社 1982 年版）

《唐刺史考》序

卞孝萱

（一）

在文史研究中，理论与材料的关系，是人们经常谈到的，我觉得范文澜师有一段话说得最好："理论联系实际是马克思主义的定理，理论与材料二者缺一不可。""现在对历史资料确有望洋兴叹之感，资料太多太散太乱，搜集、整理和考证资料，实在是一件十分重大迫切的事情。我们必须特别重视资料工作，才能动员大批人力投入这个工作里去。""希望今后有很多资料书、工具书陆续出版，这是一种功德无量的工作！"（《范文澜历史论文选集·历史研究中的几个问题》）我在学习唐史时，深深领会到范老这句话的重要意义。举例来说，当我需要了解某一诗人是哪一年中进士时，就得查徐松《登科记考》；当我需要了解某一诗人住在长安、洛阳哪一个坊（里）时，就得查徐松《唐两京城坊考》；当我需要了解某一年的某道节度使（观察使）是谁时，就得看吴廷燮《唐方年镇表》；当我需要了解某一首诗中的"某大"、"某二"的名字时，就得翻岑仲勉《唐人行第录》；等等。此外，劳格等《唐尚书省郎官石柱题名考》、赵钺等《唐御史台精舍题名考》、姚薇元《北朝胡姓考》等，都是经常查阅的重要工具书。这些书给研究工作者带来方便。这些书出版得愈多，内容愈完备、准确，给研究工作者带来的方便也就愈大。没有工具书,研究工作者为了找一条材料,往往花费几天甚至几个月的时间;有了工具书,就大大节省了研究工作者的时间和精力,并可使工作的精确程度得到提高。

七十年代与郁贤皓兄相识于南京,"一见肺肝尽,坦然无滞疑。"在谈文论史时,我曾对他说过范老这段语重心长的话,他也颇有同感。我说起目前还缺少一部分考证唐代各州(郡、府)刺史(太守、尹)的书,做研究工作时感到很大的不便。由于唐朝年代长,州郡多,资料零散,工作量大,做起来费力气,旷日持久,恐怕很少有人肯承担。他说他正在从事此书的编撰。我欣佩不已。此后,每次见面,必谈此书。我是此书的第一个读者,也是最了解此书编撰过程的人。如以此书与《唐方镇年表》比较,担任节度使、观察使者,多是著名的较大的人物,资料收集较易;而担任刺史者,多是不太著名的较小的人物,资料收集较难。现在,一部二百几十万字的《唐刺史考》完成了,并由新成立的江苏古籍出版社作为重点书出版。贤皓兄为唐史园地开垦了一块荒地,《唐刺史考》为工具书领域填补了一个空白,使从事唐代文史研究的人们得到了便利。贤皓兄做了一件功德无量的事。

(二)

读者在使用《唐刺史考》时,应先对唐代州郡情况有个轮廓的了解。例如:

(1) 唐武德元年(618),改郡为州,长官称刺史。天宝元年(742),改州为郡,长官称太守。至德二载(757),又改郡为州,长官复称刺史。

(2) 从武德到贞观,唐代州郡经历了一个少——多——少的过程。《资治通鉴·唐纪八》:"隋末丧乱,豪杰并起,拥众据地,自相雄长;唐兴,相帅来归,上皇(指唐高祖)为之割置州县以宠禄之,由是州县之数,倍于开皇、大业之间。上(指唐太宗)以民少吏多,思革其弊,(贞观元年)二月,命大加并省。"就是说的这个过程。

但贞观年间并不是一味地并省州县，也新置州县。举例来说，《新唐书·地理志一·关内道》：丰州，“贞观四年以降突厥户置”。同书《地理志五·江南道》：费州，“贞观四年析思州之涪川、扶阳，开南蛮置”。溱州，“贞观十六年开山洞置”。同书《地理志七上·岭南道》：瀼州，“贞观十二年，清平公李弘节开夷獠置。”笼州，“贞观十二年，李弘节招慰生蛮置”。环州，“贞观十二年，李弘节开拓生蛮置”。古州，“贞观十二年，李宏节开夷獠置”。这都是唐太宗为了加强对少数民族的统治而新置的州郡。其他皇帝也有这种措施。

贞观以后，随着经济的发展，人口的增多，唐王朝为了加强对地方的控制，又不断地析置州县。这种情况在南方尤为明显。据《新唐书·地理志七上·岭南道》：郁州，“麟德二年，析贵州之石南、兴德、郁平置”。东峨州，“乾封三年，将军王杲奏析白、辩、窦、容四州置”。同书《地理志五·江南道》：温州，“高宗上元元年析括州之永嘉、安固置”。皆是例证。据《唐大诏令集》所载武后《改元光宅诏》：“隆平日久，户口滋多，物务既烦，欺隐斯众。其上州三万户已上，大县万户已上，各宜析出，别置州县。”可见武后改唐为周以后，在全国范围内，有过一次较大规模析置州县的举动。据《新唐书·地理志五·江南道》：衢州，“垂拱二年析婺州之信安、龙丘、常山复置”。漳州，“垂拱二年析福州西南境置”。锦州，“垂拱二年以辰州麻阳县地及开山洞置”。同书《地理志六·剑南道》：彭州、蜀州、汉州皆“垂拱二年析益州置”。也都是在南方。此后各朝都有析置州郡情况。

唐代州郡还有置而废、废而复置等情况。

（3）由于唐高祖采取以官招降的措施，“权置州郡”（《旧唐书·地理志一》），匆促命名，产生了州名相同的现象。当时竟有四个义州，三个文州，二个丰州，……。为了避免混淆，武德、贞观年间，对相同的州名，进行了调整。有的改名；有的加上东、南、西、北的方位词，以示区别。

还有不少“文相类”、“声相近”的州名，容易搞错，也需要进行调整。例如：贞观八年改铜州为容州(《新唐书·地理志七上·岭南道》)，即因“铜”、“同”声近。开元十三年(725)二月，改豳州为邠州，鄚州为莫州，梁州为褒州，沅州为巫州，舞州为鹤州，泉州为福州。即因“豳”类“幽”，“鄚”类“郑”，“梁”、“凉”声近，“沅”、“原”声近，“舞”、“武”声近(《旧唐书·玄宗纪上》)、(《新唐书·地理志》)。

此外，还有因嘉奖忠义、宣扬文治武功而改州名的。如西会州“贞观八年以足食故更名粟州”(《新唐书·地理志一·关内道》)。

(4) 唐朝前期因避讳改州名者，史不绝书。唐朝后期的皇帝，如懿宗名漼，僖宗名儇，昭宗名晔，哀帝名柷，皆为冷僻之字，因避讳而改州名者遂少。

唐代州名，不仅因避讳而改，还有因仇视敌人而改者。如至德元载(756)，唐肃宗因恶安禄山而改带“安”字、“禄”字、“山”字的州郡之名。

武后改唐为周，从尊武抑李、崇周贬唐的政治需要出发，改州县名甚多。景云元年(710)睿宗诏：“天下州县名目，天授以来改为‘武’字者，并令复旧。”(《旧唐书·睿宗纪》)

天祐时，朱温(全忠)为篡唐作准备，以傀儡皇帝——唐哀帝的名义，下令避朱氏家讳而改州名。

(5) 唐代道与州的隶属关系及其变动情况，详见《新唐书》中的《方镇表》。

上述情况，是使用《唐刺史考》第一至十五编，特别是第十六编时所应注意的，也是可以从中得到印证的。

总起来说，玄宗以前，由于政治上、经济上的种种原因，唐朝的地方行政区划，尚未定型，州县的析置并省，变动频繁。玄宗以后，比较稳定些。《唐刺史考》以开元二十九年建置为准，是恰当的。

读者还可以从郁书中看到唐代地方官员设置和演变的某些细节。例如京兆府，唐初称雍州，长官称牧，往往由亲王兼任，唐太宗和他的儿子魏王泰都曾任雍州牧，其实他们并不管事，真正管事的实际长官称别驾。高宗时，别驾改称长史，玄宗时，雍州改为京兆府,长史改为京兆尹,由亲王遥领的雍州牧改称京兆牧。又如东都,唐初称洛阳宫,高宗显庆时改称东都,武后时改称神都,天宝年间又改称东京。其长官称留守。但初唐时的洛阳宫留守或东都(神都)留守,不是常设的官员,因为当时的皇帝常住在洛阳。只有当皇帝回长安时,才设东都(神都)留守。大约在睿宗以后,东都留守才成为常设的官员。又如唐代的节度使,不是一开始就兼任治所所在州的刺史。开元九年设朔方节度使,治所在灵武,尚未兼任灵州都督。天宝元年王忠嗣开始以朔方节度使兼任灵州都督,以后才成为定制。贤皓兄用汗水换来了这些成果,可以补充一般"隋唐五代史"专著之不及。

(三)

重视第一手资料,进行周密的考证,是《唐刺史考》的特色;原始性和可靠性,是《唐刺史考》的优点,举例说明如下:

(1) 正史、方志没有记载某人做过某州刺史,《唐刺史考》从石刻、金石书籍中考出。例如:上海图书馆所藏《并州太原县令李冲墓志》拓片称:"父弘节,皇朝任杭、庆、原三州刺史……,并州大都督府长史,雍州别驾,交、桂都督。"正史中无记载,《杭州刺史考》亦不著李弘节,郁书予以收录,并据《芒洛冢墓遗文四编·大唐故交州都督、上柱国、清平县公世子李道素墓志》,考出贞观十二年李弘节在桂州都督任,由此推知其任他州都督、刺史的约略年代,又如:《八琼室金石补正·开业寺碑阴》云:"建伽蓝主陕州刺史、司徒公李徽伯,息徐州刺史、北海郡子旦,息豪州刺史、兵部尚书子碓。"开耀二年(682)立。正史中无记载,郁书予以收录。又如:据《千唐志·杨宁墓志》考出杨宁约元和六、七年间(811、812)为郑州刺史,而《新唐书·杨虞卿传》未及,仅云父宁,"顺宗初,召为殿中侍御史,终国子祭酒"。

(2) 正史、方志虽记载某人做过某州刺史,但任职年月不详,《唐刺史考》从石刻、诗文等材料考出。例如:《旧唐书·刘政会传》说子刘玄意"高宗时为汝州刺史"，郁书据龙门石窟造像永徽元年(650)十月五日汝州刺史刘玄意题名，证知永徽初在任。又如"两《唐书·吕渭传》仅记其子吕让终官为太子右庶子，不详生平，《岳阳风土记》虽记载吕让曾为海州刺史，而不详任职年月，郁书据马戴《送吕郎中牧东海郡》诗，考出吕让约在开成、会昌中为此官。

(3) 唐人诗文中提到某州刺史，往往有姓无名，《唐刺史考》据各种资料，辗转考出。例如：《唐诗纪事》卷九"崔湜"门载《秦州薛都督挽词》，此诗，《全唐诗》卷五四崔湜名下、卷九六沈佺期名下互见。前人不知薛都督是谁。郁书据《新唐书·宰相世系表三下》"薛氏"表，高宗时齐州、润州刺史薛宝积之侄"纯，秦州都督"，时代相合，证知《秦州薛都督挽词》之薛都督名纯。

《全唐文》卷二四〇载宋之问《为皇甫怀州让官表》，卷二四一载宋之问《送怀州皇甫使君序》，岑仲勉以为是《元和姓纂》卷五"安定朝那县皇甫氏"的皇甫愻，此人当过沩州刺史，但未有做怀州刺史的证据。郁书据《千唐志·监门卫长史皇甫慎墓志》(开元十九年卒)"父知常，汾、怀、汴等六州刺史"等语，与《为皇甫怀州让官表》"作镇西河，未宽人隐"语合，证知"皇甫怀州"名知常。皇甫知常任怀州刺史前，为汾州(西河)刺史。订正了岑说。《全唐文》卷八三五重出《为皇甫怀州让官表》，署名钱珝作。郁书指出，钱珝为唐末人，当为误收。

王维有《京兆尹张公德政碑》，赵殿成未注其名。《金石录》著录此碑，系于开元二十一年，未著其名。郁书据《长安志》卷九"安业坊"有京兆尹张去奢宅，《山右金石记》卷五《虞乡令张遵墓志铭》"祖去奢，银青光禄大夫、京兆尹"语，又据西安昭陵碑林的《张去奢墓志铭》称去奢曾为郢州、汾州刺史，与王维《碑》文中提到的"张公"历官相合。证知王维《碑》文和《金石录》中的"京兆尹张公"名去奢，并考知其开元十九年至二十年在京兆尹任。

岑参有《送任郎中出守明州》、《潼关镇国军句覆使院早春寄王同州》诗，闻一多《岑嘉州诗系年》、陈铁民等同志《岑参集校注》，均未注其名。郁书据《新唐书·安禄山传》考出岑诗之"任郎中"名瑗,至德二载至乾元元年为明州刺史。又据韩愈《唐故江南西道观察使王仲舒神道碑铭》,证知王仲舒父政曾为鄂州刺史;据贾至《送王兵曹往江夏序》"冯翊太守王公移镇武昌"等语,考出岑诗之"王同州"名政。

仅从以上四例,已可看出《唐刺史考》对研究唐代文学作品的参考价值了。

(4) 正史、方志记载刺史的姓名错误,《唐刺史考》据姓氏书、石刻等资料予以纠正。例如:《新唐书·西域传上·党项传》提到同州刺史韦胜,郁书据《元和姓纂》卷二"东眷韦氏大雍州房"有"腾,同州刺史",时代相合,又据天宝四载石刻《孝经序》题名有韦腾,证知《新唐书》之 韦胜当为韦腾之误。又如:《淳熙三山志》卷二一"郡守"云"贞观四年,柳遏",郁书据《千唐志·唐故处士河东柳偘墓志》"父逖,皇朝屯田、职方二郎中,散骑常侍,泉州刺史",偘卒垂拱元年,年六十七;又据《芒洛冢墓遗文四编》卷三柳偘第三子《刘永锡墓志》,其祖名逖,官职与《柳偘志》所署同,柳逖当仕于贞观初,时代相当,唐初福州称泉州,断定《三山志》之"柳遏"乃"柳逖"之误。又如:《姑苏志》误孙成为"王成",《严州图经》误阎敬受为"阎钦爱",郁书均据有关资料予以订正。

(5) 正史、方志以及前人记载刺史的任职年月错误,《唐刺史考》据石刻、姓氏书、制诰、诗文予以纠正。例如:《旧唐书·宪宗纪下》说张正甫元和十二年(817)八月由同州刺史迁河南尹,然白居易有《张正甫可同州刺史制》,居易元和十五年(820)始知制诰,证知《旧唐书》之误。又如:《旧唐书·张裼传》说"乾符三年,出为华州刺史。其年冬,检校吏部尚书、郓州刺史、天平军节度观察等使"。吴廷燮、岑仲勉仅指出张裼为天平军节度使当在乾符四年至六年,而未考出其卸华州刺史的年月。郁书据《全唐文》卷八四二许鼎《唐通和先生祖君墓志铭》"丁酉年,鄂侯杨公为华牧张公乞丹于先生"语,证知丁酉年即乾符四年张裼尚在华州刺史任,《旧唐书》误。又如:《嘉定镇江志》载薛宝积"武德七年以后或贞观初"为润州刺史，郁书据《金石录》卷四有《唐齐州刺史薛宝积碑》，总章二年八月立，《山右金石记》卷十有《唐扬州长史薛宝积清德颂》，周长寿二年立，证知薛宝积为润州刺史当在高宗、武后时，《嘉定镇江志》误。

《唐才子传》卷六“姚合”条称姚合宝应中为杭州刺史，而卷八“郑巢”条称姚合大中间为杭州刺史。《杭州刺史考》云姚合宝历间为杭州刺史。岑仲勉《唐集质疑》认为姚合为杭州刺史应在大和六、七年间，又云“似在会昌时代”。郁书据姚合《送裴大夫赴亳州》诗，考知姚合乃裴弘泰之后任，又据刘禹锡《汝州举裴大夫自代状》，证知裴宏泰大和八年在杭州任刺史，断定姚合为杭州刺史在大和九年。解决了一个众说纷纭的问题，为唐代诗史的研究作出了贡献。

从现存的资料，要想把唐代各州刺史的姓名和任职年月全部考证出来，是不可能的。贤皓兄通过广泛的收集，细致的排比，辗转的考订，尽可能地把它钩稽出来，基本上再现了唐代刺史的巨幅图卷，为我们研究唐代地方行政提供了重要的线索。

（四）

中国知识分子有献身于学术的美德。举例来说，明末清初学者顾祖禹昼则教书，夜则撰述，历三十余年，写出名著《读史方舆纪要》，受到人们的景仰。

《唐刺史考》是贤皓兄在完成大学教学任务之外的业余著作。他利用业余时间，特别是寒、暑假，到图书馆查阅资料。或在清晨，或在深夜，他埋头伏案，排比、考证这些资料。十年如一日。这几年他发表的论文较少，即因他把时间和精力倾注于这本书。从堆积几案的卡片、底稿，看出他所付出的辛勤劳动。

在撰写过程中，贤皓兄自己负担了各项费用，这种节衣缩食、从事科研的刻苦精神，是很可贵的。

学无止境。贤皓兄对我说，有些资料（如新出土的唐代墓志），分散在各地，目前尚未整理出版，难以窥见，《唐刺史考》还有不完备之处。书中的考证，也难免有欠准确之处。所有这些，都将在今后逐步补充、修正。谦虚的态度，诚恳的语言，令人感动。我深知贤皓兄之为人，深信他一定是这样做的。

（原载《唐刺史考》（全五册），江苏古籍出版社1987年版，中华书局香港分局1987年版）

《唐刺史考全编》序一

傅璇琮

郁贤皓先生二百二十万字大著《唐刺史考》撰成于1985年2月，1987年2月由江苏古籍出版社与中华书局香港分局同时出版国内版和国际版。在这之后，郁先生仍孜孜不倦地继续对此进行研究，经十年的苦索细研，又将其书修订增补出版，名为《唐刺史考全编》。这十年间，郁贤皓先生确实搜集了不少新资料，特别是新出土、新编印的唐碑墓志，而于遍稽典籍的同时，又加细心排比，辗转考订，新考出两千多个刺史的任职年代及有关情况，订正了原书中一百多条疏误，资料更充实，考索更细密。因此这一《唐刺史考全编》，实际已是一部新著，而对读者来说，则研读、使用更为方便，确有眉目一新之感。

《唐刺史考》一书于80年代中期面世以后，即受到海内外学界的关注，除中国大陆外，台湾、香港地区，以及日本、韩国、美国，都有学者撰文为之介绍，并给予极高的评价。在众多评论中，一般都称赞这是一部具有学术价值的大型唐代文史工具书。当然，说这部书是工具书，也是基本符合全书内容的，而且近二十年来，随着传统人文学科全方位的发展，人们越来越迫切地要求在较短的时间内掌握、利用较多的和有用的知识资料，这样，有关文史方面的各类工具书就应运而生。应当说，这些年来，人们对编制工具书的观念也已有极大的改变，很多人都认识到，编制工具书，特别是专业性较强的工具书，不单纯是技术工作，而且需要一定的研究基础，在工作进行过程中是必须与学术研究紧密结合的。我们的一些前辈学者和在本学科中作出突出成就的当代学者（如郁先生就是其中一位），就常常自己动手编制工具书，促使自己的研究更加精细，更符合科学规范。陈垣先生早年作过《中西回史日历》和《二十史朔闰表》，后又编《释氏疑年录》。他编《释氏疑年录》，引书数百种，费多年时间，对自晋至清初二千八百名僧人的生卒年作了记载、考索，并提供所据的材料线索。这样一位有淹博学识和精湛修养的史学家，不惮于烦琐细碎来作工具书，这实际上是为后世做成一种极为宝贵的可供文史研究持续发展的基础工程。

我认为，郁贤皓先生的《唐刺史考》，其学术意义还不止于工具书。我敢于说，这部书是有极丰富的学术创新含义的，很值得我们从学术史和文史研究总体发展上来作一番回顾和探索。我对唐刺史的建置沿革缺乏研究，对唐代文史未有全面掌握，且限于序言体例，也不能像论文那样全面铺开来谈，这里仅就自己所接触到的，谈谈个人的一些想法。

中国历史学，是世界上罕见的绝佳学术领域，它不但数量众多，世界上任何一个国家都难于相比，而且体裁繁富，几乎包罗历史写作的各种形式。以传统的正史为例，如《史记》，就包括本纪、表、书、世家、列传；《汉书》则基本继承《史记》的体例，设本纪、表、志、列传。可以注意的是，这两部中国早期经典式的史书，都设有表，《史记》有十篇，《汉书》有八篇。表是中国史书中很有特色的设置，它大体以时间（年代）为经，以人物（主要是职官）为纬，把某一段较长时期的众多人物以表格的形式列置出来，有其他部分所不能代替的作用，这就是人物多，文字省，极大地优越于本纪和列传，而且显示出时间顺序与地域分布的整体清晰面貌。这是一种中国早期就产生的颇具民族特色的史学构思。正如唐代极有识见的史学理论家刘知幾所说，这一创设，“虽燕、越万里，而于径寸之内，犬牙可接；虽昭、穆九代，而于方寸之中，雁行有叙。使读者阅文便睹，举目可详，此其所以为快也”（《史通》外篇《杂说》上）。

可惜的是，自《后汉书》起，好几代史书，都未设表。宋代是中国古代文化的一个高峰期，正如陈寅恪先生所说，“华夏民族之文化，历数千载之演进，造极于赵宋之世”(《邓广铭宋史职官志考证序》，载《金明馆丛稿二编》)。北宋的欧阳修、宋祁编撰《新唐书》，重新设立表，自此以后，宋、辽、金、元、明各史都列有表，成为史书撰写的必备体制。这是很有见识，也是极可研讨的史书修撰经验。

《新唐书》设有《宰相表》、《方镇表》、《宗室世系表》、《宰相世系表》。这几个表的设立，是结合当时的历史实际情况的，而且撰写者确也花费相当功夫，如《宰相世系表》的撰者吕夏卿，就“博采传记杂说数百家，折衷整比，又通谱学”(《宋史·吕夏卿传》)。南宋洪迈也说《新唐书·宰相世系表》“皆承用逐家谱牒”(《容斋随笔》卷六)。可见编撰这几种表，是以数量极多而且极为难得的史料作依据的。正因为如此，也由于这几种表难免尚有疏误之处，就引发了清代众多的新表及考证之作，成为清代及近现代史学中一块丰郁的园地。

但是也应该看到，自清中叶以来唐史人物表研考，多偏于中朝，如沈炳震《新唐书宰相世系表订讹》，劳格、赵钺《唐尚书省郎官石柱题名考》、《唐御史台精舍题名考》，徐松《登科记考》，以及近现代史学家岑仲勉两种翰林学士壁记校补，严耕望《唐仆尚丞郎表》等。只有吴廷燮《唐方镇年表》把范围延伸至各地方镇节度。但唐代方镇并不能涵盖唐代历史全部(唐玄宗前节镇未设)，且此书资料搜罗不全，所记多有误漏。在这种情况下，于20世纪80年代出现郁贤皓先生的《唐刺史考》，可以说是一个不小的突破。

首先，这部书所列州刺史(郡太守)，起自唐高祖武德元年(618)，迄于唐哀帝天祐四年(907)。唐代州郡设置也是包笼全国的，太宗时王子魏王李泰的《括地志》，把全国分为十道，三百六十州；中唐时杜佑的《通典》，则分十五道，三百二十八郡。把这包含全部唐代历史的近三百年、笼盖全部疆域的三百几十个州郡的地方行政长官，尽可能考出其大部分人名，并列出其任职年代及有关行迹，这实在是大大扩展了唐史人物研究的范围。这种全时全地的地方行政长官考索，前人从未做过(清代劳格曾做过杭州一地的刺史考),是一种学术领域的突破。这不但对于唐代作家研究,而且对于唐代地理、疆域、官制、军事,以及过去视为难点的少数民族地区行政设置等研究,都能提供系统而信实的史料依据。

其次,过去几种唐代人物表,其所取材料,大多限于通常所用的史书,以及常见的一些总集、类书等。这部《唐刺史考》,其收书范围之广,实使人惊叹,除上述几类文献外,还包含数十种唐人诗文别集,《元和姓纂》、《古今姓氏书辩证》、《通志·氏族略》等姓氏书,《朝野佥载》、《唐国史补》、《太平广记》等众多杂史、笔记、小说,《元和郡县志》、《太平寰宇记》、宋元方志以及明清时期各重要方志等地理志、地方志,《金石录》、《宝刻丛编》等碑墓志及题跋资料,《续高僧传》、《宋高僧传》等佛藏典籍。特别可贵的是,除了过去已有的墓志拓片外,还尽可能搜罗和利用近二十年来新出土的墓志碑传资料。应当说,这几乎是齐全的唐史史料。这是已有的人物年表著作所不能做到的,也是史料搜辑、整理中的一次较大规模的跃进。大约50年代后期,我有一次曾随同中华书局影印部陈乃乾先生去看望陈垣先生,当时我还不过二十几岁,谈话之中,陈援老见我虽是一个年轻编辑,但尚能在学问中有所求进,就对我说了一句:"搞我们这一行,要做学问,最要紧的是竭泽而渔。"这话给我印象很深,也促使我在以后的治学中有所遵循。现在来看这部《唐刺史考》,搜集资料如此广泛,我觉得确可符合前辈学者"竭泽而渔"的高标准。这也是治学高品位、负责任的一种体现。

我对这次新补的材料尤感兴趣,这里不妨举几个例子,可以具体看看这次新补新考材料的引人入胜之处。

在雍州、洛州、怀州卷增韦泰真(韦知道)。据前几年出版的《隋唐五代墓志汇编·洛阳卷》第六册《大唐故使持节怀州诸军事怀州刺史上柱国临都县开国男韦公(泰真)墓志铭并序》,考明光宅元年至垂拱元年韦泰真在洛州长史任,垂拱元年至二年为雍州长史,垂拱二年为怀州刺史,均补原编之缺。又参《千唐志·大唐延王府户曹参军李君故妻京兆韦夫人墓志之铭并序》,考明原著录的韦知道即韦泰真,二者仕历相同,并可订正《新表》四上东眷韦氏的

"真泰"应为"泰真"之误。按这与中华书局最近出版的赵超《新唐书·宰相世系表集校》所考同,可谓有真知灼见者能不谋而合。

又原书只据《太平御览》于华州卷著录赵冬曦,据《册府元龟》于濮州卷著录其开元二十三年任,据《宝刻丛编》于虢州卷著录赵冬曦,据《太平寰宇记》于这亳州卷著录开元二十六年任。今据所出土之《赵冬曦墓志》,考出赵氏自开元十九年起至天宝九载止,先后任合州、眉州、濮州、亳州、许州、宋州六州刺史,弘农(虢州)、荥阳(郑州)、华阴(华州)三郡太守。按赵东曦于开元初曾坐事流岳州,与时亦在岳州的张说多有诗唱和,亦为盛唐时颇可注意的一位文学人物,从现在新考,其人之行迹则较为清楚。

又如原据《延祐四明志》在明州卷著录"应彪",长庆三年任;又据白居易《扬子留后殷彪金州刺史……制》在金州卷著录"殷彪",长庆元年任,作两个人处理。前些年从江苏镇江焦山碑林发现已残石刻有:"长庆初拜金州刺史兼侍御史,又迁明州刺史",考知此石刻实为殷彪墓志,这是郁贤皓先生在实地考察中首次发现的,由此证知《延祐四明志》之"应彪"乃"殷彪"讳改。同时据此志还考出殷彪约在元和十二年至十四年曾为申州刺史。另外,又据《解少卿墓志》(大和九年十一月八日)称:"元和岁,监察殷公领嘉禾煮海务……后殷公台选省转,为牧为郎,亦在鹾帅,改扬子留后……殷公作鄞江守……不料殷公死于鄞川。"对照白居易所撰制词及《殷彪志》,考知《解少卿墓志》中的"殷公"即殷彪。

我曾说过,我们在考证唐代历史人物和唐代诗人时,一定要注意利用文物考古资料。这一点,陈寅恪先生早已指出,他总结王国维治学成就,概括为三点,第一点即为"取地下之实物与纸上之遗文互相释证",认为这一点与其他两点真正做到了,就"足以转移一时之风气,而示来者以轨则"(《王静安先生遗书序》,载《金明馆丛稿二编》)。近几十年来,出土的唐代文献材料非常丰富,谁能够真正用力于此,必然大有所获。读郁先生利用新出土文献,并据以补充、改正原著,确使人有新鲜之感,这样做,可以一洗仅引用若干旧注旧说而长篇发挥的那种陈陈相因的陋习。其实我们可以充分利用新中国成立以来的考古成果，从文学研究角度来从事考古成果的分析研究，开辟一门文学考古学。如果这样做，则这部《唐刺史考全编》就能提供十分丰富的素材；这也说明郁贤皓先生能细心注意对旁文学科的吸收、利用，及治学路子的开阔。

我自己做学问，特别是近二十年来，深感研究古典文学必须文史并治。我在为一位友人著作所作的序中曾说："治史对于治文，是能起去浮返本的作用的。"我近年来常看到一些学者写到某个时代文学的文章，往往写得很有情致，词藻也很美，但文中所举的例子，有些却并非属于这一时代，读后不免使人感到遗憾。研究诗词，固然应深研作品本身，体味其艺术韵味，这是必须的，但不能忽略其时代和社会。有时赏析一首诗、一阕词，可以不顾周围环境，但要研究一个作家、一个时期的文学创作，就不能孤立，必须有史的眼光和见识。我觉得，近二十年来我们唐代文学研究有一个值得肯定的好经验，就是不少研究者对唐史是深有功底的，在研究文学时，还同时对唐代史料作细致、深密的审核、考察。我敢说，这方面，我们唐代文学研究要比唐史研究有较多的成果。目前唐史研究似乎偏重于大的方面，如政治、经济、军事、宗教等等，而不大注意文献资料以及具体人物事迹的考证，这比起一些前辈学者，如陈寅恪、岑仲勉、唐长孺、王仲荦等先生，似有很大的差距，比较起来，这些年来唐代文学研究倒是能与这些学者接轨的。郁先生是搞古典文学研究的，但他却立志于从事唐刺史考这一历史专题，而且作出使人信服的成就，这应该说也是我们唐代文学研究界可引为自豪的。

我与郁贤皓先生初次相见是 1982 年 4 月在西安举行的中国唐代文学学会成立大会期间。但在这之前，我们已有文字之交，早在 1980 年即已开始通信，那时我对他的李白研究之创新见解甚为钦佩。西安的那次唐代文学会议，在一次大会发言中，我特别提到了郁先生正在做的《唐刺史考》工作，并说这样的学术性很强的书稿，是最适合于中华书局出版的。使我感到高兴的是，我的这一表态引起与会者对郁先生这一研究课题的注意与重视。在这之后，我经常在信中问起他工作的进行情况。当然，后来由于种种原因，此书未在中华书局出。1987 年夏，我接到郁先生所赠之书，立刻写了一封信，说："得见大著，欣慰非常！"又说："兄之此著，可谓传世之作，有功文史"，"弟意凡有志于唐代文史稍作深入者，《唐刺史考》实未能须臾离开也"。这是十几年前说的话，现在重新回顾，面对《唐刺史考全编》问世，感到这部书更是与我们"未能须臾离开也"。谨以此作为鄙序的结语。

1999 年 3 月于北京

（原载《唐刺史考全编》（全六册），安徽大学出版社 2000 年 1 月版）

《唐刺史考全编》序二

卞孝萱

一

在文史研究中，理论与材料的关系，是人们经常谈到的，我觉得范文澜师有一段话说得最好："理论联系实际是马克思主义的定理，理论与材料二者缺一不可。""现在对历史资料确有望洋兴叹之感，资料太多太散太乱，搜集、整理和考证资料，实在是一件十分重人迫切的事情。我们必须特别重视资料工作，才能动员大批人力投入这个工作里去。""希望今后有很多资料书、工具书陆续出版，这是一种功德无量的工作！"①这段话，是 1957 年在北京大学历史问题讲座上说的，是有感而发，语重心长的。

表，是重要的工具书之一。先从"正史"说起。司马迁写的《史记》，包括本纪、表、书、世家、列传五部分。表有十个，历代史学家给予很高的评价。唐刘知幾说，太史公创表，"列行萦纡以相属，编字戢孴而相排。虽燕、越万里，而于径寸之内，犬牙可接；虽昭、穆九代，而于方寸之中，雁行有叙。使读者阅文便睹，举目可详，此其

① 《范文澜历史论文选集·历史研究中的几个问题》。

所以为快也”①。宋郑樵说：“《史记》一书，功在十表，犹衣裳之有冠冕，木水之有本原。”②都是说得很中肯的。

班固写的《汉书》，继承《史记》体例，只不过将五部分调整为本纪、表、志（即《史记》的书）、列传四部分。可见，世家可以与列传合并，而表不可废。清卢文弨说得好：“表者，明也，标明其事，使著见也。”③“表也者，标也，标明其义类，使纲举而目张。马、班之为是也，亦兼以补纪、传之所未及。”④

表在“正史”中的地位与作用，确实是不可忽视或低估的。历史学家往往以“表”之有无，作为评价“正史”优劣的标准之一。

范晔《后汉书》、陈寿《三国志》、房玄龄等《晋书》、沈约《宋书》、萧子显《南齐书》、姚思廉《梁书》与《陈书》、魏收《魏书》、李百药《北齐书》、令狐德棻等《周书》、魏徵等《隋书》、李延寿《南史》与《北史》、刘昫等《旧唐书》、薛居正等《旧五代史》都没有表，使研究历史者感到不便。有人说：“纪、传一人之始末，表、志一代之始末，非闳览博物者，不能为，其考订之功，亦非积以岁月不难遍，自东京以后，典册既阙，人趋苟且。”⑤由于畏难而不作“表”，这个批评是一针见血，打中要害的。

直到欧阳修写《新唐书》，才扭转“正史”无表的现象。前代学者对此深为赞扬。顾炎武在《日知录·作史不立表志》中，曾引用朱鹤龄的一段话：“盖表……与纪、传相为出入。凡列侯、将相、三公、九卿……年经月纬，一览瞭如。作史体裁莫大于是……其失始于陈寿《三国志》，而范晔踵之。其后作者又援范书为例，年表皆在所略。不知作史无表，则立传不得不多。传愈多，文愈繁，而事迹

---

① 《史通·外篇·杂说上》。《史通》对《史记》十表的评价，《内篇·表历》与《外篇·杂说上》自戾。古今学者，皆以《外篇》为谛。详见浦起龙《史通通释》、程千帆先生《史通笺记》等书。

② 《通志总序》。

③ 《校订熊方后汉书年表序》。

④ 《钱晦之大昭后汉书补表序》。

⑤ 黄汝成《日知录集释》卷二十六《作史不立表志》引《救文格论》。

或反遗漏而不举。欧阳公知之，故其撰《唐书》，有《宰相表》，有《方镇表》，有《宗室世系表》、《宰相世系表》，始复马、班之旧云。”朱鹤龄的话，确实是说到欧阳修的心坎上去了。

欧阳修等不满《旧唐书》而重撰《新唐书》，以“其事则增于前，其文则省与旧”相号召①，他们深知“作史无表，则立传不得不多”，《新唐书》恢复《史记》、《汉书》作“表”的传统，正是它比《旧唐书》“事增文省”的优点之一。

在欧阳修的影响下，其后，脱脱等《宋史》、《辽史》及《金史》，宋濂等《元史》，张廷玉等《明史》中都有表。清赵翼在《廿二史札记·各史例目异同》中高兴地说：“《辽史》立表最多”，“表多则传可省，此作史良法也”。又在《辽史立表最善》中详细地说：“《辽史》最简略，二百年人物列传仅百余篇，其脱漏必多矣，然其体例亦有最善者，在乎立表之多，表多则传自可少……实足省无限笔墨。”

再说一说前人对“正史”所做的补表和校正、考订工作。宋人熊方撰《补后汉书年表》，清《四库全书》列入“史部·正史类”。《四库全书总目》指出：《后汉书》无表，“遂使东京典故，散缀于记传之内，不能丝联绳贯，开帙厘然”，熊方为之补表，“使读者按部可稽，深为有裨于史学”。熊方之后，作者继起。凡“正史”无表，或虽有表而不齐备者，有人为之补充；虽有表而错漏者，有人为之校正、考订。清代考据学兴起，补表和校、考之作。蔚为大观。万斯同的成就最为突出。

钱大昕撰《万先生斯同传》，认为万斯同“于前史体例，贯穿精熟，指陈得失，皆中肯綮，刘知幾、郑樵诸人，不能及也”。具体表现在万斯同充分重视表的作用，他说：“史之有表，所以通纪、传之穷”，“表不可废，读史而不读表，非深于史者也”。他为“正史”中无表者，补作《历代史表》。其师黄宗羲序称：“诚不朽之盛事，大有功于后学者也。”其友朱彝尊序称：“揽万里于尺寸之内，罗百世于方

① 曾公亮《进唐书表》。

册之间。其用心也勤，其考稽也博，俾览者有快于心，庶几成学之助，而无烦费无用之失者与！”此书重刻时，阮元序称：“元每读史书，必置诸座右，颇乐其便。”吴锡麒序称：“使读者于数千百年之后，而溯数千百年以前，若列眉，若指掌，或经或纬，诠贯靡遗，政足贵也。”《四库全书》将万斯同的《历代史表》列入“史部·别史类”，给予“使列朝掌故，端绪厘然，于史学殊为有助”的高度评价①。

前人为“正史”所补充、校正、考订的表，或单篇别行，或分散于“丛书”之中，或尚属稿本，一般人不易觅齐，难以利用。解放前，开明书店尽力搜求，汇集为《二十五史补编》出版，顾颉刚撰序，从两方面说明此书的贡献：(一)“若一史之中，表志有阙，则读史者目之所触，惟有林林总总之故事浮动于前，无由得其纲领，而前后相循之人事亦为之断而不续矣！”这是表彰为“正史”补表者之功绩。(二)“夫为昔人著作谋尽其用，为后来学术广辟其门，使材料不集中之苦痛从而解除，此真无量之功德，所当为史林永颂者已。”这是表彰将补表汇集印行者之勋劳。解放后，《二十五史补编》再版，中华书局又分别出版了《史记汉书诸表订补十种》、《后汉书三国志补表三十种》等书，可见“表”是广大史学工作者所需要的读物。但大多数是旧书重印，新撰的太少了②。

具体到唐代来说，虽然《新唐书》有《宰相表》、《方镇表》、《宗室世系表》、《宰相世系表》，仍不完备，还有许多工作可做：(一)清万斯同撰《唐将相大臣年表》、《唐功臣世表》、《唐镇十道节度使年表》、《唐边镇年表》、《唐宦官封爵表》、《唐诸蕃君长世表》、《武氏诸王表》，黄大华撰《唐藩镇年表》，近人吴廷燮撰《唐方镇年表》，这都是为《新唐书》补表。吴廷燮后来居上，他的《唐方镇年表》网罗繁富，超过了万斯同的《唐镇十道节度使年表》和黄大华的《唐藩镇年

---

① 《四库全书总目·史部六·别史类》。

② 《史记汉书诸表订补十种》无新撰，《后汉书三国志补表三十种》只一种是新撰。

表》，但仍有不少“可议之点”，岑仲勉又写了《唐方镇年表正补》。（二）考订，如清沈柄震撰《唐书宰相世系表订讹》。（三）清劳经原撰《唐折冲府考》，近人罗振玉撰《唐折冲府考补》，《唐折冲府考补拾遗》，谷霁光撰《唐折冲府考校补》，这几种“考”，也具有表的性质。有了这些补表和考订，当然是好事，但对研究唐代文史的人来说，仍然不够用。

郁贤皓教授于70年代中期，在从事李白、李商隐等唐代诗人生平事迹及其交游的考证中，感到最棘手的一个问题是，诗文中经常出现某州某使君。某郡某太守等，苦于不知道这些使君、太守的名字和仕迹，也就无法确定作品的年代，难以清理作者的行踪。他推己及人，下决心对唐人诗文中出现得最多的、也是文史研究工作者最迫切需要了解的“刺史”，进行考订，编制成表，供大家参考利用。经过十年的努力，《唐刺史考》于1987年出版了。此书出版后，获得海内外学者的极高评价，但郁教授未止步，又用十年功夫，修订增补，撰成新著《唐刺史考全编》出版，可贵可重，可喜可贺！如以此书与《唐方镇年表》比较，担任节度使、观察使者，多是著名的较大的人物，资料收集较易；而担任刺史者多是不太著名的较小的人物，资料收集较难。况且刺史的人数比节度使、观察使要多若干倍，面广量大，做起来特别费力气。郁教授前后共用了二十年的时间，锲而不舍，完成《唐刺史考全编》，为唐史园地开垦了一块荒地，为工具书领域填补了一个空白，使从事唐代文史研究的人们得到了便利。他做了一件功德无量的事。

二

读者在使用《唐刺史考全编》时，应先对唐代州郡情况有个轮廓的了解。例如：

（1）唐武德元年（618），改郡为州，长官称刺史。天宝元年（742），改州为郡，长官称太守。至德二载（757），又改郡为州，长官复称刺史。

(2) 从武德到贞观，唐代州郡经历了一个少——多——少的过程。《资治通鉴·唐纪八》："隋末丧乱，豪杰并起，拥众据地，自相雄长；唐兴，相帅来归，上皇（指唐高祖）为之割置州县以宠禄之，由是州县之数，倍于开皇、大业之间。上（指唐太宗）以民少吏多，思革其弊，（贞观元年）二月，命大加并省。"就是说的这个过程。

但贞观年间并不是一味地并省州县，也新置州县。举例来说，《新唐书·地理志一·关内道》：丰州，"贞观四年以降突厥户置"。同书《地理志五·江南道》：费州，"贞观四年析思州之涪川、扶阳，开南蛮置"。溱州，"贞观十六年开山洞置"。同书《地理志七上·岭南道》：瀼州，"贞观十二年，清平公李弘节开夷獠置。"笼州，"贞观十二年，李弘节招慰生蛮置"。环州，"贞观十二年，李弘节开拓生蛮置"。古州，"贞观十二年，李宏节开夷獠置"。这都是唐太宗为了加强对少数民族的统治而新置的州郡。其他皇帝也有这种措施。

贞观以后，随着经济的发展，人口的增多，唐王朝为了加强对地方的控制，又不断地析置州县。这种情况在南方尤为明显。据《新唐书·地理志七上·岭南道》：郁州，"麟德二年，析贵州之石南、兴德、郁平置"。东峨州，"乾封三年，将军王杲奏析白、辩、窦、容四州置"。同书《地理志五·江南道》：温州，"高宗上元元年析括州之永嘉、安固置"。皆是例证。据《唐大诏令集》所载武后《改元光宅诏》："隆平日久，户口滋多，物务既烦，欺隐斯众。其上州三万户已上，大县万户已上，各宜析出，别置州县。"可见武后改唐为周以后，在全国范围内，有过一次较大规模析置州县的举动。据《新唐书·地理志五·江南道》：衢州，"垂拱二年析婺州之信安、龙丘、常山复置"。漳州，"垂拱二年析福州西南境置"。锦州，"垂拱二年以辰州麻阳县地及开山洞置"。同书《地理志六·剑南道》：彭州、蜀州、汉州皆"垂拱二年析益州置"。也都是在南方。此后各朝都有析置州郡情况。

唐代州郡还有置而废、废而复置等情况。

(3) 由于唐高祖采取以官招降的措施，“权置州郡”①（《旧唐书·地理志一》），匆促命名，产生了州名相同的现象。当时竟有四个义州，三个文州，两个丰州，……。为了避免混淆，武德、贞观年间，对相同的州名，进行了调整。有的改名；有的加上东、南、西、北的方位词，以示区别。

还有不少“文相类”、“声相近”的州名，容易搞错，也需要进行调整。例如：贞观八年改铜州为容州②，即因“铜”、“同”声近。开元十三年(725)二月，改豳州为邠州，鄚州为莫州，梁州为褒州，沅州为巫州，舞州为鹤州，泉州为福州。即因“豳”类“幽”，“鄚”类“郑”，“梁”、“凉”声近，“沅”、“原”声近，“舞”、“武”声近③。

此外，还有因嘉奖忠义、宣扬文治武功而改州名的。如西会州“贞观八年以足食故更名粟州”④。

(4) 唐朝前期因避讳改州名者，史不绝书。唐朝后期的皇帝，如懿宗名漼，僖宗名儇，昭宗名晔，哀帝名柷，皆为冷僻之字，因避讳而改州名者遂少。

唐代州名，不仅因避讳而改，还有因仇视敌人而改者。如至德元载(756)，唐肃宗因恶安禄山而改带“安”字、“禄”字、“山”字的州郡之名。

武后改唐为周，从尊武抑李、崇周贬唐的政治需要出发，改州县名甚多。景云元年(710)睿宗诏：“天下州县名目，天授以来改为‘武’字者，并令复旧。”⑤

天祐时，朱温（全忠）为篡唐作准备，以傀儡皇帝——唐哀帝的名义，下令避朱氏家讳而改州名。

(5) 唐代道与州的隶属关系及其变动情况，详见《新唐书》的

---

① 《旧唐书·地理志一》。

② 《新唐书·地理志七上·岭南道》。

③ 《旧唐书·玄宗纪上》、《新唐书·地理志一·关内道》等。

④ 《新唐书·地理志一·关内道》。

⑤ 《旧唐书·睿宗纪》。

《方镇表》。

上述情况，是使用《唐刺史考全编》时所应注意的，也是可以从中得到印证的。

总起来说，玄宗以前，由于政治上、经济上的种种原因，唐朝的地方行政区划，尚未定型，州县的析置并省，变动频繁。玄宗以后，比较稳定些。《唐刺史考全编》以开元二十九年建置为准，是恰当的。

读者还可以从此书中看到唐代地方官员设置和演变的某些细节。例如京兆府，唐初称雍州，长官称牧，往往由亲王兼任，唐太宗和他的儿子魏王泰都曾任雍州牧，其实他们并不管事，真正管事的实际长官称别驾。高宗时，别驾改称长史，玄宗时，雍州改为京兆府，长史改为京兆尹，由亲王遥领的雍州牧改称京兆牧。又如东都，唐初称洛阳宫，高宗显庆时改称东都，武后时改称神都，天宝年间又改称东京。其长官称留守。但初唐时的洛阳宫留守或东都(神都)留守，不是常设的官员，因为当时的皇帝常住在洛阳。只有当皇帝回长安时，才设东都(神都)留守。大约在睿宗以后，东都留守才成为常设的官员。又如唐代的节度使，不是一开始就兼任治所所在州的刺史。开元九年设朔方节度使，治所在灵武，尚未兼任灵州都督。天宝元年王忠嗣开始以朔方节度使兼任灵州都督，以后才成为定制。郁教授用汗水换来了这些成果，可以补充一般“隋唐五代史”专著之不及。

三

重视第一手资料，进行周密的考证，是《唐刺史考全编》的特色；原始性和可靠性，是《唐刺史考全编》的优点。此书主要是解决唐代各州刺史的姓名和任职年代的问题，这是人所共知的，它还附带解决了很多有关的问题，如：

考出杜正伦显庆中为饶州刺史，补两《唐书》之缺，见第十编江南西道卷一五九饶州(鄱阳郡)：

《全文》卷九〇二王德琏《饶州记序》："前中书令杜使君、中书令薛使君屈栋干之资，临江湖之服。既多惠爱，金石已铭。"按唐初杜氏为中书令者唯正伦。据《新书·宰相表上》，显庆二年"九月庚寅，[杜]正伦兼中书令"。三年"十一月乙酉，正伦贬横州刺史"。则其刺饶州疑由横州量移。

考出韦延安大历七八年为寿州刺史，纠《元和姓纂》和《新唐书》以鄂州刺史为韦延安终官之误，见第八编淮南道卷一三〇寿州(寿春郡)：

《全文》卷三一六李华《寿州刺史厅壁记》："某部郎中韦延安代张[纬之]典此州，佥有政闻。"按韦延安广德元年在鄂州刺史任，见《元次山集》卷七《别王佐卿序》。《姓纂》卷二东眷韦氏阆公房及《新表四上》皆称"延安，鄂州刺史"。据李华文知鄂州刺史非韦延安终官。

考出张镒大历十二年至十四年为寿州刺史，纠《旧唐书》以张镒为杜亚之误，见第八编淮南道卷一三〇寿州(寿春郡)：

《旧书》本传："李灵曜反于汴州，镒训练乡兵，严守御之备，诏书褒异，加侍御史、沿淮镇守使。寻迁寿州刺史，使如故。德宗即位，除江南西道都团练观察使、洪州刺史、兼御史中丞。"《新书》本传略同。《元龟》卷六七三："张镒……大历十二年以为寿州刺史，特加五阶，褒善政也。"《金石录》卷八："《唐寿州刺史张镒去思颂》，赵巨撰，王湍八分书，大历十四年十二月。"又见两《唐书·齐抗传》、《陆贽传》，《御览》卷四七八，《元龟》卷八〇七、卷九五五，《全文》卷四九三权德舆《唐赠兵部尚书宣公陆贽翰苑集序》。按《旧书·德宗纪上》：大历十四年五月"癸巳，以寿州刺史杜亚为江西观察使"，"杜亚"乃"张镒"之误。

考出殷日用上元二年至宝应元年为苏州刺史，纠《姑苏志》记载殷日用任职年代之误，见第九编江南东道卷一三九苏州(吴郡)：

《全文》卷三一六李华《衢州刺史厅壁记》："自逆胡悖土地之慈，皇恩示以鈇钺之威……以苏州刺史陈郡殷公……宜继，由是命公典此郡也……元年建寅月作。"元年即肃宗宝应元年，建寅月即夏历正月，惟是年肃宗下诏以建子月为岁首，故是年建寅月为三月。《会稽掇英总集·唐太守题名》："殷日用，自苏州刺史授，充观察团练使，不之任。"列于乾元之后，大历之前。《姑苏志》云："殷某，永泰元年自苏州刺史移衢州。"按上引李华文乃宝应元年三月作，时殷日用已由苏州转刺衢州，《姑苏志》以殷日用永泰元年刺苏州，大误。

考出郑式瞻贞元十五年至十七年为衢州刺史，纠正《太平广记》记载的错误，见第九编江南东道卷一四六衢州(信安郡)：

《芒洛遗文》卷中《唐故河南府河南县主簿崔公(程)墓志铭并序》(贞元十五年八月三十日)："公两娶一门，女弟继室，即颍川太守长裕之曾孙……洺州司兵叔向之长女。今相国馀庆，河南尹珦瑜，信安守式瞻，高平守利用，皆诸父也。"《旧书·德宗纪下》：贞元十七年三月"癸酉，衢州刺史郑式瞻进绢五千匹，银二千两"。《元龟》卷七〇〇："郑式瞻为衢州刺史，贞元十七年死于州狱。"又见《元龟》卷一六九，《新表五上》郑氏。按《广记》卷一五一引《前定录》、卷二七八引《传载》称豆庐署贞元六年谒信安守郑式瞻，后二十年署为衢州刺史，均误。或"六年"为"十六年"之夺误欤？

《唐刺史考全编》圆满解决了唐人诗文中许多位"刺史"的名字，对于研究唐代文学家的生平和交游，有直接的作用。请看几个例子：

考出宋之问《送怀州皇甫使君序》等文中的“皇甫使君”即武后时任怀州刺史的皇甫知常，指出岑仲勉《元和姓纂四校记》以为此人是皇甫恽之误。还指出《全唐文》卷八三五重出《为皇甫怀州让官表》，署名钱珝，为误收。见第四编都畿道卷五二怀州（河内郡）：

《千唐志·监门卫长史安定皇甫公(慎)墓志铭并叙》：“父知常，汾、怀、汴等六州刺史，扬、洛二州长史。”慎卒开元十九年三月二日。按《姓纂》卷五寿春皇甫氏：“知常，洛阳长史。”《全文》卷四二二杨炎《杜鹏举碑》有“洛阳长史皇甫知常”。又卷二四一宋之问《送怀州皇甫使君序》：“皇甫使君累司宠职……历刺于外台。”又卷二四〇宋之问《为皇甫怀州让官表》：“伏奉今月一日制书，除臣使持节怀州诸军事怀州刺史。”按此文又见卷八三五，以为钱珝作，误。又按岑仲勉以为皇甫怀州即《姓纂》卷五安定朝那县皇甫氏之沩州刺史皇甫恽，误。《让官表》中有“作镇西河，未宽人隐”之语，与《皇甫慎志》谓知常历“汾、怀、汴六州刺史”合，知常任怀州前当为汾州(西河郡)刺史。

考出独孤及《祭李中丞文》与李华《送观往吴中序》中“李中丞”是同一人，即宝应元年至广德元年任苏州刺史的李丹，纠正《姑苏志》记载李丹大历中为刺史之误。见第九编江南东道卷一三九苏州（吴郡）：

《全文》卷三九三(《毗陵集》卷一九)独孤及《为吏部李侍郎祭李中丞文》：“谨以清酌少牢之奠，敬祭于故苏州刺史兼御史中丞赠吏部侍郎李公之灵……昔公出入台阁，勤劳王事；驰驱使车，周旋天下；克己奉职，一何正也。姑苏之役，奸幸构难，公秉义勇，诛其渠魁，海寇围逼，勾吴震骇，公率羸师，克翦大敌。”按“海寇围逼”似指袁晁起义，事在宝应元年。从上文知李中丞在事平后征还时卒于道中，则其刺苏时间甚短。文中又云"季卿等属忝宗族",据《旧书·李季卿传》,季卿于代宗即位后不久为吏部侍郎,知此文乃独孤及代李季卿作。按《英华》卷八六〇李华《衢州龙兴寺故律师体公碑》、卷八六二李华《润州鹤林寺故径山大师碑铭》均有"御史中丞李丹",疑即此人。《郎官柱》户部郎中及《御史台精舍题名》均有李丹,故独孤及文中称其"出入台阁"。又考《全文》卷三一五李华《送观往吴中序》:"宣成文昭公,柏人之嗣也,故中丞苏州后之……[观]往吴中蒐,以备家传之遗阙……永泰二年四月庚寅叔父华序",此"中丞苏州"疑与独孤及文中之苏州刺史御史中丞李公为同一人。按《新表二上》赵郡李氏东祖房:"丹,浙西观察使",乃李华从兄弟,李观从叔,是时浙西观察使正驻苏州,兼苏州刺史,则苏州中丞当即李丹。又据李华《三贤论》,知李丹乃元德秀门弟子,时代正合。又按《吴郡志》卷一一牧守门有李丹。《姑苏志》以为李丹大历中刺史,误。

考出刘长卿《祭萧相公文》中的"萧相公"为萧华,广德中任江州刺史,补充两《唐书》缺漏。见第十编江南西道卷一五八江州(浔阳郡):

《全文》卷三四六刘长卿《祭萧相公文》:"维某年月日殿中侍御史刘长卿谨以清酌庶羞之奠,敬祭于故江州刺史萧公之灵……龙潜少海,公佐储闱……国移大盗,公陷虏围……果翻贼党,来赴王师……辅国佞幸,敢乱朝经,潜申谠言,请夺禁兵;谋泄隙开,反为所倾,仓卒之际,播迁无名;东出招邱,南浮洞庭……长卿自奉周旋,于今五年。"按此"萧相公"疑即萧华。《新书·宰相表中》:上元二年二月,"河中节度使萧华为中书侍郎、同中书门下平章事"。宝应元年"建辰月戊申,华罢为礼部尚书"。又按两《唐书》本传,所记事迹与此文合,唯未及江州刺史。《旧书》称:"肃宗崩,代宗在谅闇,元载希辅国旨,贬华为硖州员外司马,卒于贬所。"据刘长卿文,疑华贬硖州司马后曾量移江州刺史卒，两传阙载。

考出权德舆《寄李二兄员外使君》诗中的“李二”即贞元十九年至永贞元年任郴州刺史的李伯康，指出岑仲勉《唐人行第录》以为是李吉甫，未谛。见第十编江南西道卷一六八郴州(桂阳郡)：

《全文》卷五〇三权德舆《使持节郴州诸军事权知郴州刺史赐绯鱼袋李公(伯康)墓志铭并序》：“[贞元]十九年秋七月，拜郴州刺史……奄忽雕落，时永贞元年十月某日甲子，春秋六十三。”《韩昌黎集》卷二二有《祭郴州李使君文》。《全诗》卷三四三韩愈《李员外寄纸笔》注：“李伯康也，郴州刺史。”又卷三二三权德舆《郴州换印缄遣之际率成三韵因寄李二兄员外使君》，疑指李伯康。岑仲勉《唐人行第录》谓指李吉甫，“二兄”乃“三兄”之误。存参。

考出罗隐《寄三衢孙员外》等诗中的“孙员外”即咸通十一年任衢州刺史的孙玉汝。见第九编江南东道卷一四六衢州(信安郡)：

《容斋续笔》卷一一：“《会稽大庆寺碑》，咸通十一年所立，云衢州刺史孙玉汝记。”《全诗》卷六五七罗隐有《寄三衢孙员外》、卷六五六有《孙员外赴阙后重到三衢》、卷六五八有《重过三衢哭孙员外》。

考出姚合《送薛二十三郎中赴婺州》诗中的“薛二十三”即大和九年任婺州刺史的薛膺，指出岑仲勉《唐人行第录》失考。见第九编江南东道卷一四五婺州(东阳郡)：

《新表三下》薛氏：“膺，婺州刺史。”乃元和五年浙西观察薛苹子；会昌六年湖州刺史薛褒兄。《新书》本传未及婺刺，唯云：“大和初为右补阙内供奉。”《郎考》卷三吏部郎中有薛膺，在张讽后，崔瑨前。《全诗》卷四九六姚合《送薛二十三郎中赴婺州》："我住浙江西，君去浙江东。"知姚合为杭州刺史时作，时在大和九年。按岑仲勉《唐人行第录》称薛二十三名未详，实即薛膺。

像这样扎扎实实的考证，在《唐刺史考全编》中不胜枚举。

四

中国知识分子有献身于学术的美德。举例来说，明末清初学者顾祖禹昼则教书，夜则撰述，历三十余年，写出名著《读史方舆纪要》，受到人们的景仰。

郁教授在南京师范大学负担着指导研究生、青年教师的任务，他不可能将全部时间与精力用于撰写工作。在这不寻常的二十年中，他清晨与深夜在家中伏案，寒假与暑假到外地奔走。从堆积几案的卡片和底稿，可以看出他所付出的辛勤劳动。虽冬季手指冻僵，夏季挥汗如雨，仍不以为苦，毅力过人。

70年代，我与郁教授相识。《唐刺史考》出版时，我曾为之撰序。现在《唐刺史考全编》出版了，我再为之撰序。我是两书的第一个读者，也是最了解两书编撰过程和学术价值者之一。两次撰序，足以说明我与著者不寻常的友谊。在滔滔红尘中，经历了二十余年时间考验的纯洁友谊，是弥足珍贵的。

（原载《唐刺史考全编》(全六册)，安徽大学出版社 2000 年 1 月版）

二、书评

评《李白丛考》

杨　明

在近年来的李白研究中，郁贤皓的《李白丛考》(陕西人民出版社 1982 年版)是可喜的收获之一。

该书收集作者近年来写成的有关李白经历和交游的考订文章十三篇，所涉及的李白事迹，由蜀中青少年时代直至暮年在当涂的生活，涉及的李白交游约四十人。作者在细致深入考证的基础上，提出了较多崭新的见解，或对前人的研究成果加以补充修正。现分三个方面简介如下：

(一) 关于李白的行踪

六十年代以来，学术界提出了李白曾两入长安的观点。作者对此进一步加以论证。他首次举出李白《上安州裴长史书》为证，肯定、补充了郭沫若提出的初入长安在开元十八年的说法，并认为诗人初入长安的动机，乃是因不见容于地方官吏，故而入京以谋求政治出路。关于天宝初李白第二次入京，作者据权德舆《吴尊师集序》等材料，考知吴筠生平，有力地否定了自《旧唐书》以来相沿已久的李白、吴筠同隐剡中，吴筠荐李白入京的错误说法。此外，作者还排比李白诗文，对李白出蜀年份提出了新的说法，认为是开元十二年(724)。又从李白诗文中举出三证，肯定了黄锡珪《李太白年谱》中诗人出蜀东游曾到过越中的说法。

（二）关于李白的交游

王琦注李白集，在人事交游方面，颇多缺略。《李白丛考》在这方面下了很大的功夫。作者所考订的李白交游中，不少是与诗人生平、思想关系密切的人物。例如崔成甫、崔宗之二人，李白诗文中曾多次涉及。但对于他们的身世，以往研究都未曾弄清楚，甚至误以为成甫即是宗之。本书根据李白的诗文、崔宗之父亲的文集序文和兄长的墓志等，断定二崔绝非一人；又根据北京图书馆所藏崔成甫家族的墓志拓片，对照成甫弟祐甫的《上宰相笺》，较彻底地搞清了崔成甫的家世、经历；然后将李白诗文中有关崔成甫者系统地予以排比解说。这一考订工作是关于李白交游研究的重要成果。又如作者根据史籍和唐人笔记，考出李白与宋之悌相逢当在开元十九年以后的一二年内，并非如以前研究者所说的在李白暮年。又据《元和姓纂》考知在李白晚年生活中曾起过重要作用的宋若思即宋之悌之子。这些结论都颇令人信服。此外，作者根据张说墓志铭、豆卢建碑，首次得出李白初次入京时所作诗歌中的"卫尉张卿"即张垍的结论；根据宋本《张承吉文集》中《梦李白》诗等资料，认为李白与贺知章初次相见系在开元中。这些考证也颇引人注目。对于李白与之交往数十年的重要人物元丹丘，作者首次将李白集中有关诗文作了全面的排比，对二人的交游加以系统的探讨，为进一步研究提供了基础。对于刘长卿、孟浩然、贾至、卢象等人的考证，不但有助于了解李白，也有助于进一步研究这些著名文人的生平事迹。

（三）关于李白的作品

对于李白生平、交游的考订，必然涉及对相当多的诗作的理解。例如上述关于李白、宋之悌交往的考证，便正确地解决了《江夏别宋之悌》这首五律的系年问题，并对之作出了新的符合诗人原意的解释。又如《蜀道难》这首名作，作者在考证李白初入长安事迹交游的基础上，提出了作于开元中，主题是慨叹功名难求、功业难成的新见解。此外，对于《江上吟》、《梁园吟》、《梁甫吟》、《将进酒》等诗作的作年和思想，作者或抒己见，或同意近年来其他研究者的看法，都提出了与旧说不同的意见。这几首诗均是脍炙人口之作，对于理解李白的思想颇为重要，因此，这些新的意见都是值得注意的。

综观全书，作者既注重对常见的资料加以细致深入的研究，从中发掘昔人所未曾注意的宝贵资料；又注重寻找新的、未曾被人利用的墓志等材料。然后通过多种途径细加考订，不囿于陈说而又实事求是地提出了许多重要的独创性的见解，不少论证都具有颇强的说服力。作者以其辛勤的劳动，为李白研究作出了贡献。

（原载《唐代文学研究年鉴》1984 年号）

李白研究的丰硕学术成果

——《李白选集》简评

倪培翔　潘百齐

郁贤皓教授的新著《李白选集》，是继《李白丛考》(陕西人民出版社 1982 年版)之后的又一重要学术成果，此书系上海古籍出版社“古典文学名家选集”之一种。

此书全面地反映了李白文学创作的概貌。自唐迄今千馀年来，李白作品的选本有三十馀种之多，但均只选诗歌，不选赋、表、书、序等文章。此书首次诗文并选，选录的数量居李白各种作品选本之冠，计选诗歌三百馀首，几近李白全部诗歌的三分之一，选赋、表、书、序等各类文章十八篇，占李白七十一篇文章的四分之一有馀。选篇突出李白在各个时期的代表作品，同时兼顾各种诗体、文体。其中的不少诗歌以往选本均未收录，未引起人们注意，但实际上它能帮助我们了解李白的思想、创作及生平事迹。如《玉真公主别馆苦雨赠卫尉张卿二首》(选一)、《酬坊州王司马与阎正字对雪见赠》、《题瓜洲新河饯族叔舍人贲》、《酬崔五郎中》、《酬崔侍御》等，此书均予收录，反映出选者具有开阔的视野和对李白诗文的整体把握。

此书汇集了著者多年李白研究的成果，同时综合了当代李白研究的许多研究成果。无论是前言，还是注释、评笺、按语，均反映出著者在李白研究上的深厚造诣。尤其是作品的编年问题，更见其扎实的功力。由于李白诗歌长于抒情，不着事迹，抒情又多比兴，所以很难编年。许多诗文的内容和写作年代迄今众说纷纭，难以取得一致意见。但郁氏根据自己对李白生平事迹的考证，吸收学术界已有的成果，给全书二百四十馀首诗歌，以及选录的全部文章作了编年，是目前国内编年作品最多的一个李白作品选本。郁氏对编年的态度实事求是，十分谨慎，其按语或叙编年理由，或录各家之说，大多数编年有坚实的考据，如《江夏别宋之悌》诗，以前学术界均认为是李白晚年流放夜郎时作。郁氏从稀见典籍中考知宋之悌生平，证实此诗乃开元二十三年(735)春在江夏所作。像这样坚实的考证发明，在全书中比比皆是，这都是对李白研究的新贡献。

此书注释详赡，对人名、地名、名物、训诂多有精湛的发明创见。例如李白诗文中颇多涉及崔成甫、崔宗之两人，以往研究者常将其混为一人。郁氏从稀见墓志拓片中考出崔宗之、崔成甫的家世和经历，从而信实正确地将《酬崔侍御》、《〈泽畔吟〉序》、《酬崔五郎中》等诗文中的两个崔姓官员分别注明。又如《题瓜洲新河饯族叔舍人贲》中的“舍人贲”，郁氏据《新唐书·李素节传》、《宗室世系表下》考出是李素节之孙，改变过去本子注不出人名的缺点。善于注出诗句的出处以诗解诗，是此书的又一优点。如《访戴天山道士不遇》中的“青霭”注明出自王筠《苦暑》：“日坂散朱雰，天隅敛青霭。”《登峨眉山》中的“携手凌白日”句，出自陈子昂《与东方左史虬修竹篇》：“携手登白日，远游戏赤城。”《乌栖曲》中的“东方渐高奈乐何”，出自汉乐府《有所思》：“东方须臾高知之。”并指出“高”当读“皜”，白色。对于旧注中的名物训诂，或补充，或驳误，又是选注者的擅长。如《白头吟》中“女萝”、“菟丝”的注释，指出菟丝乃旋花科植物，松萝为地衣门松萝科植物，两者绝不相类，女萝即松萝，由于菟丝蔓有时缠绕在女萝上，所以古人常用菟丝、女萝比喻男女爱情。一扫《尔雅注》等将两者混为一物之误。所有这些，都反映出著者在考据、训诂方面的深厚造诣，令人折服。

此书在每篇作品之后，汇集了历代评笺，而选录哪些合适，此书也都经过精心选择，所选笺评均言简意赅，这对帮助读者理解诗意、领悟诗艺，均有裨益。而选注者的按语又往往对笺评中的错误或不周密处，阐述自己的见解，点出诗旨作法，常发前人之所未发。

总之，这本《李白选集》既是当代李白研究成果的总汇，又是著者多年李白研究的重要收获，它必将在李白作品选本史上占有重要地位。

（原载香港《大公报》1991 年 8 月 19 日）

一部“采山之铜”的力作

倪培翔

《天上谪仙人的秘密——李白考论集》，郁贤皓著。300千字。台湾商务印书馆1997年6月出版。

在当代李白研究界，郁贤皓教授是一位令人瞩目的学者。八十年代初，他的学术专著《李白丛考》（陕西人民出版社1982年版）问世，即受到学术界好评，此后的10余年间，郁贤皓教授又陆续发表一系列李白研究的考证文章，近年又在考据的基础上，转入对李白作品和思想的义理探讨。新著《天上谪仙人的秘密——李白考论集》（以下简称《李白考论集》）即是郁氏20余年来关于李白研究主要论文的结集。全书内容大体可分为两个部分：前20篇为李白生平事迹、交游及作品辨伪的考证文章；后4篇是李白思想和作品特点的论述文章。

《李白考论集》的第一个特点，就是通过深入考证，解决了李白生平中许多疑难问题，订正了前贤研究中的不少错误，为李白生平勾勒出一个新轮廓。例如《旧唐书·李白传》是一篇较早记载李白生平的传记，历来被人引以为据。但这篇传记在李白籍贯、家世以及主要经历等关键问题上，都有错误和严重失实。郁氏《〈旧唐书·李白传〉订误》一文，通过对李白籍贯、家世、主要经历、交游、地理环境乃至死因等一系列重大问题的稽考，订正了史书记载之误。又如由于前人疏于鉴别，李白集中羼入了他人作品，清人黄锡珪《李太白年谱》从总集和类书中辑出三文以为李白作品，今人所注《李白集》从之。郁氏《黄锡珪〈李太白年谱〉附录三文辨伪》一文，根据三文的内证，考明此三文乃独孤及之文，决非李白作品，并考明了致误之由。李白一生许多事迹迄今仍是谜，郁氏通过艰苦卓绝的爬梳钩稽材料、缜密严谨的考证，解决了一系列问题。首先，《李白出蜀前后事迹考辨》一文，考出李白出蜀时间在开元十二年秋，否定了前贤或主开元十三年、或主开元十四年之说。其次，李白"两入长安说"是李白生平研究的重大突破。但稗山发表《李白两入长安辨》(见《中华文史论丛》第二辑)之后，10余年间无人响应，七十年代郭沫若《李白与杜甫》始肯定此说。郁氏先后发表《李白初入长安事迹探索》、《李白两入长安及有关交游考辨》、《再谈李白两入长安及其作品系年》等文，补充证据，钩稽出李白两入长安的动机、时间、地点、路线、遭遇等，从而使李白"李白两入长安说"，在国内外学术界得到公认。其后，他又发表《李白与玉真公主过从新探》、《再谈李白诗中"卫尉张卿"和"玉真公主别馆"》等文，进一步提供证据。关于李白天宝元年入京供奉翰林之事，两《唐书·李白传》均认为是吴筠所荐，郁氏根据吴筠诗文及权德舆《吴尊师集序》，考明吴筠在安史之乱前未尝隐剡中，亦未尝推荐李白，首次提出李白供奉翰林乃出于玉真公主之荐，订正了千年来的误说。再次，关于李白交游的考证，是郁氏最有创造性的研究之一，其《李白诗中崔侍御考辨》、《李白与孟浩然交游考》、《李杜交游新考》、《李白与元丹丘交游考》、《李白与玉真公主过从新探》、《刘长卿别李白事迹小辨》、《李白暮年若干交游考》、《李白交游杂考》等文，涉及人物40余人，不但解决了李白生平和作品的许多重要问题，而且对上述人物的生平研究都有很大帮助。

《李白考论集》的第二个特点是大量占有材料，考证缜密精审。郁氏擅长考据，著有《唐刺史考》等大型考证专著，他从唐人别集、总集、史书、笔记、姓氏书、宋元方志、佛藏、道藏、石刻拓片中搜集材料，尤其是运用罕见的唐人墓志这些唐人的第一手资料，与典籍记载作综合研究，乃郁氏研究的一大特色。他将此一方法归功于王国维倡导的“二重证据法”。郁氏此书中的许多论文，尤其是《李白诗中崔侍御考辨》一文，即是运用“二重证据法”解决了疑难问题的典型例子。李白集中酬赠崔侍御诗文多达11篇，足见李崔交游之密。但前人均未弄清崔侍御是谁？郭沫若在《李白与杜甫》一书中，将崔侍御误认为是崔宗之，将崔宗之、崔成甫混为一人。郁氏从北京图书馆所藏唐人墓志拓片中发现了崔成甫祖父、父母、伯母、弟妹、两位同祖从兄的墓志，理清了崔成甫的家世和生平。又从《千唐志斋藏石》中发现崔宗之四兄《崔宜之墓志》，从而证实崔宗之名宗之，不名成辅，排行第五，非第四，并断定李白10首诗文中的“崔侍御”、“崔四侍御”即为崔成甫，绝非崔宗之，订正了郭沫若的误说。并考出崔成甫与韦坚的关系及其遭贬之因，从而对李白《泽畔吟序》和酬赠崔侍御诗篇的内容都作出了合理正确的阐释，并由此推知李白《古风》(其五十一)“比干谏而死，屈平窜湘源”乃有所指，即以比干指李唐宗室李适之被杀，以屈平喻崔成甫贬湘阴。同时，郁氏还考出《闻李太尉大举秦兵百万出征东南、懦夫请缨冀申一割之用、半道病还留别金陵崔侍御》诗中的“崔侍御”乃“崔侍郎”之误。

此书的第三个特点是，郁氏在八十年代考据的基础上，九十年代开始转入义理研究，尽管发表的文章不多，但取得了新的学术突破。《论李白〈古风五十九首〉》一文，全面系统地考察了《古风五十九首》名称的由来、流传过程、内容、特色等，指出其或用比兴手法、或用游仙、咏史形式，都是为了抒写抱负、指言时事、感伤己遭，其实质都是咏怀。《李白乐府与歌吟异同论》则对李白诗歌中成就最高的乐府与歌吟进行比较，指出两者异同之处和各自特点。《论李白思想的形成和发展》、《论李白作品的时代特征及艺术特点》两文，是两篇宏观的作家思想研究论和作品研究论，其结论完全建筑在扎实的材料基础之上，所以，具有与一般理论批评时文不同的特色。例如《蜀道难》、《行路难》、《梁甫吟》、《将进酒》等代表名作，过去认为都是天宝年间供奉翰林赐金还山前后之作，但新的考据成果说明，上述诸作应该是开元年间李白一入长安失意归来前后之作。这样，过去认为李白创作主要成就在天宝之后的说法被打破，李白的创作道路就必须重新研究。

综观郁氏的李白研究成果，不难窥见其严谨的治学态度，其考证手段随着问题性质和资料情况的差异，采用多种途径求得疑难问题的解决：或从诗文中寻找内在联系；或从历史背景上找外缘关系；或从时间、地点、官衔、排行等异同上寻线索；或从亲朋交游、离合聚散上作推敲；或从版本校勘上寻觅旁证，等等。倘若说，此书有什么不足之处的话，那就是义理批评的分量还不够，对李白思想和作品的探讨有待展开和深入。

（原载《文学遗产》1998年第三期）

旧学新知的贯通与融会

——评郁贤皓教授《李白与唐代文史考论》

胡可先

郁贤皓教授将其数十年来研究李白与唐代文史的成果汇为一编，取名《李白与唐代文史考论》，列入《随园文库》，由南京师范大学出版社 2008 年 1 月出版。全书分为三卷，第一卷为《李白丛考》，收录了著者二十世纪七十年代以来考证李白的文章三十篇，涉及李白生平事迹、行踪、交游、作品系年、辑佚与辨伪，并订正前人在李白研究中的错误，重新勾勒出李白一生的新轮廓；第二卷为《李白论稿》，收录了研究李白的理论与评述文章三十篇，论述李白的古风、乐府、歌行、绝句等各诗体的特点和成就，李白思想的形成和发展，包括诗文品评，李白集主要版本提要，对国内外李白研究的评述等；第三卷为《唐代文史考论》，收录了有关唐代文史研究的文章二十三篇，包括诗人宋之问、苏颋、李商隐、李德裕等事迹的考证，《全唐诗》作者小传正补，《元和姓纂》整理记感和对《四校记》的斠正，《唐刺史考全编》补遗，论“二重证据法”在唐代文学研究中的运用，论唐代文史微观综合研究，以及对一些有重大影响的唐代研究著作的评述等。

一

李白研究，在二十世纪之前，基本处于停滞不前的状态，尽管有杨齐贤、萧士赟、胡震亨、王琦四家著名注本，但对李白生平与作品的综合研究，还处于简单粗略的状态，与其同等地位的杜甫研究无法比拟。但到了二十世纪，李白研究呈现出全面繁荣的状态，不仅在研究成果的数量上大幅攀升，更在一些重大问题上有着重大的突破，一举改变了长期以来千家注杜、数家注李的局面。郁贤皓先生无疑是李白研究的里程碑式的人物。其李白研究的成果不仅是研究实力的昭示，更在多方面具有开拓性意义。

（一）二入长安的证定

历代研究李白的学者都认为李白一生只有一次到过长安，也就是天宝元年(742)秋奉诏入京待诏翰林，至天宝三载(744)春离开长安。直至1962年，稗山先生发表了《李白两入长安辨》，首次揭出李白二入长安之说。而在这篇文章发表后十年间，并没有产生影响。1971年，郭沫若《李白与杜甫》一书，才采用李白"两入长安说"，但由于该书出版于特定的年代，加以错误较多，尽管采用两入长安说，仍没有引起学术界的重视。当然，稗山与郭沫若的说法没有引起学术界的重视，与其虽提出新说，而证据不足，加以论证方法的粗略也是密切相关的。

郁先生在二十世纪七十年代以后接连发表的《李白与张垍交游新证》、《李白两入长安及有关交游考辨》、《李白初入长安事迹探索》等论文，证明李白在开元时期确实到过长安，加上已被确认的天宝初年受诏入长安，则有两次入长安。郁先生使两入长安之说由怀疑发展到实证。其证据主要有五条：(一) 李白《上安州裴长史书》有"西入秦海，一观国风"语，表明李白欲离安陆而赴长安。其时李白三十岁。(二) 李白有《玉真公主别馆苦雨赠卫尉张卿二首》诗所表现的情怀，再与张九龄所撰《张说墓志》参证，此诗为李白开元中入长安之作，而不是天宝初应诏入长安所作。(三) 由李白诗作为内证，天宝元年，李白奉诏入长安的时令在季秋，是从南陵启程的，而开元年间入长安的时令却在夏季。再从离长安后的路线考察，两次也是不一样的：一次是浮黄河，一次是经商州。

(四) 以李白与好友元丹丘的赠答诗《以诗代书答元丹丘》"三见秦草绿",证明李白开元年间第一次在长安住了三年。而李白天宝初应诏入长安仅有一年多时间,不得云"三见秦草绿"。(五) 现存李白诗篇中有隐居终南山之作,还有秋冬至春在邠州、坊州应酬之作,而天宝元年入京即供奉翰林,不可能产生以上作品。

两次入长安的经历中,第二次是天宝初年应诏入长安的,古今学者颇为注意,其活动情况也较清楚,而第一次即开元中入长安的活动就很难了解。郁先生在证明李白开元十八年第一次入长安后,则进一步考证了李白在长安的活动,将问题引向深入。这一次入长安在开元十八年或稍后一年的夏季,入京的目的是为了求取功名,是从安陆启程经南阳入京的。入京以后,一方面隐居于终南山,希望得到皇帝的青睐,另一方面则出入于王公大人之门,以盼其引荐。但尽管如此,却因难得知己引荐而入仕无门,只好再下终南,以抵邠州、坊州。又因为没有找到出路,故而在第二年春天,又回到了终南山。据其《以诗代书答元丹丘》诗有"离居在咸阳,三见秦草绿"句,可确定其在长安居住了三年,大约在开元二十一年或二十二年春夏之交离开长安,浮河南下。李白两入长安的发现并进一步被普遍承认,不仅解决了李白生平事迹中的一个难题,更为重要的是对李白许多重要代表作品的系年必须重新研究,乃至李白的创作道路也必须为之改写。过去的研究者,以李白一入长安为基础,故认为李白的代表作《蜀道难》、《梁甫吟》、《将进酒》、《行路难》、《梁园吟》等诗,都作于天宝三载(744)赐金还山后抒发忧愤之作。于是认为李白的创作道路,是到了后期才辉煌的。但两入长安说发现并被证实之后,情况就不同了,他的这些代表作品,都被证明为开元年间第一次入长安时所作。而这时的很多诗虽然是在长安未被所用而离开后发出的感慨,但因为不是像第二次入长安遭谗而忧愤离京,故情调则迥然不同。

(二) 生平交游的新证

郁先生曾谈到自己研究经历时说:"七十年代初我就将李白研

究作为研究课题之一，并决定从对李白生平及其交游进行深入的考证研究着手，以期逐步解决李白研究中长期存在的疑难问题。”(753 页)建国以后至七十年代初期的李白研究，虽然取得了较大的进展，但对于相关成果进行检讨，也发现有不少缺憾：对李白生平事迹中的许多疑点仍然未能解决；对两入长安的叙述也缺乏足够的依据；对李白的交游大多缺乏考证。因而留下了不少问题，也有较大的研究空间。究其原因，“都是由于对李白及其交游的各种史料缺乏认真深入的稽考”，故而郁先生从二十世纪七十年代初期，“就将李白作为我的研究课题之一，并决定从对李白生平及其交游进行深入的考证研究入手，以期逐步解决李白研究中长期存在的疑点和老大难问题。”(《我与李白研究》,《古典文学知识》1991年第三期)在深入细致地阅读李白作品与相关史料中寻找问题与解决问题。收入本书第一卷的论文，都是以考证为主要内容的，考证又以交游的考证居多，其标题直接点明交游考证者达十三篇之多，如《李白与张垍交游新证》、《李白暮年若干交游考索》、《李白与元丹丘交游考》、《李白与孟浩然交游考》、《李白交游杂考》、《李白与玉真公主过从新探》等。其它一些不是以交游为主要对象的文章也不同程度地涉及到交游考证。这些文章对于李白研究的重要突破在于：第一，对李白的交游情况及与之相关的复杂的社会关系得到了进一步清理；第二，以交游的考证为契机，对于李白的生平事迹做出了重新论定；第三，交游的考证与二入长安说的证定融合无间，标志着二十世纪李白研究的新的进展。

郁先生在研究李白的过程中，极为注意对于作品的细读，并与传世文献和出土文献综合勘证，解决了李白生平研究中的诸多疑窦。收入本书第一卷的论文主要有《李白出蜀前后事迹考辨》、《李白初入长安事迹探索》、《安史之乱初期李白行踪新探索》等。诸文大多在二十世纪八十年代已经发表，并在学术界产生了很大的影响。进入新世纪，郁先生还对李白的生平不断进行探讨，如《安史之乱初期李白行踪新探索》就是郁先生在新世纪研究李白的成果。该文的贡献在于：对于李白《奔亡道中五首》、《古风》其十七“西上莲花山”、《述德兼陈情上哥舒大夫》等作品作出新的解释的前提下，对安史之乱初期的李白行踪作了新的梳理，订正了传统研究中安史之乱初起时李白一直在江南的成说，证定安史之乱初起时李白曾有西奔潼关与西上华山的经历。

（三）系年、真伪的辨误

李白事迹、诗文系年与作品真伪的辨误，也是该书的重要内容。诗文系年辨误有《李白诗〈江夏别宋之悌〉系年辨误》，作品辨伪有《李白诗的辑佚与辨伪》、《黄锡珪〈李太白年谱〉附录三文辨伪》，史实订误有《〈旧唐书·李白传〉订误》等。有关李白作品的辨伪，前人已取得了一些成果，如清人王琦所注的《李太白全集》就指出了一些误收诗。但还有不少伪诗尚待甄辨。郁先生对于后人辑佚的李白诗进行全面的辨伪，而且对于散见未辑的李白诗也进行了甄辨，并在此基础上综合概括出李白诗真伪混杂的原因有四个方面：1. 总集中他人诗载于李白诗的前后，或漏署作者名，或可能错简而误为李白诗。2. 因与李白姓名、名字音形相同或相近而误。3. 他人寄赠或吊怀李白诗误为李白本人诗。4. 伪托诗。由此论述辑佚与辨伪的关系：“在辑佚时，我们必须做到辑佚与辨伪相结合，一方面要详加考察辑佚作品的来源，同时还要对辑佚诗本身是否与李白生平经历相合作细致考订，只有在确认无疑后方可辑入，这样才不至于贻误读者。”（346 页）

二

在对于李白的生平事迹、诗文作品、著作版本进行考证并取得了很大成就之后，郁贤皓先生又从事李白作品的理论探讨与综合研究。收录在本书中的有关李白的理论研究论文也有近三十篇。这些论文都是新时期李白研究的重要创获。

（一）诗体研究

历代公认李白擅长乐府诗，但李白乐府诗究竟有多少，歌吟体诗是否都可以归入乐府诗，古今说法不一。郁先生《李白乐府与歌吟异同论》对此作了比较研究，并对历代颇为混淆的说法作了澄清。以为李白的新题歌吟诗不必归入乐府类，还是称歌吟诗为好。换句话说，李白的乐府诗以《乐府诗集》所收和宋本《李太白全集》标明“乐府”者为限，不宜随意扩大李白乐府的范围。《李白绝句漫谈》以为李白绝句之妙，可以用四个字来概括：“藏”、“常”、“畅”、“长”。所谓“藏”，就是指含蓄，话不要说透、说尽，要留有余地，让读者自己思考。所谓“常”，就是写平常事，说平常话，李白的绝句基本上不用典故，都明白如话，一看就懂的。所谓“畅”，就是句子、文字流畅，读起来琅琅上口。所谓“长”，就是韵味深长，言尽意远，一唱三叹，余味无穷。《论李白古风五十九首》，是专门探讨李白古风体的论文。作者认为李白《古风》无论从体制、内容、风格等各个方面看，正是汉魏晋到初唐五言咏怀诗的集大成者。从此以后，古风体式作为与古诗同义的诗体名，一直流传了下来。这组诗或用比兴手法，或用游仙、咏史形式，都是抒写抱负、指言时事、感伤己遭的咏怀诗。其主旨较阮籍的《咏怀》、陈子昂的《感遇》等更为明朗，其所以用比兴手法，咏史和游仙形式，是为使题旨表达得更为丰富深刻。这些论文，都从不同的层面对于李白擅长的诗体进行阐发，或发人所未发，或言人所未尽，皆切中肯綮。

（二）诗集研究

李白诗集的流传过程，是李白研究的重要内容。郁贤皓先生对于李白集古本的传承与亡佚都作了较为系统的研究。《咸淳本〈李翰林集〉源流和名称简论》在考察宋咸淳本《李翰林集》早已亡佚、咸淳本《李翰林集》与当涂本《太白集》关系、咸淳本《李翰林集》与蜀刻本《李太白文集》之异同的基础上，认为宋代咸淳本《李翰林集》虽源出宋代当涂本《太白集》，但必须注意宋当涂本不称《李翰林集》，只有咸淳本才称《李翰林集》，现在宋《太白集》已亡佚，咸淳刻本《李翰林集》也已经亡佚，今所存明正德八年刊本《李翰林集》三十卷，其面貌比较接近宋代咸淳本《李翰林集》，明清影刻的仿宋咸淳本《李翰林集》，也都较好地保存了宋咸淳本《李翰林集》的面貌。《宋蜀本〈李太白文集〉提要》、《〈李翰林集三十卷〉提要》，也对各自版本源流作了条分缕析的探讨。《胡振龙〈李白诗古注本研究〉序》、《马鞍山市影印〈李翰林集〉序》，更阐明了李白诗传本、注本研究的重要意义与研究路径。

（三）诗学研究

李白研究自唐代迄今，人才辈出，成果卓著，形成了千年之久的李白诗学。对汗牛充栋的研究成果进行宏观的把握与细致的梳理，是学术史研究的重要任务。郁贤皓先生对于李白的诗学研究甚为关注且颇为致力。他的成就包括以下几个方面：第一，百年研究的评述。《近百年来李白生平研究述评》以为二十世纪对于李白研究的重大突破在于：出生地问题，出蜀年代，两入长安，天宝元年行踪，在山东的寓居地，安史乱起时的行踪。尤其是对于两入长安的意义，郁先生专门写了《李白两入长安的发现及其意义》一文，以论述这一发现对于二十世纪后期李白研究的重大推进。在对李白研究总体把握的基础上，对于亟待解决的问题，也提出来以供研究者探讨。如《李白研究中的几个问题》，就提出了李白的出生地问题，李白到长安的次数及有关问题，李白诗中的比兴寄托问题，李白诗歌的编年问题等等，都亟待解决与完善。第二，异域研究的关注。对于异域的李白研究，郁贤皓先生也比较注意。他与国外著名的学者日本的松浦友久、中岛敏夫、市川桃子，美国的宇文所安、艾龙、梅维恒等都有密切的联系。《松浦友久李白研究述评》对于松浦的一系列著作加以评述，突出他在理论探讨、意境阐发、渊源追溯、思想探源、诗体发微、生平考证等诸多方面取得的成就，以论定他对于国际学术研究所作的重大贡献。《松浦先生与我在学术交流中不断增进友谊》则从个人交往的角度，记录了从 1981 年至

2002年作者与松浦友久先生长达二十余年的李白研究交流史。实质上也是二十世纪后期具有国际视野的李白研究学术史。第三,研究前景的展示。《李白研究的回顾和展望》则以为新世纪的李白研究应该提高研究的层次;对于李白家世的研究要重视地下发掘的数据,使结论完全建立在令人信服的充分证据之上;对李白作品的研究必须在坚实的微观研究基础上有理论深度,多视角多侧面地深入探讨,注意时代和社会各种因素对李白创作的影响。

三

郁贤皓先生在研究李白的同时,对唐代其它诗人也展开研究,取得了不少成果,并体现了作者对于唐代文学发展的总体思考,这对新世纪的学术研究起着重要的引导作用。

(一)文史发覆

郁贤皓先生以唐代文史的综合研究成果卓著,为学术界多所称誉,他所撰著的《唐刺史考全编》、《唐九卿考》,整理的《元和姓纂》,是这一领域的名著,并成为学术研究者案头必备之书,但这些著作已单独出版,并因部头过大,不便于收录在《李白与唐代文史考论》一书中。收录在本书中的则是以唐代文史研究的单篇论文为主,包括以下几个方面:一,作家事迹的考证。如《宋之问事迹和交游五题考辨》、《苏颋事迹考》、《苏颋年谱》;二,唐代典籍的补正。如《全唐诗作者小传正补》、《元和姓纂四校记斠正》、《劳格杭州刺史考补正》、《唐刺史考全编补遗》等;三,文史专题研究。如《从〈令狐梅墓志〉看李德裕及晚唐党争》、《唐代诗人与浙东山水》等。这些文章都见解独到,发前人未发之覆。如《从〈令狐梅墓志〉看李德裕及晚唐党争》通过新出土墓志记载的李德裕与晚唐党争的一些轶事,论证了牛李党争过程中党同伐异的具体过程,订正了当代研究成果的某些失误与偏颇,对晚唐的文史研究具有一定的启发意义。

（二）方法探讨

郁贤皓先生在总结多年的研究经验时，提出“微观综合研究”的方法，撰写了《论唐代文史的微观综合研究》一文，成为唐代文史研究的行之有效的途径。收入本书的《论“二重证据法”在唐代文学研究中的运用》一文，则是对于微观综合研究的补充。笔者在为《唐刺史考全编》撰写的评论中曾对此有过论述：“最近十余年来，学术界对于方法论的探讨成为长时间的热门话题。从大的方面看，又不外有两种，一种是宏观研究，一种是微观研究。宏观研究侧重于理论问题的探索，微观研究侧重于文献资料的考据。且二者一直处于对立的态势。从事宏观研究者认为微观研究劳而无功，从事微观研究者又认为宏观研究大而无当。其实，我们如果站在旁观者的角度对于近十余年的学术研究作一番审视，就会觉得这两种研究方法各有偏向。……《唐刺史考全编》在研究方法上的一个重要特点，就是开辟了微观综合研究的新途径。”（台湾《书目季刊》第三十五卷第二期，51 页）这种途径又通过四个方面来实施：首先，将微观研究作为综合研究的基础。郁先生以为，从事唐代文史研究的学人对宏观研究感兴趣，而对具体史料与具体作品的微观研究不太重视，往往流于简单粗疏。宏观研究必须建立在深入的微观研究基础之上，才能总结出正确的结论。反之，微观研究的粗疏，也可能导致宏观研究的差错。其次，通过对各种文献资料的综合研究，以补史书之阙。再次，通过对各种文献资料的综合研究，以订史书之误。最后，运用出土贞石数据与存世文献参合对照，解决一些疑难问题。《我与唐代文史》一文则从治学经历的回顾与著述的体会总结中，在学术精神和治学方法上，为后辈学者提供了可为典则的范例。

（三）新著推介

郁贤皓先生对于中国文学史，尤其是唐代文学研究论著，一向十分重视，故有关论著的评论，则是本书的重要内容。其中有对于前辈学者成果的弘扬，如《论胡小石〈中国文学史讲稿〉的建构特点》、《读〈程千帆选集〉》；有为同辈或后辈学者撰写的书评，如《高适研究的可喜成果：评周勋初〈高适年谱〉》、《全唐诗研究的最突出的成果：评陶敏〈全唐诗人名考证〉》、《在微观考证基础上建立宏观理论体系的佳作：评邓小军〈唐代文学的文化精神〉》、《创新求真，正本务实：评贾晋华〈唐代集会总集与诗人群研究〉》；有为后辈学者的著作撰写的序言，如《胡振龙〈李白诗古注本研究〉序》、《马鞍山市影印〈李翰林集〉序》、《李白安徽诗文校笺序》、《李子龙〈李白诗文遗迹考〉序》等。这些论文，与时下人云亦云或相互捧场文章完全不一样。作者都是认真阅读原著，并且实事求是地作出客观的评价，并对于以后的研究提出自己的看法的。他认为胡小石的《中国文学史讲稿》以“一代有一代之所胜”的观点为基本框架，分清了文学与学术的界限，勾勒出中国文学史的主要发展线索，开创了崭新的中国文学史的建构框架，具有重大的历史意义和理论价值。其讲文学之产生必结合社会生活、学术思想、地域环境，言必己出，根据自己的体验讲诗歌艺术等，对后来的许多文学史有重大影响。评论周勋初先生的《高适年谱》，在肯定该书在高适家世、科举、行踪、交游的考订，以及思想演变与诗意阐发方面取得重大创获之后，也指出其征引材料的重要遗漏、误人名为地名等方面的失误。评述邓小军的《唐代文学的文化精神》，充分肯定该书的创新精神和学术价值，指出其不仅以理论思辨见长，而且以史实考证取胜；最后也指出：“书中对一些作家作品的分析未能与文化精神这一主旨完全融合；全书的构架似尚欠精审，部分内容多次重复，体例稍嫌庞杂，以至冲淡了书中的精华。”并举多例说明“有些说法似尚需多加斟酌。”这都反映出郁先生治学的严谨要求和实事求是的态度。

（原载中华书局《书品》2008 年第四辑）

海纳百川　自成一体

——《李白大辞典》评介

王友胜

李白是中国古代最有影响的诗人之一。历代学者对其倾注了极大的热情。他们分别在整理文集、笺释字句、考索版本、甄辨真伪、撰写年谱及评论得失等方面做了大量的工作，裴斐、刘善良编写的《李白资料汇编》(金元明清之属)一书，即从865种古籍中辑得916位学者的论李评语。二十世纪以来，李白研究长盛不衰，许多学者对李白其人其诗进行了广泛、深入的研究，取得了令人瞩目的成果。据笔者初步统计，此间共出版各类著作99部(含海外)，发表学术论文2142篇。鉴于这样的研究态势，学术界急需一部综合性集大成的辞典，以此来全面总结千年来李白研究的已有成果，对一些焦点性问题进行集中的回顾与反思，并建立有关李白研究资料与信息的目录索引，供研究者检索之用。为此，著名李白研究专家郁贤皓教授组织中国内地和香港、台湾以及美国、日本的70多位学者编纂了《李白大辞典》(下称《辞典》，广西教育出版社，1995年)。笔者因学习、研究的需要，经常翻检此书，颇以为胜。现谈点个人的粗浅体会，以求教于学界同仁及广大读者。

一、《辞典》的编排体例及主要内容

一部辞典如同一幢大厦。大厦要稳固，砖块之间必须有序地排列。辞典的整体结构要匀称、完善，编撰者须对成千上万的词条进行科学的分类，合理的编排．使词条之间彼此协调，从而构成知识的系统性与完整性。《辞典》在这方面就处理得极为巧妙。全书近110万字，3300多个词条．涉及到李白的家世、行踪、交游、思想及其作品的研究概况与阅读欣赏等诸多方面，可谓内容庞杂，头绪纷繁。对此，主编郁贤皓先生在没有类似的古代作家辞典可供借鉴的情况下，独具慧眼，统筹安排，首先从宏观上将书中内容厘为十类，然后再根据具体情况采取不同的编排方式。其中作品提要、名篇鉴赏二类按宋本《李太白文集》及补遗中作品的顺序排列，交游、地名及胜迹三类按笔画顺序排列，生平、版本、研究著作、研究学者及海外研究五类则按时间顺序排列。可见，《辞典》对词条的编排没有像一般辞书那样采取一刀切的办法，而是有所区别，对症下药。按宋本《李太白文集》顺序编排，可以保存作品的历史原貌，供研究者参考；按笔画顺序编排，易检便查，还可将类似词条排列在一起，如交游类中将崔姓者连排，利于区别崔成甫、崔宗之两人（过去曾将其混为一人）；按时间顺序编排，则可显示学术发展的源流，如版本类前六个词条的编排次序为：唐魏颢《李翰林集》，唐李阳冰《草堂集》，北宋乐史《李翰林集》，北宋宋敏求、曾巩《李太白文集》，南宋咸淳刊本《李翰林集》及南宋杨齐贤、元萧士赟《分类补注李太白文集》，这样处理不仅可以反映李白早期诗集刊刻、流传的先后次序，而且还可显示各本的因革关系及内在逻辑。

为了弥合辞书因知识的条块分割而产生的缺陷，使全书相关内容彼此连缀，也为了读者能通过相关词条的阅读，获得更丰富的信息或加深、拓宽知识领域，《辞典》还设立了大量的参见条。如生平类86个词条中有12个参见条，交游类503个词条中有77个参见条。书中参见条的设置有两种情形：其一，同一概念的重要异称或相同主题的不同表示法，除立一主条外，余作参见条。参见条不作解释或只简要解释，其信息参见主条。如第1页“李翰林”为主条，详介李白天宝元年(742)至三载(744)曾奉诏入京，在翰林院任翰林学士，又称翰林供奉；接下来设“李学士”、“李供奉”两个参见条。这样编排可使读者了解到有关李白的不同称谓。其二，释文与释文之间在内容上彼此交叉、互有联系，但由于撰写体例的限制，有的需要作全面系统的叙述，有的需要略写，故于释文内设置参见条。如第4页“一男曰明月奴”条，此条设在生平类，故撰者的重点在阐述李白的生平，交待他与许氏夫人婚后曾生有一男一女，即伯禽（小字明月奴）与平阳。关于两人的详情，此处无须赘叙．故于文末特设两参见条，即交游类“李平阳”、“李伯禽”条。

《辞典》不惟编排合理，而且内容丰富，涉及面较广。概言之，可分为三大部分。第一部分为作家研究，含生平、交游与胜迹三类。其中生平类简介李白的称谓、家世、出生地及一生中影响其思想与创作的重大事件，如“仗剑去国”、“一入长安”、“二入长安”及“长流夜郎”等，此类词条虽文字不多，然撰者或笺释旧说．或驳斥他说，或自树新说，颇富学术性。交游类考释李白诗题中提及的全部人物，对作品中出现的部分人物亦有所涉猎，计达400余人。《辞典》对其中绝大多数人物的生平都有所反映，甚至对少部分人与李白交游的时次、唱酬等亦考证得很清楚。尤其是对玉真公主、张垍、宋之悌、崔成甫及赵悦等人与李白的关系，更是考察得极为周详，取得了突破性的进展。此项成果对李白作品的系年及其思想研究不无裨益。胜迹类介绍与李白行踪或诗文有关的名胜古迹和一些纪念李白的建筑设施，如黄山、白帝城、桃花潭、采石矶及李白在各地的墓、衣冠冢、纪念馆等。此类所有词条均由当地学者撰写，资料翔实可靠，再结合书前所附的12幅彩包插图，可谓图文并茂，雅俗共赏。第二部分为作品研究，含作品提要、名篇鉴赏、版本及地名四类。其中作品提要类对宋本《李太白文集》及补遗中的全部作品进行解题、系年、简析及辑录古人评语，释文精练简洁，往往三言两语，入骨见髓，对读者理解原作颇有益处。名篇鉴赏类则精选其中部分作品（诗132首、文2篇）详加赏评，或发明题意，或剖析结构，或评赏艺术，文字优美流畅，清新可读。版本类考评古今有关李白作品的重要文集（全集22部、选集34部），指出其版刻时间、流传情况、诸家著录及大略内容，兼具书目提要的性质，对读者阅读李白文集有探津指迷的作用。地名类对李白所有诗歌及部分散文中出现的上千个地名进行考释,指出其古今地理范围,并逐一胪列其在诗文中的出处。撰者对同名异地及异名同地的现象分辨尤详,结论大抵可信。如第246页“石门”条,归纳出李白作品中的“石门”计有8处,分别在江西、山东、浙江、安徽、湖北、陕西及河南等省,撰者考释得极为仔细周详。第三部分为研究概况,含研究著作、研究学者及海外研究三类。其中研究著作类对南宋以来有关李白研究的各类重要著作53部作了内容提要,释文中对书的是非得失的品评,态度比较公允、平和。如第320页对“李太白年谱(薛仲邕编)”评曰:“此谱极为简陋,错误极多,‘惜其疏略,又不无抵牾’(王琦《李太白年谱》)。今天看来,学术价值不大。”而同页对“李太白年谱(王琦编)”却说:“资料翔实,考订精审。全谱虽较简略,但错误较少,至今对李白研究仍有重要参考价值。”研究学者类介绍古今33位李白研究专家的生平、著述及有关李白的研究成果。海外研究类介绍日本及欧美等地的李白研究概况,并附论文索引。这对开拓国内学人的研究视野,加强海内外的学术交流起了推动作用。

二、《辞典》的学术价值

《辞典》虽然是一部普通的工具书,但它并不仅仅满足于传授人所共知的常识,而是“力求做到知识性与学术性兼备”,“总结和反映学术界的已有成果,提供最可靠的结论,并附入可供进一步研究的新说,供读者参考”(《辞典》前言)。唯其如此,撰写者们抱着扎实严谨的态度工作。一个词条也许只有一二百字甚至三五十字,但他们遍检群籍,钩沉稽要,并结合自己的学术见解撰写成文,其中不乏真知灼见。现就笔者目力所及,撮其大端,条述如下。

1. 补证 李白传奇的一生有许多重要活动,而其中有些史籍却付之阙如或言之未详。《辞典》对此没有回避,而是大胆地设立词条,对前人未言者补其遗缺。言而不详者补其疏略,使内容充实、详备。例如在李白入长安的时、次问题上，自从 1962 年稗山《李白两入长安辨》(载《中华文史论丛》第 2 辑)一文发表后。李白开元年间曾一入长安的观点已为绝大多数学者所认同。但他入长安的具体时间、活动却一直没搞清楚。故《辞典》第 9 页特列“一入长安”条，对这一问题进行补证：

约开元十八九年李白在安陆遭受毁谤，要求雪谤无门，决心“西入秦海，一观国风"。第一次到长安，隐居终南山，但不断向卿相干谒。“三十成文章，历抵卿相”当即指此事。他曾寓居玉真公主别馆，有《玉真公主别馆苦雨赠卫尉张卿二首》。后又西游邠州、坊州，向地方官请助。结果一事无成，写下著名的《蜀道难》等诗。便离开了长安。

词条文字不多，但对李白入长安的时间、原因，到长安后的活动、交游及诗歌创作情况阐述甚详，对研究者极富参考价值。

关于李白的交游，过去詹锳《李白诗文系年》，郁贤皓《李白丛考》，瞿蜕园、朱金城《李白集校注》及吴汝煜、胡可先《全唐诗人名考·李白》等书作了大量的考证，但仍不全面。《辞典》在吸收前人成果的基础上又有所拓展、补证。例如李白与著名诗人王昌龄的交游，前此从未有过系统的研究，仅有的记载亦零星散乱，很不全面。而《辞典》187 页“王昌龄”条的陈述却极为周详：

(生平略)约开元二十七年王昌龄被贬岭南，抵达巴陵时，与李白过从，写有《巴陵送李十二》诗。当他遇赦返回时，途中又遇李白，李白写有《邺中赠王大劝入高凤石门山幽居》诗。天宝二年春李白供奉翰林时，两人又有交往，李白写有《同王昌龄送族弟襄归桂阳二首》。约天宝后期王昌龄由江宁县被贬为龙标县尉时，李白写有《闻王昌龄左迁龙标因有此寄》绝句。

词条详介了李白与王昌龄四次交往的时间、地点及有关诗作，对研究两人生平、思想及诗歌系年极有帮助。读者或可由此线索进一步研究，撰写成有关李、王交游的长篇论文。

2. 辨伪　李白诗集颇多伪作，北宋苏轼以来的学者对李白诗去伪存真，做了大量工作。詹锳《李白诗论丛·李诗辨疑》、《李白菩萨蛮、忆秦娥词辨伪》二文确定李白集中有伪作22首(诗19首、文1篇、词2首)，《李白诗文系年》又确定存疑之作25首。李白集中伪作之多，由此可见一斑。《辞典》在李白诗辨伪工作上考订精审，立论稳妥，大抵可成定论。例如"送贺监归四明应制"诗，王琦认为是天宝三载(744)李白应制送贺知章归乡之作，而《辞典》第98页该条却断为伪作，并详述其依据。《辞典》中类似的例子还很多。

3. 订误　《辞典》在考订诗人本事之误，辨析作品系年之误上也做了一些有益的工作。例如关于李白与郭子仪的关系，裴敬《翰林学士李公墓碑》、乐史《李翰林别集序》及《新唐书》本传均载郭、李二人互救之事，明代《警世通言·李谪仙醉草吓蛮书》则谓李白游长安于街肆中见郭子仪犯法，将绑赴刑场云云，辗转流传愈失其真。故《辞典》第9页设"并州救郭子仪"条予以辩驳：

> (前略)此说实不可信，詹锳《李白诗文系年·开元二十三年》下已辨明。盖郭子仪弱冠应举当在开元四年，时李白尚在蜀中，年仅十六岁。至开元二十三年李白客并州时，郭子仪已三十九岁，其官已为左威卫中郎将或安西副都护，官爵如是之高，岂得尚谓之居"行伍间"？岂尚劳李白"奖重"？犯法后又岂以一客居文人如李白者所可"脱其刑责"？可见此说之不可信。

对于郭子仪救李白之传误，《辞典》亦加论辩：

> 至于李白晚年因入永王李璘幕而系狱，李白诗文已明确

叙述是宣慰大使崔涣、御史中丞宋若思“推覆清雪”、“释余之囚”，从未提及郭子仪，故郭子仪救李白之说亦不可信。

再如李白《江夏别宋之悌》一诗.学术界长期以来以为是李白晚年流夜郎时作，《辞典》第93页“江夏别宋之悌”条则力辨其误，认为此诗为李白“开元二十三年作于江夏”。盖本年之悌因罪流贬朱鸢(今属越南)，途经江夏，与白相遇。白遂作此诗送别。第205页“宋之悌”条的记载与此相同，前后印证，读者可参读。

4. 存异　李白研究中颇多歧见异说，对此，《辞典》皆能寻检史籍，予以录存。例如有关李白的家世与籍贯.近代以来争论不休，说法较多。故《辞典》第2—3页连列八个词条，概括为七种主要观点：① 凉武昭王(李暠)九世孙说；③ 非宗室的汉人说；③ 李轨后裔说；④ 李伦后裔说；⑤ 李陵后裔说；⑥ 其父(李客)流巂州说；⑦ 李建成玄孙说。且于每词条中又录存诸家类似的说法，如“非宗室的汉人说”条下介绍胡怀琛、俞平伯及郭沫若等人的近似观点即是。撰者视野开阔，归纳周详。对李白家世之争，阅读这些词条，可知大略。存异的另一情形是比勘众说，择善而从，此处最能显示撰者的学识与功力。如第24～25页“蜀道难”条，此诗作年、背景与寓意众说纷纭，莫衷一是.撰者按时间先后备陈各家之说：

① 范摅《云溪友议》、《新唐书·严武传》认为严武镇蜀欲害房琯、杜甫、李白作此诗为房、杜危之。

② 宋本《李太白文集》、沈括《梦溪笔谈》、洪迈《容斋随笔》认为是讽刺章仇兼琼之跋扈。

③ 萧士赟《分类补注李太白诗》认为此诗为安禄山叛乱时、讽刺唐玄宗幸蜀之作。

④ 胡震亨《李诗通》、顾炎武《日知录》认为此诗为乐府旧题，作者“即事名篇。别无寓意”。

⑤ 今人或谓天宝初在京送友人入蜀而作。

⑥ 或认为开元年间首次入京时追求功业无成而作。

对于第一、三两种说法,撰者驳正说:“严武镇蜀在肃宗上元二年(761),玄宗幸蜀在天宝十五载(756),而此诗早载于天宝十二载(753)编成之《河岳英灵集》,可证二说之非。”对于第二种说法. 撰者驳正说:“兼琼开元末镇蜀。并无据险跋扈之迹。李白《答杜秀才五松山见赠》曾美之,故此说亦未妥。”比较而言,撰者赞成最后一说,其依据是:“阴铿《蜀道难》有‘蜀道难如此,功名讵可要’句。证知此题原有功名难求寓意. 中唐姚合《送李馀及第归蜀》诗有‘李白《蜀道难》,羞为无成归’句可证,此说近是。”可见,《辞典》有时并非有闻必信,而是有所辨证,有所取舍。

三、《辞典》的写作特点

词条是辞典的基本元素,是一个相对独立的知识单元。因此,词条写作水平的高低直接决定着一部辞典价值的大小。通观本书中的词条,大多有释文准确、资料丰富、信息量大等特色,尤其是在义项、例证与语言等方面极有可取之处。

1. 义项详备

为了向读者提供规范、标准的科学知识,起到“顾问”、“老师”的咨询作用,《辞典》中词条的释文尽量做到谨严精确,周详全面。本书交游类中对人名的考释即是如此。李白诗常以官职称呼他人,而同姓同官者又不乏其人。对此,撰者皆能通读李白所有作品,掌握大量例证,然后仔细地辨析,合理地归纳,决无模糊笼统的现象。例如第200页“李长史”条认为李白诗文中有三个李长史:① 指李京之,约开元十五年(727)前后任安州长史,李白在安陆时曾向其上书,文见《上安州李长史书》。② 名不详,乾元元年(758)为鄂州长史. 李白流夜郎时曾与其交游,并写有《流夜郎至江夏陪长史叔及薛明府宴兴德寺南阁》。③ 名不详,天宝末任宣州长史,李白天宝十四载(755)至宣州时曾与其交往,事见《夏日陪司马武公与群贤宴姑熟亭序》。义项详备之例在地名类的词条中亦经常见到。中国人多地广、同名异地的现象非常多,这在李白作品中即有明显的表现,《辞典》对此辨析较为详备,没有将地名张冠李戴而贻误读者。如第 250 页“北海”条即考辨出李白作品中的“北海”有两个:① 汉匈奴所在地,苏武尝徙于此,即今俄罗斯贝加尔湖一带。李白《幽州胡马客歌》“牛马散北海,割鲜若虎餐”中的“北海”即指此地。② 唐北海郡,治所在今山东益都县。李邕曾为北海太守。李白《东海有勇妇》“北海李使君,飞章奏天庭”中的“北海”即指此地。

2. 例证丰富

《辞典》在写作上的又一特色是资料详赡,例证丰富,为读者提供大量信息。例如交游类中的词条,撰者在对人物生平作简介后,往往备举李白诗题或诗中提及该人的所有例证,为李白研究者研究李白与该人的交游与诗歌唱酬提供明确的线索。这种情况在地名类的词条中表现得尤为出色。例如第 284 页“宣城”条,撰者在指出宣城的地理范围后即备举李白作品中提及宣城一地的 16 个例证。读者可于此略知李白在宣城的活动、交游与诗文创作情况。

3. 语言简洁

简洁是辞书语体的基本特色。《辞典》的语言亦以简洁明了、文约义丰而取胜,很少有繁冗芜杂、枝蔓丛生的现象。书中 200 字以下的短词条占大多数,200～500 字之间的中词条只占少部分,而 500 字以上的长词条则很少见(名篇鉴赏类除外)。当然,文字的多少仅只是衡量语言是否简洁的外在标志,而最根本的则是要看它是否反映了较多的意蕴,提供了较大的信息量。试看第 202 页“李腾空”条:

> 宰相李林甫女,女道士,居庐山屏风叠。李白《送内寻庐

山女道士李腾空二首》，约作于上元元年(760)。时李白送妻宗夫人上庐山寻李腾空。

词条仅以数十字即交待了李腾空的出身、身份、隐居地及李白《送内寻庐山女道士李腾空二首》的作年与写作背景，可谓言简意赅，惜墨如金。

按照精益求精的要求，《辞典》也有一些需要改进的地方。如词条重复：第 390 页“李白墓”条与第 393 页“青山李白墓”条重复，第 258 页“沙丘”条与同页“沙丘城”条重复，第 290 页“凌歊台”条与第 291 页“陵歊台”条重复。另如文字错讹：第 387 页“九华山”条中的“峨嵋”之“嵋”当作“眉”，第 2 页“李轨后裔说”条中的“学术学刊”之“学刊”当作“月刊”。类似的例子还有，兹不备举。当然，白璧尚有微瑕，些许小的疏略并不影响此书的巨大价值。

（原载《辞书研究》1998 年第一期）

评《李白大辞典》

朱寒石

诗人李白与孔子、毛泽东一起，在时下辞书编撰的热潮中成为最早一批以个人姓名独立成册的词典，无疑是一个人们始料不及而又意味深长的文化现象。

李白的诗歌以长风万里的飘逸雄浑之势，表达了时代乐观向上的创造精神与不满封建秩序的潜在力量，抒写出“盛唐气象”的最强音。千百年来，他诗酒逍遥的传奇，家喻户晓；惊天动地的诗章，光焰万丈。作为一个天才的诗人，他的诗名还远渡重洋，流芳海外。非惟如此，他的名字已超逸诗界的传播而凝聚成一种包含着敏捷、智慧、浪漫、自由和强烈生命意识的文化精神，推动着历史的进程，昭示着文明的未来。也许正是基于以上这种由文学而文化的深层意蕴，《李白大辞典》的出版不是一个偶然的现象，而是李白文化在当代的延衍，是对一千多年来李白文化价值的一次学术总结和资料集成，它顺应我们这个以诗国著称于世的国度中人们的时代需求。

《李白大辞典》是海内外第一部关于李白的大型专科辞书，是广西教育出版社推出的“中国文学家大辞典”系列的第一种。全书共计 100 余万字，内容分正编和附录两大部分。正编包括生平，作品提要，交游，地名，版本，研究著作，研究学者，海外研究，胜迹，名篇鉴赏 10 大类。附录包括李白年表，李白作品，李白研究资料索引 3 种。目录按李白研究的特点分类编排，列有全部词条的分类目录，书末有全部辞条的笔画索引，检索方便，为读者提供了完整的李白学信息，反映了李白研究的历史线索和内在逻辑，对一千多年来的李白研究作了梳理总结，融知识性、学术性、资料性于一体，“既为李白的爱好者提供有关李白的各种基本知识，也为李白研究工作者提供查稽资料的方便，并可从中得到进一步探索的启示。”（《李白大辞典前言》）

作为文学研究和辞书编纂的一种新尝试，《李白大辞典》至少反映了以下三个方面值得借鉴的特点：

一、研究成果的翔实可信与广采博收

《李白大辞典》的编撰原则是既要给喜爱李白及其作品的人提供一部收罗详备的工具书，同时也给研究李白的学者提供一座内容丰富足资参考的资料库。因此，广泛收集前人的研究成果并及时地反映出今人研究的最新动态，才是做到学术性与知识性兼备的重要保证。本辞典的编撰是以信实可靠而收罗宏富的学术品位达到了李白研究里程碑式的目的。

辞典由著名的李白研究专家郁贤皓教授主编，参与撰写者多为当代李白研究中有所发明的学者，许多资深的研究者在李白生平的索隐与作品的整理方面著述颇丰，这就使得辞条的撰写以谨严见长，并能将李白学界各方面的最新成果反映出来，使《李白大辞典》代表了当今李白研究的总体水平。

如在有关李白生平的辞条中，在学术界出现的任何观点都被丝毫不漏地提供给读者，使读者从中了解李白的经历并由各种新说中得到启迪。像李白出生地的说法，辞条列出了西域、中亚碎叶、条支、焉耆碎叶、蜀中、长安等六种说法，堪称全面；而撰稿者对于碎叶地望的各种观点也不遗漏，即使是孤证的“碎叶为哈密三堡”说也被列入了“生于中亚碎叶”条中以备参考。作品的理解同样也众说兼备，如《蜀道难》的主题，在“作品提要”与“名篇鉴赏”中，撰稿人除了提出自己合理的诠解外，同时也将学界由古及今的各种观点均予胪列。这如果没有对于李白研究动态长期的关注与精深的识力，是断难做到的。又如关于李白生死行经的“地名”、“胜迹”辞条，多由当地专家结合文献记载与亲历其地的考察经验进行撰写；李白研究的期刊和文献则由参与其事及专门的资料采集人员分担，都表现出博采众长、集思广益的特点，保证了辞条的专业水准。

尤其值得注意的是，李白研究与许多中国学的学科项目一样，已成为世界范围的显学。因而，与前此出现在工具书行列的诸多中国文学研究辞典不同，《李白大辞典》的编撰增加了海外学者的参与。“海外研究”栏目的开辟使台湾、香港、日本、欧美有关李白研究的学者及其论著同样得到介绍和总结，使李白影响的国际性得到充分展现；同时，海外学者李白研究的课题与方法，无疑也给予大陆学者的研究与广大读者的理解带来了他山之石的功效。这种跨洋的合作在《李白大辞典》中的表现，应该是为将来国际性学科研究的辞书编纂获得真正意义的“广泛全面性”提供了成功的经验。

二、基本资料的包罗宏富与井然有序

《李白大辞典》作为具有知识性的资料库，从分类到辞条设置都体现出了系统而丰富的特点。辞典的思路主要是围绕着李白生平和作品两大系统设计。李白生平的资料，正文部分从“生平”、“交游”、“胜迹”三方面着重条分缕析这位生死扑朔迷离、行踪迁转不定的浪漫诗人一生事迹的纷纭众说，使每一处疑问和要点都能得到深入的答复；而附录部分的“年表”则又以时代为经、社会背景作纬，对李白一生进行了有序的系统记录。

在李白作品的资料表述上，正文部分的“作品提要”、“地名”、“版本”是对李白文集及全部作品的概述及涉及作品理解的地名之重要解释；“名篇鉴赏”则着重于佳作的精微导读。附录部分的“作品”，简体横排了日本静嘉堂文库藏北宋蜀刻本《李太白文集》并附补遗，为读者提供了一个迄今为止流传最早的李白作品的重要文本。

包罗宏富的特点应该说在“交游”、“地名”的分类中表现得格外突出。对于李白生平及作品的理解，《李白大辞典》没有像以往某些专科工具书那样拼凑，抄录来自于《辞海》、《词源》等的常见典故、语词作为内容丰富的表征，以邀博大之虚名，而是对那些在普通工具书中难以全面查检却又影响李白研究的人名、地名进行了细致的考订，总结归纳了李白研究界的学术成果，它不仅有裨于深入理解李白的作品，而且通过这些交游、地理名词的沟通，将李白还原到唐代社会的人际交往与漫游路途中，无疑对于李白生平、思想及作品等的多角度理解提供了坚实可信的基础，从中可窥见到近二十余年来李白研究的最新学术进展。如关于宋之悌的考证，搞清了宋之悌乃著名诗人宋之问之弟，至德二载(757)营救李白出浔阳狱的御史中丞宋若思之父，搞清了李白五律《江夏别宋之悌》诗的系年，从而对长期以来的错误解释进行了纠正。其他如对张垍、玉真公主、崔成甫、卢象等李白重要交游的考证，是李白研究在当代的重要收获之一。

此外，辞典中正文部分的“研究著作”、“研究学者”、“海外研究”与附录部分的“李白研究资料索引”，虽是从研究角度出发，但也是围绕着生平、作品二者兼顾的系统编撰，它们为读者由阅读而进入研究的层次提供了更深一层的“基本资料”。

三、作品导读的生动经典与新颖多样

诗人之为诗人，最关键的还在于其作品展示出来的无穷魅力。《李白大辞典》在李白诗文的辞条编撰上，可谓匠心独运。首先是在类别的设立上，体现出多步骤与多角度的特点。“作品提要”对署名李白的1000多首诗歌与60余篇文章一一作出了主旨、艺术的经典型提要，其中对于作品的写作背景、年代、典象，甚至作品的辨伪工作，也都有简明扼要的诠释。“交游”与“地名”的设立，已如前所述,包罗了李白作品中对于主旨理解起到关键性作用的人名和地名;辞条的撰写将每一人名或地名所出现的作品主题及词句列入,这就使得读者可以了解到作品间的有机联系,以及李白的游踪与生活背景。每一篇作品便在辞典编织的人名、地名网络中具有了横向的关联从而立体化起来。

在上述的基础上,《李白大辞典》又吸收了近年多种文学鉴赏辞典的优长,列出“名篇鉴赏”的专栏,对120篇流传广泛的李白诗文名作进行了趣味盎然的鉴赏。与其他栏目谨严审慎的文笔不同,鉴赏文字熔铸了专家、学者们浸淫多年的会心,每一篇风格独特的导读都对太白诗心作出了睿智中肯的赏评,从而复活了诗仙的精魂。读者由此举一反三,便不难窥测到所有作品的总体风貌及各自特色。

还值得引起注意的是附录中的“李白研究资料索引”,编制者没有依年代顺序作机械的抄录,而是分成8大类别进行有意识的著录。其中“作品研究”一类,又分为“分类作品研究”、“具体作品研究”两个部分,在前者中归划出“抒情”、“写景”、“状物”、“言事”、“咏人”、“地域”,在后者中分列“古体”、“乐府”、“近体”、“文赋”、“散论”,使读者在经典性的作品提要、名篇鉴赏后,仍可以按图索骥,找寻到学术界研究的各个专题,进行更深入的研读。

总之,《李白大辞典》这种以个人称名的工具书创格不仅反映出我们这个时代对于诗神的呼唤,而且其编撰的创格也为中国文学的研究提供了新的范式。

当然,作为一种开创性的辞书,《李白大辞典》也表现出一些缺失。如正文的“海外研究”与附录的“李白研究资料索引”在“海外”的理解上含意不一:前者将港、台包含其中,而后者却将港、台与大陆的研究资料归结在一起,造成了分类的混乱。又有个别托名李白的伪作,在“作品提要”中也未能注明,如《北斗延生经注解序》(第184、742页),根据《道藏》本《北斗延生经注解》的称玄武为真武而又不避宋讳,可知注解为元明道士的伪托,而不可能由李白在唐代先期作序。此外，辞典精校之后，仍有一些错讹，如“元年”误作“无年”(第10页)、“子房”误作“于房”(第792页)、“平冈武夫”误作“冈武夫”(第809页)等。凡此种种小疵，还有待于重印时作出纠正，使辞典精益求精。

(原载《唐代文学研究年鉴》1995、1996年合辑)

兼容并蓄　雅俗共赏

——《李白大辞典》读后

宋慧献

李白一直是中国文人讨论的诗史主角之一，李白的诗一直在老幼妇孺之口诵唱不绝。时至走向现代化、走向市场经济的今天，那个笑饮一缸酒、高唱满天诗的谪仙李太白更成为人们心灵深处呼唤的偶像。因此，编著这样一本《李白大辞典》，不仅对于文学研究者，而且对于普通的诗歌爱好者，都具有重要的意义——不仅有文学学术的意义，而且还有深刻的社会文化学的价值。

正是为了上述多方面所需要的价值，《李白大辞典》的编纂者确立了一个核心的原则，那就是要兼顾知识普及与学术品位，既为普通爱好者提供一部李白知识百科全书，又为研究工作者提供查阅资料的方便。并且，编纂者还尽力作到让爱好者不感到艰深，让研究者不视为浅俗，可谓雅俗共赏之境。这可以说是一件使学术走向大众、让大众接近学术的成功之举。举例来说，关于李白出生地问题，既是一个有趣的大众话题，也是学术界众说纷纭的焦点之一。该辞典对此罗列了六种观点加以详释，使爱好者和研究者都能满足其求取答案的需要，同时它还表现出兼容并蓄的风格，力避独倡一家的偏狭。这也正是编纂辞典所应遵守的规范。

谈诗人当然离不开诗，除了生平、交游、地名及胜迹等章节外，该辞典以大量篇幅对李白作品进行提要和鉴赏。“提要”覆盖了李白的全部诗作，尽可能对每首诗的写作背景和基本题旨作出简洁的介绍。“鉴赏”则只对那些普遍认可的名篇作出多侧面的阐释和赏析。两方面或简或详，不同程度地满足了不同读者的需要。辞典后面附以李白全部诗作，读者可以把提要、鉴赏与原文参照，极为方便。

对于李白研究者以及意欲更深入地读解李白的人，该辞典还从不同方面介绍了李白研究的状况，包括古今中外的研究学者、研究著作以及研究资料索引等，这样就减少了研究者查阅大量图书的麻烦。普通读者从中也能大致地了解李白及其诗歌在中国历代文人学者心目中的地位以及国外人士对中国天才诗人的评判。——以上就体现出《李白大辞典》兼顾各种读者、包容多方面内容的全面性特色。手中有了这本书，李白就能成为我们熟悉而亲切的朋友。

（原载《新闻出版报》1996 年 11 月 4 日）

评介《唐刺史考》

朱金城

江苏古籍出版社最近出版了南京师范大学郁贤皓教授所著《唐刺史考》(此书将由中华书局香港分局印行海外版),这是一部具有学术价值的大型唐代文史工具书,共有二百二十多万字,为唐代文史资料的研究填补了一项重要的空白。

二十多年前,当岑仲勉先生的《唐人行第录》在上海出版时,我于《光明日报·文学遗产》发表《从唐代文学的人名工具书谈到岑著〈唐人行第录〉》一文,高度评价了岑著的学术价值,并谈到工具书的重要性和慨叹唐代文史工具书的缺乏,除了正史的表、志以外,历来主要的仅有唐林宝《元和姓纂》、丁居晦《重修承旨学士壁记》、清徐松《唐登科记考》、《唐两京城坊考》、清劳格赵钺合著《唐尚书省郎官石柱题名考》、劳格《唐御史台精舍题名考》、吴廷燮《唐方镇年表》等寥寥数种。唯有岑仲勉先生继承了清代学者的研究成果,以毕生的精力从事唐代文献的整理和研究,进行了全面、深入、系统的探索,编著了大量唐代文史工具书和其它有关的资料考证著作,如《元和姓纂四校记》、《翰林学士壁记注补》、《补唐代翰林两记》、《玉溪生年谱会笺平质》、《唐方镇年表正补》、《读全唐诗札记》、《读全唐文札记》、《唐集质疑》、《唐史馀瀋》、《金石论丛》、《郎官石柱题名新考订》以及上述的《唐人行第录》等,把唐代文史资料的研究推向了新的高峰,作出了不可磨灭的杰出贡献。岑氏逝世后,多年来我国唐代文史资料研究的学术领域里出现了异常寥落的现象,《唐刺史考》的问世,不仅是岑氏之学的继续发扬,而且是唐代文史考证之学的中兴的开端。

凡是做唐代学术研究的,都会感到工具、资料的重要。如果我们需要了解唐代某一个诗人何年中进士时,就得查徐松的《登科记考》;如果我们需要了解唐代某道节度使或观察使是谁时,就得查吴廷燮的《唐方镇年表》;如果我们需要知道唐诗中的"某大"、"某二"的名字时,就得查岑仲勉的《唐人行第录》等等。但是如果我们需要了解某一个唐代诗人学者何年任何州刺史时,就感到非常困难了。这是由于缺少检索和考证唐代各州(郡、府)刺史(太守、尹)的工具书。唐代刺史的地位虽然远不及方镇的重要和崇高,但在数量和广度方面却大大超过了方镇,因此唐代著名的学者和诗人也多半出任过刺史,而考证、研究刺史的重要性也就不言而喻,可是它的难度也比研究方镇大得多。倘与吴廷燮《唐方镇年表》相比较,由于节度使和观察使多半是较著名的大人物,见诸史传记载,所以资料收集较易。而刺史多半是不知名的较小人物,史传缺乏记载,况且唐代年代久长,州郡数量浩繁,资料零散缺少,收集十分困难。如清代细心短命的学者劳格,穷毕生之力,仅完成一篇《杭州刺史考》,且错误不少,其艰难可知。所以自劳格以后一百多年来,这项工作很少有人尝试。

贤皓与我相识于七十年代末,那时他还不到五十岁,在李白研究方面已经卓有成就(后著有《李白丛考》一书问世),我们的考据癖好相似,都是"李白两次入长安说"的坚决倡导者,他当时告诉我正在从事《唐刺史考》的编撰,我在钦佩之馀,不时的给予他鼓励和支持。兹后他以坚忍不拔的毅力,辛勤钻研,十年不间断,终于完成了一部二百多万字具有学术质量的大型工具书,不能不认为是近年来国内学术界的重大成就。综观此书内丰硕的学术成果,比比皆是,限于篇幅,不胜列举。仅以考证姚合为杭州刺史的时间而言,多年来我在校注《白居易集》和撰写《白居易年谱》中,对此就经历了十分曲折复杂的过程。晁公武《郡斋读书志》卷十八及《唐才子传》卷六"姚合"条都误作"宝应"时,劳格《杭州刺史考》误作"宝历”时，岑仲勉《唐集质疑》也难以肯定。拙作《白居易年谱》据白氏《送姚杭州赴任因思旧游二首》诗系姚合大和七年（八三二）任杭州刺史，主要是依据白诗“舍人谁见无多病，老校当时八九年”两句推算。从白氏长庆四年（八二四）罢杭州刺史任算起，再过八、九年，大约是大和六年或七年，所以系于大和七年，虽不十分精确，但相去不远，较劳格《杭州刺史考》系于宝历时要推进了一步。后来见到姚合《送裴大夫赴亳州》诗（《全唐诗》卷四九六），又据刘禹锡《汝州举裴大夫自代状》、《汝州谢上表》、《子刘子自传》、《别苏州二首》及《旧唐书·文宗纪》、《姑苏志·古今郡守表上·唐刺史》考出姚合诗中的“裴大夫”即杭州刺史裴弘泰，他于大和八年暮秋或初冬自杭州赴亳州任。因此在拙著中又改系姚合大和八年任杭州。现在见到《唐刺史考》根据刘得仁《送姚合郎中任杭州》诗（《全唐诗》卷五七三）考证出大和九年赴杭州刺史任，比我的结论更提高一步，解决了一个众说纷纭的重要问题。由此即足以说明此书的学术质量。当然，此书在卷帙浩繁的考证中也不是完美无缺的，如此书第一七四五页引白居易《寄题馀杭郡楼并呈裴使君》误作裴弘泰等，那就有待于以后再修订了。

（原载香港《大公报》1987 年 10 月 6 日《读书与出版》第四七〇期）

《唐刺史考》述评

陆国斌

查考唐代职官的工具书，有吴廷燮《唐方镇年表》、劳格等《唐尚书省郎官石柱题名考》、赵钺等《唐御史台精舍题名考》、严耕望《唐仆尚丞郎表》，这些书为查考唐代中央机关的官员和各地节度使提供了不少方便。但一直缺乏一部查考任职情况更为复杂、任职人数更为众多的州郡地方行政长官——刺史的工具书。而刺史的任职情况正是广大唐代文史研究工作者迫切需要查考的，不少研究者常为查考某刺史的情况，竟日遍览群籍而不可得，花费大量的时间和精力。在一些唐代诗文的注释本中，于“某州某刺史”下往往只能令人遗憾地注明“未详”，或使此篇诗文的系年产生困难，或无从考知该作者的交游情况。在一些研究著作中，也时因对某刺史的任职情况不明，而使有些问题悬而未决。学术界的有识之士曾热切地希望有一部查考唐刺史的工具书问世。现在，南京师范大学郁贤皓教授的《唐刺史考》由江苏古籍出版社出版了，填补了这一空白，为唐代文史研究工作带来了便利。

郁贤皓教授是著名的唐代文学研究专家。七十年代中期，他在从事李白、李商隐等唐代诗人生平事迹及交游的考证工作中，感到迫切需要一部查考唐代刺史的工具书。于是他用了将近十年的时间，从各种文献典籍、石刻拓片中勾稽资料，排比考订，终于撰成这部二百多万字的巨制。无论就规模、难度和价值而言，都超过了已有的数种唐代职官工具书。

一

郁书最显著的特点是注重第一手的原始文献资料，搜集材料广泛而齐备。诸如史书、唐人诗文集、类书、姓氏书、杂史、笔记、小说、方志、碑碣墓志、佛藏、各图书馆博物馆馆藏石刻拓片等等，皆并予搜集，一一勾稽。凡目前所能见到的有关唐代的各类材料尽量网罗。工程之浩大，令人惊叹。正由于拥有如此丰富的材料，郁书才能得以对史书记载作了大量的证实、纠误和补阙工作，在现有条件许可的范围内，尽可能翔实地向我们展现了唐代刺史任职的实际情况。

文史工作者在查考唐代刺史任职情况时，通常使用史书资料较多，因为刺史任职情况在史书中反映得最集中，翻检查考亦较为方便。郁书在使用这部分材料时，是极为谨慎的。凡能找到原始文献作为佐证的，郁书皆在引史书材料之后加以征引，使读者确信史书记载的可靠性。如，《旧唐书·肃宗纪》、《新唐书·房琯传》、《资治通鉴》皆记载房琯于乾元元年至二年任邠州刺史，郁书又援引《全唐文》卷四二肃宗《贬房琯刘秩严武诏》和卷七六一郑处诲《邠州节度使厅记》作为佐证。又如，《新唐书·王智兴传》和《资治通鉴》载王晏实于咸通四年至六年为秦州刺史，郁书又援引《千唐志·唐故天雄军节度九军都知兵马使银青光禄大夫检校国子祭酒兼殿中侍御史清河张府君（谅）墓志铭并序》及《全唐文》卷九六二阙名《授王晏实天雄军节度使制》作为佐证。

史书记载应该是较为可靠的资料，但由于史书一般都为后人所撰，所依据的材料可能会有讹误，在编纂和流传过程中也难免会出现讹误。郁书据各种原始文献，对史书记载的讹误作了大量的订正。如，《旧唐书·崔知温传》称："父义真，陕州刺史。"《新唐书·宰相世系表二下》"崔氏许州鄢陵房"："义直，峡州刺史。"郁书据《芒洛冢墓遗文》四编卷五《唐故正仪大夫行太子右赞善大夫判太子率更令上柱国清河崔府君（孝昌）墓志铭并序》："祖义直，皇朝长安县令、纪越二府长史、使持节陕州诸军事陕州刺史、武城县开国公。父知温。”及《千唐志·大唐故银青光禄大夫守工部尚书崔君(泰之)墓志铭并序》:“祖义直,纪越二王长史、陕州刺史,嗣武城侯。”指出《旧唐书》之“义真”当为“义直”之误,《新唐书》之“峡州”当为“陕州”之误。又如,《旧唐书·吐谷浑传》:“[贞观]十五年,……鄯州刺史杜凤举与威信王合军击丞相宣王。”郁书据《千唐志·唐故南州刺史杜府君(举)志文并序》:“又除麟、宕、忻、鄯、南五州诸军事五州刺史。”及上海图书馆藏拓片《大周故沧州弓高县令杜季方墓志》:“父举,……麟、宕、忻、鄯、南等州刺史。”证知《旧唐书》之“杜凤举”当为“杜举”之讹。

史书的记载往往比较简略,而刺史又属于地方官员,因此,大量的刺史未见于史书记载。有一些刺史虽见于记载,但或是仕历不完全,或是不详任职年代。郁书据各类文献考出以补史书所阙。

未见于史书记载的刺史,郁书据各类原始文献补出。如,王怡,两《唐书》无传,亦未见其它史书记载,郁书据《考古与文物》1983年1期所载拓本《唐故成德军节度王元逵墓志铭并序》考知其大中八年刺赵州。又如房光庭,亦未见史书记载,郁书据上海图书馆馆藏拓片《唐故中大夫澧州刺史范阳卢府君(昂)墓志铭并序》知其约于开元前期刺恒州。又如谢观,郁书据《千唐志·唐故朝请大夫慈州刺史柱国赐绯鱼袋谢观墓志铭并序》等三块墓志铭,考知其于咸通三年至五年刺慈州。此三例分别据新近出土文献与石刻拓片考出以补史书之阙,尤为可贵。如此之例,在郁书中时有所见。其它据诗文、金石书、姓氏书、方志考出补阙者更比比皆是。如据《全唐文》卷八一六袁循《修黄魔神庙记》考知萧铣于咸通八年刺澧州,据《金石萃编》卷七二《华岳精享昭应之碑》考知李休光于开元八年刺华州,据《元和姓纂》卷九“安定部氏”考知部弘基于武后时刺陕州,据《嘉泰吴兴志》卷十四“郡守题名”考知李峒于天宝十载刺寿州等等。

有些人史书虽有记载,但仕历往往不全,尤其是出任刺史的仕历常有疏漏,郁书据各类文献补出。如李凤,据两《唐书》本传知其历刺邓、虢、豫、青四州，郁书据《全唐文》卷十四高宗《册虢王凤宋州刺史文》知其于显庆三年刺宋州，又据拓本《大唐故使持青州诸军事青州刺史虢庄王墓志之铭并序》考知其龙朔三年由宋州刺史改授寿州刺史。又如赵良弼，《旧唐书·肃宗纪》载其曾刺庐、越二州，郁书据《山右石刻》颜真卿撰《唐陕华庐澧抚越广等州刺史御史中丞岭南浙东两道节度使赵良弼碑》，知其曾刺陕、华等七州。又如严向，两《唐书·严善思传》唯称"子向，乾元中为凤翔尹"，郁书据《全唐文》卷三六七贾至《授萧晋太府少卿等制》，考知其约于至德中刺沁州。又如卢承业，两《唐书》本传未及刺邢州，郁书据《芒洛冢墓遗文》四编卷三《大唐故银青光禄大夫行扬州都督府长史魏县子卢公(承业)墓志铭》考知其约于显庆中刺邢州。

有些刺史虽见于史书记载，但任职年代不详，郁书据其它文献资料考知。如薛膺，《新唐书·宰相世系表》三下"薛氏"称"婺州刺史"，本传未及婺刺，唯云"大和初为右补阙供奉"。郁书据《唐尚书省郎官石柱题名考》卷三"吏部郎中"，知薛膺曾为吏部郎中，又据姚合《送薛二十三郎中赴婺州》诗"我住浙江西，君去浙江东"，知其刺婺州当与姚合刺杭州同时，在大和九年。又如张廷珪，《旧唐书》本传云历刺洪、沔、苏、宋、魏五州刺史，时代不明。郁书据《文物》1980 年 3 期所载拓本《唐故赠工部尚书张公(廷珪)墓志铭并序》，知其曾历刺颍、洪、沔、苏、宋、魏、汴、饶、同等九州刺史。又据《册府元龟》卷一七二、《至元嘉禾志》卷一、《吴地记》知其刺沔州、苏州在开元五年到六年间，据《金石萃编》卷七二《修孔子庙碑》知其开元七年刺宋州，据《庐山记》卷五知其开元十七年刺同州，由此可证知墓志所列仕历是依时代先后为序的。再综合其它情况，郁书推测其刺颍约在睿宗、玄宗间，刺洪约在景云间，刺魏约在开元九年，刺汴约在开元十四年，刺饶约在开元十五年。这样，张廷珪历刺九州的年代基本明确了。

除了有确切材料可以考证其刺史的任职年代外，对有线索可以推测大致任职年代的，郁书都尽可能作了谨慎的推测。如，《旧唐书·李彭年传》："天宝十二载，起彭年为济阴太守，又迁冯翊太守，入为中书舍人，给事中、吏部侍郎。十五载，玄宗幸蜀，贼陷两京，彭年没于贼，胁授伪官。”可知，李彭年任冯翊郡太守的时间当在天宝十二载至十五载间，而郁书已考知天宝十二载至十三载郡守为裴宽，十五载郡守为萧贲，据此推测，李彭年为郡守的时间约为天宝十四载。又如，《千唐志·大唐故右领卫将军薛府君（璿）墓志文并序》：“（薛璿）迁陇州刺史，……转内率桥陵使，检校右领军卫将军。”郁书据其卒于开元二十年而推测其刺陇约于开元前期。又如，《新唐书·宰相世系表》三上“柳氏”：“ 胤，陇州刺史。”郁书据其父柳逖贞观四年为泉州刺史，而推测柳胤刺陇州约在高宗时。这些推测皆有一定的依据，而又十分谨慎，为研究者提供了方便。而对那些暂时无法考知或推测其任职年代的刺史，郁书均列于每州之后的“待考录”，此亦可见郁氏治学之严谨。

二

郁书的又一个显著特点是综合研究，周密考订。唐代历时近三百年，先后置州郡三百多个，刺史任职情况相当复杂，各种文献资料记载亦错综复杂，疏漏讹误在所难免。郁书不但占有大量第一手的文献资料，而且对这些文献资料进行综合研究，排比考订，互相参证，辨讹正误，得出正确的结论。不仅纠正了史书记载的错误，而且纠正了一些名人研究著作中的错误，解决了一些学术界多年悬而未决的问题。

中晚唐之际的诗人姚合曾任杭州刺史，贾岛有《送姚杭州》诗，李嘉言《贾岛年谱》系于大和八年，白居易有《送姚杭州赴任因思旧游二首》诗，朱金城《白居易年谱》系于大和七年。姚合究竟于何年赴杭州呢？再查《唐才子传》卷六“姚合传”称宝应（按：系宝历之讹）之后刺杭，卷八“郑巢传”称大中间刺杭。劳格《杭州刺史考》称宝历间刺杭。岑仲勉《唐集质疑》称大和六、七年刺杭，又疑“似在会昌时代”。郁书据姚合《送裴大夫赴亳州》诗，知姚合为裴弘泰之后任。又据刘禹锡《汝州举裴大夫自代状》，知刘禹锡大和八年由苏州刺史转刺汝州时，裴弘泰在杭州刺史任。又据《旧唐书·文宗纪下》知裴弘泰在开成元年四月已由亳州刺史迁义成节度使。据这样的综合分析，郁书断言姚合刺杭当在大和九年。

《全唐文》卷二四〇宋之问有《为皇甫怀州让官表》，卷二四一宋之问有《送怀州皇甫使君》。而卷八三五钱珝名下又重出《为皇甫怀州让官表》，此文究竟应归属于谁呢？考明"皇甫怀州"为何人是至关重要的。岑仲勉《元和姓纂四校记》卷五"安定朝那县皇甫氏"下引用《让官表》，疑"皇甫怀州"为皇甫憬。郁书据《千唐志·监门卫长史安定皇甫公(慎)墓志铭并序》："父知常，汾、怀、汴等六州刺史，扬、洛二州长史。"与宋之问所叙"皇甫怀州"的经历相校，两相符合，皆及汾、怀二刺。由此证知"皇甫怀州"当为皇甫知常，岑说误。郁书又据皇甫慎卒于开元十九年，推测皇甫知常刺怀州约在武后时。而钱珝为唐末人，其名下之《让官表》显系误收。

《千唐志·唐故河南府洛阳县尉孙府君(备)墓志铭并序》："今赵华州主宗伯，挹君而喜曰：我得俊矣。"《志》作于"天子受英武至仁之号之年"，《千唐志》编目者将其定为会昌元年作，郁书据《旧唐书·懿宗纪》咸通十二年宰相路岩率文武百官上徽号曰"睿文英武明德至仁大圣广孝皇帝"，证知所谓"天子受英武至仁之号之年"当为咸通十二年，《千唐志》编目者误。由此可知咸通十二年华州刺史有赵某，赵某刺华前曾知贡举。郁书又据《旧唐书·赵骘传》："[咸通]六年，权知贡举。七年，选士，多得名流，……累迁华州刺史、潼关防御、镇国军等使。"《新唐书·宰相世系表》三下"赵氏"："骘字玄锡，华州刺史。"《唐摭言》卷十三："赵骘试《被衮以象天赋》，更放韩衮为状元，……骘由是求出华州。"证知《孙备志》所载"赵华州"即赵骘。又据《登科记考》，韩衮咸通七年为状元，则可以断定赵骘出刺华州当在咸通七年之后，至十二年尚在华刺。吴廷燮《唐方镇年表》于"华州镇国军"下漏收赵骘，据郁书可补吴书之疏漏。吴书据史料考证各节度使的除替，为唐史研究带来方便，但表中错讹较多，疏略更甚。由于天宝元年之后节度使兼任治所所在州的刺史，郁书实际上对天宝元年之后节度使的除替作了精细的考证，就史料搜辑的范围而言郁书大大超过吴书，考订亦更为精审，对吴书时有订补，两书的优劣是不难判断的。

《唐刺史考》的问世给唐代文史工作者查考唐代刺史带来极大的方便，但该书的作用与贡献绝不仅限于此。该书在整理校订唐代各类典籍方面，在研究唐代政治制度史方面，在研究唐代地理行政区划变迁方面，都作出了独到的贡献。郁贤皓先生以一个古典文学研究专家的身份，主动承担起这项繁重的史学研究工作，以十年心血撰成此部巨制，其精神是值得在学术界大力提倡的。郁先生在研究撰述中，并没有走任何捷径，而是下死功夫，一本本、一字字地阅读了几乎所有的唐代文献，制成大量卡片，再加以周密考订，这就是该书取得如此成就的基础。我们的文史研究工作，正迫切需要有人来从事《唐刺史考》这类基础工程，这类工程的建设将使整个文史研究工作有一个扎实可靠的基础，使广大文史研究工作者得以在这样的基础上开始自己的研究，使文史研究进展得更快，更深入。

（原载《苏州大学学报》1988 年第一期）

对唐代研究作出巨大贡献的力作

——《唐刺史考》

任大熙

译者按：日本《东方》杂志1988年7月号扉页刊载郁贤皓教授的著作《唐刺史考》国际版的书影。该期还发表日本茨城大学韩籍学者任大熙的文章，题为《对唐代研究作出巨大贡献的力作——《唐刺史考》。兹摘译如下：

为了在历史学研究方面获得出色的成果，如何很好地利用工具书，可以说是一个秘诀。而在唐代史的研究中，像这样的工具书，辞典类不必说，《二十五史补编》等自古以来的研究成果，及严耕望氏的《唐仆尚丞郎表》(全四册，中央研究院刊)等也不可少，这是已有的成果。那么这次新出版的郁贤皓著《唐刺史考》(全五册，中华书局香港分局、江苏古籍出版社出版，7200日元)，为这样的工具书又增添了一部巨著，这的确是一件可喜可贺的事。

这部巨著尽可能地网罗、收集、整理了与各种史料所载的州刺史在任者有关的记述。由于作者的这一辛勤耕耘的成果，可以期望将进一步促进后学者的研究。关于作者郁贤皓氏，笔者曾向韩国磐、卞孝萱氏打听了有关情况，请教了如下的履历及著述等问题，即郁氏1933年生于上海，1961年毕业于南京师范学院中文系，现任该校教授、中国李白学会副会长兼秘书长、《李白学刊》副主编、《唐代文学论丛》编委、中国历史文献研究会理事。著述有

《李白丛考》(1982 年,陕西人民出版社)、《李商隐》(1985 年,上海古籍出版社)、《女皇帝武则天》(1987 年,上海人民出版社)等。

郁贤皓氏长年致力于史料整理工作,经过巨大的努力,这部多年心血的结晶终于问世了。在古典文学研究中,确定文学作品的年代是十分必要的,作者正是从这一点出发撰写这部著作的。但可以肯定,这种工作的成果已成为唐代政治史等历史领域中必备的工具书。例如,依靠这部书,要掌握全国范围地方长官的人员构成就容易了,据此可以开拓新的研究领域。

在中国,地方官由中央派遣,由于地方官返回中央后有很多人非常活跃,因此即使是对中央政治进行研究,那么在与地域的联系中个别地把握地方官也具有重要的意义。同时,把握某个时代及下个时代中央政权的实权人物与各个地方官的密切联系,在整体上看,对理解那个时代政治中心的派系与哪个地方缔结联盟来说是必不可少的。而且,即使是通过对地方官本身的分析,也能掌握许多事实。例如,对在唐代地方官任命中是否实行“回避”及这一制度执行的实际情况,如果能掌握各州地方官的名簿,那么就有可能进行审核。而且如果用统计法分析各个地方刺史级官员是由哪些氏族担任的,就可以明瞭成为唐代政治支配层基础的某些集团的特点。在这点上,该书把唐代刺史的就任者一个个都搞清楚了,像这样缜密细致的工作,是极其有益的。从这个意义上说,应该给予高度评价。尤其是能从浩如烟海的文献中有效地进行大量的引用,这充分显示了中国本土在这方面知识的深厚功力。外国人把中国作为研究对象时,是不可能非常准确深入的。……

作者郁贤皓氏经过十馀年艰苦努力而问世的这一巨著,今后不仅会在是本来意图的唐代文学研究中发挥作用,而且也会作为唐代史研究中必备的工具书而发挥巨大的作用,可以说这是一部与迄今为止的古典研究名著相比也毫不逊色的著作,可以期望得到广泛的利用和参考。

(张采民摘译)

(原载日本《东方》杂志 1988 年 7 月号)

中外名人评《唐刺史考》

朱金城　陈贻焮　郭在贻　卞孝萱
松浦友久　李珍华　黄约瑟

《唐刺史考》　郁贤皓著　中华书局香港分局、
江苏古籍出版社出版　责任编辑：陆国斌

本书主要内容：本书为查找唐代刺史任职情况的工具书。唐代历时近300年，先后设置州郡300多个，历任各州的刺史数以万计，任职情况相当复杂。而刺史任职情况又恰为唐代文史研究工作者所急需。本书注重第一手原始资料，收集材料广泛而齐备，对以往的史籍记载作了大量的证实、纠误和补阙工作，解决了学术界长期悬而未决的一些问题，翔实地向我们展现了唐代刺史的任职情况。

本书以开元二十九年建置为准，十五道为十五编，但对开元二十九年前后废置的州郡也予以著录，列为十六编。编下分卷，基本上每州为一卷，每卷中按所能考知的刺史任职年代的先后次序排列，先列刺史姓名，后列任职年代，下注所据资料。

朱金城（上海古籍出版社编审）：

《唐刺史考》是一部具有学术价值的大型唐代文史工具书，为唐代文史资料的研究填补了一项重要的空白。凡是做唐代学术研究的都会感到工具、资料的重要。唐代年代久长，州郡浩繁，资料零散缺少，收集十分困难，。如清代短命的学者劳格，穷毕生之力，仅完成一篇《杭州刺史考》，且错误不少，其艰难可知。所以自劳格以后一百多年来，这项工作很少有人尝试。郁贤皓教授以坚韧不拔的毅力，辛勤钻研，十年不间断，终于完成了一部二百多万字具有学术质量的大型工具书，不能不认为是近年来国内学术界的重大成就。综观此书内丰硕的学术成果，比比皆是。

陈贻焮（北京大学教授、博士研究生导师）：

过去日本朋友总认为中国大陆的古典文学研究只能在思想性艺术性上作文章，而大型的基本建设工程都是由日本完成的，现在郁贤皓教授的《唐刺史考》的问世，我们可以自豪地说，中国大陆的学者不但能从事大型的基础工程建设，而且能进行细致深入的考证，可以说大大超过了日本对中国古典文学工具书的建设。

郭在贻（杭州大学教授、博士研究生导师）：

大著卷帙浩瀚，考订精审，诚经国之大业，不朽之盛事，并世学人，罕有能望其项背者矣！

卞孝萱（南京大学教授、著名唐史研究专家）：

我能为本书写序，实为荣幸。本书是郁贤皓教授花了多年心血积累资料、潜心研究的学术成果，它不仅为唐史园地开垦了一块荒地，而且也为工具书领域填补了一个空白。读者还可从中看到唐代地方官员设置和演变的某些细节，可以补充一般《隋唐五代史》专著之不及。

松浦友久（日本早稻田大学教授、文学院院长）：

郁贤皓先生十年以来刻苦奋励的研究工作，终于成功地产生了前所未有的学术巨著，作为熟知先生精辟学风的海外友人，我当表示衷心的祝贺。

李珍华(美国密执安州立大学人文学教授):

《唐刺史考》是一部了不起的学术著作,是中国学术界的光荣和骄傲。

黄约瑟(香港大学亚洲研究中心学者):

早年拜读卞孝萱教授为大作《唐刺史考》所作序,一直希望能早见大作付梓,近日终能拜读,非常佩服先生历年所花心血,这书肯定是唐史研究者案头必备书,将会造福不少同行。

(原载《中国图书评论》1988 年第三期)

考昭代之史文，张前修之轨则

——评郁贤皓著《唐刺史考全编》

陈允吉　胡可先

［**摘要**］《唐刺史考全编》是撰者对原考的一次细致、全面的补订。与原考相异之处在于：一，调整任职时限；二，增减条目；三，增加新的资料；四，增加索引。该书不仅内容丰富，具有多方面的价值，而且在学术方法上表现了对前辈大师的继承和发展，堪为当代文献整理之示范。

［**关键词**］ 刺史　二重证据法　微观综合研究

一

《唐刺史考》于1987年2月由江苏古籍出版社与香港中华书局同时出版。这部巨著是对有唐一代州郡长官所作的第一部既全面又精详的考证，标志着唐代职官研究的一次突破性进展。关于唐代职官的研究，自宋代开始，已经引起史家的注意，出现了《新唐书·宰相表》、《唐仆尚丞相表》、《唐尚书省郎官石柱题名考》、《唐御史台精舍题名考》、《翰林学士壁记注补》等。这些著作都是关于唐代中央行政长官的考证。而对于地方的行政长官，则缺乏深入的研究，仅见吴廷燮《唐方镇年表》一书。《唐方镇年表》所涉及的长官，都是唐代地方长官中的荦荦大者，因为唐代将全国分成道，每道各设节度使或观察使，他们掌管地方的行政与军事大权，重要方镇的节度使常常出将入相，故历史文献中对于他们的事迹记载也就较为详细。而地方上的州郡长官，涉及面既广，人员又极为复杂，因而对于这方面的研究，较前面的职官考证，就会碰到更多困难。清代大学问家劳格，倾其一生之力，仅写出一篇《杭州刺史考》，足证难度之大。但在另一方面，学术研究又迫切需要这方面的著作。因为我们进行唐代的文史研究或其他方面的研究，都在不同程度上需要将州郡的长官弄清楚。从文的方面来说，我们翻开《全唐诗》或《全唐文》，经常看到这些文学家与州郡长官交往的篇章，称某州某使君、某郡某太守等等，大多没有将这些长官的名字直接写出来。如果我们不知道他们的名字和经历，就难以弄清这些诗文的写作年代，更谈不上知人论世了。从史的方面说，我们无论从那一个层面研究唐史，都会或多或少地用到地方行政长官的材料，研究地方史就更不用说了。但是这些材料都散见于浩如烟海的典籍之中，在短时间内即使查找出来也是疑团重重，更谈不上对其任职年代的具体考证了。郁贤皓先生以一人之力，经过几十年的爬梳整理，将唐代州郡行政长官，即刺史或太守的任职年限考证出来，非惟殊有创意，对于相关领域的学术研究来说，也是一个了不起的贡献。该书对于学术研究而言，具有多方面的价值。

史学研究价值。《唐刺史考》首先从宏观的方面，对唐代州郡的沿革作了较为清晰的梳理。我们知道，唐代300年中，州郡变更频繁，长官的名称也不一致。武德元年，改郡为州，长官为刺史；天宝元年，改州为郡，长官称太守。至德二载，又改郡为州，长官复称刺史。州郡的由置而废，废而复置的情况更为普遍。同时唐代州郡隶属于道及方镇，其隶属关系也屡有变动，这样也给唐代州郡长官的研究带来很大的麻烦。《唐刺史考》在每一州郡之前，都有关于本州郡历史沿革的考证，大体上涉及到州郡变更及所辖范围等内容。而鉴于上述这些复杂情况，全书以开元二十九年建置为准。如是处理，一方面能使读者对于唐代州郡变更的情况了如指掌，另一方面又使全书在体例上前后取得统一。其次，对州郡长官的任职情况，特别是年限作了缜密的考证。如卷一、卷二京兆府，考出了唐代300年间共240任京兆尹，大多数明确厘定了这些京兆尹的始任与罢任年限。另附待考录5人，其中1人为史书误记，2人存疑，2人任职年限待考。如果我们以这样的考证为基础，再进一步加以研究，唐代京兆尹的地位、职掌、作用、京兆府长官与其它州郡长官的关系、他们与中央政府的关系，就能得到更为清楚而确切的阐释。

文献研究价值。从文献学的角度说，《唐刺史考》堪称唐代文献的渊薮，举凡唐代州郡长官任职的众多资料都汇集于其中。从事学术研究者，无论研究历史，还是研究文学，或者唐代其它领域，阅读这部书，都会得到很多能够使得你进一步研究的资料线索。如该书卷一四二考证陈少游任越州刺史，就引用了《旧唐书》、《全唐文》、《元和郡县志》、《太平寰宇记》、《唐会要》、《宋高僧传》、《会稽掇英总集》、《嘉泰会稽志》，上图拓片等九种典籍。更为重要的是，在引用文献资料的时候，对每一条资料都有进行比较鉴别，以判定其真伪，订正史籍中的错误。如卷一四〇湖州“云弘胤”的考证：“《吴兴志》：‘云洪嗣，武德七年自右庶子授；迁郑州刺史。’按《姓纂》卷三‘定兴云氏’：‘弘允，汾州刺史。’岑仲勉四校记：‘《姓氏急就篇上》有云弘嗣。允，疑原作胤，宋人避讳，改写为嗣也。《吴兴谈志》……洪又弘之讳改。’按天授二年云弘嗣在歧州刺史任被杀，见《新书·则天皇后纪》及《通鉴》。其刺湖绝无可能在武德七年，《吴兴志》误，今系于高宗时。”

文学研究价值。唐代诗人中，有不少人做过州郡的长官，他们的这一段仕历，在本书中都有详尽的考证。如韦应物任滁州、江州、苏州刺史；白居易任苏州、忠州刺史；刘禹锡任夔州、和州、苏州、同州刺史；杜牧任黄州、池州、睦州、湖州刺史；韩愈任潮州、袁州刺史，京兆尹等等，在本书中一检即得。唐人的交游诗中，有不少是与州郡长官往还的，而且只言官衔，不称名字，《唐刺史考》对于这些诗作做了认真的研究，对于诗中的人名尽量坐实。如卷一四〇湖州，既考证出崔玄亮长庆三年至宝历元年为湖州刺史，又确定了《白居易集》卷二一《崔湖州赠红石琴荐，焕如锦文，无以答之，以诗酬谢》，卷二三《得湖州崔十八使君书》、《晚春寄微之并崔湖州》，卷二四《郡中闲独寄微之及崔湖州》、《仲夏斋居偶题八韵寄微之及崔湖州》，《全唐诗》卷三四五刘禹锡《酬湖州崔郎中见寄》等诗中的“崔湖州”都是崔玄亮。

自从 1987 年以后，郁先生继续对唐代的刺史潜心考证，又经过十多年的爬梳整理，将其书进行一次细致全面的补订后，由安徽大学出版社出版，这就是我们现在见到的《唐刺史考全编》。作者搜集了很多新的资料，尤其是新出土、新编印的唐人碑志，在遍检典籍的同时，又细心排比，辗转考订，新增刺史资料近 2000 条，订正原书中的错误 100 多条。资料更加充实，考证更加细密。全编与原考的相异之处主要在于：

第一，调整任职时限。如 7 页唐临任京兆尹，原考称“永徽中”，全编为“约永徽元年—三年”；11 页马载，原考称“约调露中”，全编为“垂拱二年”；12 页陈崇业，原考作“长寿二年”，全编为“约圣历中—久视元年”；13 页司马鍠，原考作“武后时”，全编为“约神龙元年—二年”；20 页李慎名，原考作“开元中”，全编为“开元末”；21 页萧炅，原考作“天宝二载—八载”，全编为“天宝三载—八载”；30 页萧昕，原考作“大历十三年”，全编为“永泰元年”；32 页李勉，原考作“大历二年—三年”，全编为“大历三年”；39 页罗珦，原考作“元和三年”，全编作“贞元十八年？—十九年?”；46 页李逊，原考作“元和十二年？—十三年?”，全编作“元和十三年”。不列举。

第二，增减条目。如京兆尹部分，新增的有：14 至 15 页张说两任京兆尹，而原考仅一任；15 至 16 页宋璟两任京兆尹，原考亦一任；20 页录裴观开元二十六年为京兆尹，乃原考所无；46 页直 47 页崔元略两任京兆尹，原考仅一任；56 页薛元龟会昌五年至六年为京兆尹，乃原考所无；58 页孙景商大中六年至八年为京兆尹，亦全编所增；66 页赵光裔约景福二年至乾宁元年为京兆尹，为全编新增。删减的是：35 页源休建中四年为京兆尹，而原考为二任。

第三，增加新的资料。11 页录《唐长安城郊隋唐墓》资料一条，乃原考所无；18 页孟温礼下引达奚珣《东渭桥记》一条，亦原考所无;23 页鲜于仲通为京兆尹,新增《大唐故左武卫翊府左郎将赵府君夫人渔阳县鲜于氏墓志铭并序》一条。

第四,增加索引。原考没有索引,检索不便。《全编》最后一册为索引。分《州(郡、府)名索引》和《刺史姓名索引》两部分,皆以四角号码顺序排列。最后还列有《索引首字笔画检索表》。为读者查阅与利用该书提供了极大的方便。

二

《唐刺史考全编》的撰成之所以厥功甚著,不仅在于该书具有内容丰富,足供唐代文史研究者取鉴,还在于著者在方法上对于前辈大师的继承与自己的求新拓展。就其荦荦大者而言,约有二端:

二重证据法

在史学研究领域,近代国学大师王国维将现代考古学的方法用之于考据学,采取二重证据法,即把出土的资料与考证结合在一起,以文物资料与文献资料相参证,以地下的新资料与纸上的旧史料相参证。自从他提出二重证据法以后,中外学者无不推崇,而且运用这种方法,取得了很大的收获。郁先生的《唐刺史考全编》正是运用"二重证据法"取得成功的范例之一。

首先,利用新出土的碑志石刻订正史籍的错误。如《全编》卷一四三明州,先引《延祐四明志》:"应彪,长庆三年刺史,建浮桥,跨江五十五丈。"又引江苏镇江焦山碑林石刻《唐故朝散大夫使持节明州诸军事守明州刺史上柱国陈郡殷府君墓志铭并序》(宝历二年六月廿五日):"长庆初,拜金州刺史兼侍御史,又迁明州刺史。"又引《隋唐五代墓志汇编》江苏卷《前大理评事薛元常妻弘农杨氏墓志铭并序》(开成四年八月十七日):"故明州刺史殷彪"。由此证知:"《延祐四明志》'应彪'当为'殷彪'之讳改。又拓本《唐故盐铁转运留后勾检官文林郎试太常寺协律郎骑都尉解君(少卿)墓志铭并序》(大和九年十一月八日):'元和岁,监察殷公领嘉禾煮海务，……后殷公台选省转，为牧为郎，亦佐卤帅，改扬子留后。……殷公作鄞江守，……乃曰：余承命鄞川守，岂不念旧同理。……不料殷公薨于鄞川。'此志中的殷公为鄞川守者，当即殷彪。"

其次，利用新出土的碑志石刻补充州郡长官的事迹。如赵冬曦为刺史事，文献记载缺略很多，仅《太平广记》卷三九〇引《纪闻》记其为华州刺史。《全编》据《隋唐五代墓志汇编》河南卷《赵冬曦墓志》："以亲累，贬合州刺史，历眉、濮、亳、许、宋等州刺史，弘农、荥阳、华阴等郡太守。"补出赵冬曦除任华州刺史以外，其他五州刺史、二郡太守的事迹。

再次，利用文献资料订正墓志石刻著录的错误。如《千唐志斋藏志》有《唐故河南洛阳县尉孙府君墓志铭并序》，张钫编的目录上标为"会昌元年"，今文物出版社影印拓本及天津古籍出版社《隋唐五代墓志汇编》亦署为会昌元年。其实这是错误的。《全编》卷六六郓州著录孙景商，即引《孙景商墓志》："出拜天平军节度、郓曹濮观察等使、检校礼部尚书、兼御史大夫。……年六十四，以大中十年八月廿二日薨于镇。"并言："证知大中十年景商卒于郓州刺史任。吴氏《方镇年表》天平列孙景商至大中十一年，误。"又言："《千唐志·唐故河南府洛阳县尉孙君（备）墓志铭并序》：'烈考故天平军节度使检校礼部尚书赠兵部尚书讳景商，君其嫡长子也。……天子受英武至仁号之年夏五月卒'，年三十九。按咸通十二年文武百僚为懿宗上徽号曰睿文英武明德至仁大圣广孝皇帝，见《旧书·懿宗记》。'英武至仁号'当即指此。又见《唐乐安孙氏女子墓志铭并序》（咸通十五年十月十八日）。按吴氏《方镇年表》列景商于大中九年至十一年为天平，岑仲勉《正补》以为：其在镇年分，断应再考；大中八年至十一年当为李业，《方镇年表》未著。按岑氏亦误。"此处考证上尊号为咸通十二年，可以确证《千唐志斋藏志》定于会昌元年之误。

关于《全编》利用碑志石刻的成果，傅璇琮先生在该书的序言中论述得非常精当："近几十年来，出土的唐代文献材料非常丰富，谁能够真正用力于此，必然大有所获。读郁先生利用新出土文献，并据以补充、改正原著，确使人有新鲜之感，这样做，可以一洗仅引用若干旧著旧说而长篇发挥的那种陈陈相因的陋习。其实我们可以充分利用建国以来的考古成果，从文学研究角度来从事考古成果的分析研究，开辟一门文学考古学。如果这样做，则这部《唐刺史考全编》就能提供十分丰富的素材。”郁贤皓先生对于运用“二重证据法”，更有其切身体会，他曾说：“‘二重证据法’是一种科学的治学方法，纸上的材料和地下发掘的材料结合起来研究，不但使材料大大丰富，证据更为充足，而且能相互补充，相互订正讹伪，从而使证据更为可靠。关于地下发掘的材料，除了甲骨文、唐人墓志以外，将来也可能有其它的发现。不管是其它什么发现，都可以作为‘二重证据法’的一个方面加以利用。就目前的唐代文学研究而言，除了纸上的材料之外，地下发掘出来的主要是贞石资料，主要是唐人墓志。充分利用唐人墓志，可以使唐代文学研究取得重要进展。但这是一项艰苦的工作，每一个成果的取得，都要付出大量的劳动，经过与典籍记载结合起来综合研究才能取得。稍有不慎，就可能出现差错。但这是一项有意义的工作，殷切希望学术界有更多的同人不辞辛劳地运用‘二重证据法’来从事唐代文学研究，使唐代文学研究获得更多的成果。”(《唐风馆杂稿》第187页)

微观综合研究

最近十余年来，学术界对于方法论的探讨成为长时间的热门话题。从大的方面看，又不外有两种，一种是宏观研究，一种是微观研究。宏观研究侧重于理论问题的探索，微观研究侧重于文献资料的考据。这二者似乎一直处于对立的态势。关于宏观研究的弊端，傅璇琮先生曾说：“在过去一个时期中，对历史研究，包括文学史研究，过于强调对揭示历史规律的要求，殊不知在学术研究中要发现或揭示规律，需要有多少的积累，要进行多少具体研究。在未取得许多的具体成果之前，所谓揭示规律，只不过是可望而不可即的‘远景’，解决不了实际存在的任何一个问题。而在过去那种空阔的要求下，具体历史过程的叙述和研究被忽略了。”(《唐诗论学丛稿》第381页）而专门的微观研究则也有不少弊端，就像有些学人唯以琐碎考证为能事，热衷于对若干细枝末节问题争论不休，甚至在毫无征信的情况下发些乖异之论，以此取宠于新闻传媒，那就很难说有什么学术意义了。

《唐刺史考全编》在方法上的一个重要特点，是以其恢弘的气魄自觉实践并拓宽了微观综合研究的途径。对于每一位州郡长官的考证，可谓微观研究；但通观全书，则又是一部体大思精的综合研究著作。一方面表现了著者对唐代文史的总体把握与通识，另一方面又表现了著者在文史考据方面功力之深到与运思之细密。郁先生说："从事唐代文史研究的学人对宏观研究感兴趣，而对具体史料与具体作品的微观研究则不太重视，往往流于简单粗疏。其实，宏观研究表现建立在深入的微观研究基础之上，才能终结出正确的结论。……反之，微观研究的粗疏，也可能导致宏观研究的差错。"（《唐风馆杂稿》第189页）这样的指导思想，贯穿于《唐刺史考全编》的始终。

三

《唐刺史考全编》体现了著者文史结合的学术风格。能做到这一点，主要有两方面原因，一是对于唐代州郡长官的考证，涉及面非常广泛，客观上需要运用文史两方面的材料。不仅要利用《旧唐书》、《新唐书》、《资治通鉴》、《唐会要》、《册府元龟》等重要史籍，还要广泛地利用《全唐诗》、《全唐文》、《文苑英华》、《唐文粹》这些文学总集与唐代众多文学家的别集。二是郁贤皓先生在数十年的学术研究中，一向有文史并重的特点。他的著作如《李白丛考》、《苏颋年谱》、《元和姓纂》（整理）等等，都是文史结合的良好范例。尤其是《李白丛考》，在大量挖掘史料的基础上，与李白的诗文排比参证，论定李白二入长安的新说，并逐渐得到学术界的认可，加上对李白生平的诸多发明，从而同詹锳、瞿蜕园、朱金城、裴斐等先生共同构筑了20世纪李白研究的一座里程碑。正因为对于文史结合研究方法运用得娴熟自如，就使得他的成果阅读起来具有很大的力度，使人觉得有一种厚重感。

文史结合的研究，是一种实证性的研究工作，是建立在扎实的史料基础上而从事的研究。学术界一些卓有成就的前辈学者，之所以能取得举世公认的成就，也与他们重视实证密切相关。陈寅恪先生从30年代开始，已经注意用诗文证史实，如以李商隐《无题》诗中“万里风波一叶舟”一句，证李德裕归葬日期在大中六年夏季，以陶渊明《桃花源记》释十六国时期的北方坞堡，以韦庄《秦妇吟》补述黄巢起义的事迹，以李复言《续玄怪录》中“辛公平上仙”的故事，发唐代中叶宫闱斗争的秘史，都是诗文证史方面具有独到见解的著作。后来，他以白居易、元稹的诗笺释史事，汇聚成《元白诗笺证稿》，因此，以诗文证史便是他倡导的一种重要的治学方法。傅璇琮先生说：“治史对于治文，是能起去浮返本的作用的。”（《唐诗论学丛稿》第440页）正因如此，郁先生在治文学的时候，就具有史的眼光和见识，对唐代史料作细致深密的考察和审核。在治史的时候，也不断在文学家的诗文中挖掘资料。正因为他在扎实的史料基础上努力创新，才使得自己能够写出具有传世价值的著作，在学术领域中卓然屹立。陈寅恪先生在《王静安先生遗书序》中称赞王国维的学术，“足以转移一时之风气，而示来者以轨则”，这预示我国人文科学研究一个新阶段的到来，其影响之深远乃至决定了20世纪学术探索的精神面貌。如郁先生这样一代卓有建树的学者，无疑均从王国维、陈垣、陈寅恪、岑仲勉等大师的论著中获得过启益，亦都通过各自的努力在此基础上创辟出新格局与新生面。我们从上述源流背景下来考察《唐刺史考全编》一书，则概括为“考昭代之文史，张前修之轨则”两句话是最适当不过的。

（原载《学术研究》2001年第一期）

评郁贤皓《唐刺史考全编》

陶　敏

1987 年 2 月江苏古籍出版社出版的郁贤皓教授的《唐刺史考》，早以其搜罗详备、考订精密蜚声海内外。现在，郁先生经过十年的艰苦努力，将此书重新修订，定名为《唐刺史考全编》，于 2000 年 1 月改由安徽大学出版社出版。修订后的《全编》较原书增加 80 多万字，达到 300 余万字。它不但在篇幅上，而且在学术质量方面大大超过了原书。

《全编》更充分地利用了传世文献和出土的唐人墓志，对原书作了大量的补充和修订，考出了更多的刺史，删除了原有误列的条目，重新审查排定了刺史任职的时间，补充了大量有关的文献史料。其修订幅度之大，使人惊叹。以京兆府为例，《唐刺史考》原考出曾任京兆尹的人物已达 243 个，因篇幅较大，分为上下二卷，《全编》作了如下的修改或补正：一，补入新考出的京兆尹韦泰真、李彻等 11 人，张说等二人由一任改为二任，李勉、刘晏分别由一任和二任改为三任，故实增 16 人次，新增数占原有人数的 6.6%；二，删去经考证未曾任京兆尹的令狐德棻、李义玄等 14 人，盖《旧唐书·房玄龄传》载令狐德棻“雍州长史”乃“雅州长史”之误，旧籍所载冯延休（实当作能延休）、崔琬诸人任京兆尹实为“少尹”之误，旧籍所载曾任京兆尹之李义玄、薛逢、李晖、柳慧分别为李义琛、薛能、李晦、柳憙之字误，又韦让、郑浦、李铤三人曾拟任京兆尹但实未任命，删去人数占原有总人数的 5.8%；三，经重新考订对原著录的杨篡、卢承庆、唐临等 40 人的任职年月作了变更，变更条目占原条目总数的 16.5%；四，在上百的条目中增补了人物的史料和事迹，此外，尚有更正原考出人物的姓名者，如将原据《唐摭言》列为乾符中京兆尹的崔淯改定为崔涓等。以上各项合计，《全编》“京兆府”中经修改增删的条目，约占原书的半数。京兆府治所在京师长安，府尹居辇毂之下，处腹心之任，地位重要，官职尊崇，旧籍中记载甚多，补正条目尚及原书之半，其他州郡更可想而知了。如果说，这次修订实际上是将这部数百万字的皇皇大著重做了一遍，也并不是夸诞之言。

在史料方面，《全编》的搜集面显然较《唐刺史考》广泛得多。海外汉籍、佛道二藏、敦煌文献、吐鲁番文书等进入了作者搜求的视野，其最重要的史料来源则是石刻文献。作者作《唐刺史考》时，曾至北图阅读石刻拓片，但所见有限。20 世纪 80 年代末以来，大量唐代石刻史料整理出版，《考古》、《文物》、《中原文物》、《文博》等杂志不时有新发现的唐代石刻刊布。作者广泛搜集了上述书刊中的刺史史料，故有可能对原编作大量补充。如令狐通，《唐刺史考》仅载其为泗、淄、寿、宿四州刺史，《全编》则据《隋唐五代墓志汇编》中《唐故棣州刺史敦煌令狐公(梅)墓志铭并序》补充了他再任唐、陈二州刺史的事迹。又如赵冬曦，《唐刺史考》仅著录其为华、亳、濮、虢四州刺史，《全编》则据新出土之《赵冬曦墓志》，补入其任合、眉、许、宋四州刺史及荥阳郡太守的事迹，填补了原编的许多空缺。流传台湾等地的石刻，作者也加留意，如徐州即据《台大中文学报》1995 年第 7 期叶国良《唐代墓志考释八则》引《徐州刺史杜嗣先墓志》，于神龙元年著录杜嗣先。至于《唐刺史考》已著录的刺史，《全编》则利用石刻对他们的事迹作了补充。如据《韦济墓志》于棣州补充著录韦济，并在同、洛、并、恒四州韦济条下对他的事迹作了较多的补充。

《全编》的成就，更充分地表现在史料的精细考辨上。首先，作者对每一个刺史的任职年代作了更准确的考定。例如《唐刺史考·东都》原于长庆二年著录韩皋，并据《旧唐书·韩皋传》“二年四月……以本官为东都留守,行及戏源驿暴卒”之文,云皋“未之任”。但褚藏言《窦庠传》有“昌黎公守东都又奏授公为汝州防御判官”之文,《全唐诗》卷二七一窦庠亦有《东都嘉量亭献留守韩仆射》、《陪留守韩仆射巡内至上阳宫感兴二首》诗。《全编》详考上述史料,指出:“此‘韩仆射’、‘昌黎公’皆指韩皋,证知韩皋长庆间在东都留守任。《旧传》谓‘行及戏源驿暴卒’,《新传》谓‘卒于道’,当指长庆四年奉召入京为左仆射之时。《旧唐书·敬宗记》:长庆四年正月‘甲戌,左仆射韩皋卒’。证知其卒于左仆射任,非卒于东都留守任。”《全编》将韩皋系于长庆二至四年,不但订正了原云韩皋“未之任”的误载,还纠正了两《唐书》本传的错误。其次,作者通过辗转考索,尽可能多地考出了一些刺史的姓名。如《樊川文集》卷二杜牧有《道一大尹存之学士庭美学士简于圣明自致霄汉……因成长句四韵呈上三君子》诗,“道一”当是京兆尹,但未知其姓名,冯浩《樊川诗集注》亦称“不知为何人”。《全编》则自《新唐书·宰相世系五下》考知郑涓字道一,又据《全唐文》卷七八八蒋伸《授郑涓徐州节度使制》中称平卢军节度使郑涓“洎尹正神州,益彰才用”之语证知郑涓确曾为京兆尹,遂定道一大尹为郑涓,加以著录。复据丁居晦《重修承旨学士壁记》所载毕诚(存之)、郑处晦(庭美)任翰林学士之年月,考定杜牧诗作于大中四年二月至八月间,郑涓卸京兆尹任不得早于大中四年二月,其出镇平卢即在此年。

《全编》作者按时间顺序对各州刺史重新作了排比,又为全书编制了人命索引,这就可以宏观地审视一州刺史任免以及同一人物官职迁转的情况,从而发现史料本身或各州记载间的矛盾抵牾之处,并作进一步的考证。例如《唐刺史考·雍州》原据两《唐书·李晦传》、《册府元龟》卷七八及卷六九〇、《太平广记》卷四九三引《谭宾录》、阙名《李晦碑》、拓本《李氏墓志》于咸亨中列李晦,又于“待考录”中据《册府元龟》卷六八九列李晖。《全编》李晦条则云:“按《元龟》卷六八九……其事迹与《元龟》卷六九〇事迹略同,疑‘李晖’为‘李晦’之讹。”遂于“待考录”中删去李晖之名。又如《唐刺史考·明州》原据《延祐四明志》于长庆三年著录刺史应彪,又据白居易《扬子留后殷彪授金州刺史兼侍御史……制》于金州长庆元年著录殷彪。后来作者在镇江焦山碑林实地考察，发现石刻有"长庆初拜金州刺史兼侍御，又迁明州刺史"之残文，考知此即殷彪墓志残石，从而将《延祐四明志》中因避宋讳改的应彪回改为殷彪。如果没有统摄全局的眼光，这类问题是很难发现的。

从全书的结构而言，《全编》主要作了两方面的增补。一是更细致地考察了唐代州郡制置的情况，在《附编·开元二十九前后废置之州郡》中增入了京畿道的泉州、河东道的泰州、剑南道的沐州，又将河北道原附于观州中的景州划出，单独立目，使这类州郡数由原有的87个增至91个。这类变动看似微小，无关宏旨，但联系到具体的人和事，则关涉甚巨。如初唐隐逸诗人王绩，两《唐书》本传均称其为"绛州龙门人"。《全唐文》卷一六〇吕才《东皋子集序》记载："贞观中，京兆杜之松、清河崔君善（善为）继为本州刺史，皆请与君相见。君曰：'奈何悉欲坐召严君平？'遂不见。"大约是因为龙门曾一度属蒲州的缘故，《唐刺史考·绛州》未列杜、崔二人，而将二人列为贞观中蒲州刺史。又《旧唐书·崔善为传》云："贞观初，拜陕州刺史……后历大理、司农二卿，名为称职。坐与少府卿不协，出为秦州刺史，卒。"《唐刺史考·秦州》又据列崔善为贞观初为秦州刺史。但是，《旧唐书·地理志二》河东道蒲州记载："龙门：……武德元年，于县置泰州，领龙门、万泉、汾阴四县。贞观十七年，废泰州及芮县，以龙门、万泉属绛州，汾阴属蒲州。"《元和郡县图志》卷一二绛州龙门县则云："武德三年属泰州，贞观十七年废泰州，县隶绛州。"我们知道，王绩卒于贞观十八年，即废泰州、龙门改隶绛州之次年，和他在贞观中交往的"本州刺史"杜之松、崔善为当是泰州刺史，而不可能是蒲州刺史。《旧唐书·崔善为传》"出为秦州刺史"，也应当是"出为泰州刺史"之误。现在，《全编》将上述记载中的错误一一订正，在附编中辟"泰州"并将杜、崔二人列入，既使书中的州郡制置、刺史除授准确地反映历史的真实情况，也解决了研读王绩诗文者的疑团。《全编》所作的另一重大增补则是为全书编制了《州（郡、府）名索引》及《刺史人名索引》，单独成册，附于书后。这不但为读者查找某人曾任何州刺史提供了极大的方便，而且由于《全编》包含的资料信息极为丰富，读者可以从有关条目中查到有关资料及其出处，将它作为一部唐代人名辞典来使用。而它所提供的史料往往是在一般的人名辞典中难以找到的。

应当指出，《全编》对《唐刺史考》作补正，大量工作反映在对原有错误史料的考订和删除方面，但限于篇幅，删却的条目在《全编》中未能一一交代，作者花费的苦功也就难为人知。例如《唐刺史考·晋州》曾据《金石录》、《长安志》、《唐会要》等著录刺史裴艺，系于“贞观二十二年”。但毛凤枝《关中金石文字存逸考》卷八引《雍州金石记》作《大唐赠晋州刺史顺义公碑铭》，知“晋州刺史”实为裴艺赠官，并非实任，所以《全编》将这一条删掉了。又如《唐刺史考·汾州》曾据王维《京兆尹张公德政碑》著录张去奢，系于“约开元十八、十九年”，但新出土的《大唐故少府监范阳县伯张公(去奢)墓志铭并序》称，张去奢只“出为郢、沁二州刺史”，王维《碑》中的“守汾”应是“守沁”之误，所以《全编》在“沁州”卷增入了张去奢，而将“汾州”卷的张去奢条删改。可见，每一条的删改都是作者广征文献详加考订，判断有关文献为误后做出的。这类文字如果能加以保留，简要说明删除的理由，不会增加很多篇幅，却会给读者带来莫大的好处。

唐代刺史众多，《全编》虽经多方搜求，仍有极少量的遗漏。如《全编》据拓本李都《唐故御史中丞汀州刺史孙公(瑝)墓志铭》于陕州大中四年著录卢贞，均州大中末、汀州咸通十一至十二年著录孙瑝，但该墓志中说，咸通十二年六月孙瑝卒后，“同堂兄前婺州牧奭”也以家牒来请李都作墓志，《全编》婺州咸通中漏列孙奭。又如《舆地纪胜》卷六八常德府碑记：“唐梁山庙二碑：唐元和四年董侹撰《修阳山庙碑》；唐大和九年刺史刘端夫《赛请阳山神文》。”刘端夫，《全编》朗州亦漏收。再如《全编》据《考古》1984 年第 3 期《广西僮族自治区隋唐墓》引开元二十年宁道务墓志，云道务任“爱州司马、玉林牧、新州、封州刺史等职”；遂于卷二六四新州、卷二六六封州载宁道务。但据吴钢主编《全唐文补遗》第 7 辑阙名《宁道务墓志》，道务"授爱州司马。长安中，□旨授朝散郎，官如(缺 15 字)闻奏，授爱州牧……景云岁，改牧郁林"。故《全编》爱州原著录神龙初之"宁某"，当确定为宁道务，而郁林州景云亦当补宁道务之名。此盖仅据他人引文未睹原志之故。

在刺史任职年月的著录方面，《全编》个别条目也有可议之处。如和州长庆四年至大和二年列刘禹锡，未提供刘禹锡大和二年在和州的佐证。实则刘禹锡宝历二年秋即已罢和州北归洛阳，大和元年六月授主客郎中分司东都，见集中《举姜补阙伦自代状》，又如台州据《赤城志》列李嘉祐上元二年，但实际上李嘉祐乾元二年秋贬鄱阳令，在鄱阳四年，宝应元年秋量移江阴令，期间不可能任台州刺史，其为台州刺史实在大历末、建中初(参见傅璇琮主编《唐五代文学编年史·中唐卷》)。

尽管还存在一些瑕疵，但就总体而言，《唐刺史考全编》不但大大超越了前人的同类著作，也实现了对《唐刺史考》的自我完善和超越。作为一部研治唐代文史者案头必备的工具书，它必将嘉惠学林，流传后世。

(原载《中国史研究》2001 年第 3 期)

移一时之风气，示来者以轨则

——评郁贤皓著《唐刺史考全编》

胡可先

提　要:《唐刺史考全编》是一部兼有文献、资料与工具价值的学术著作。本文首先对该书与《唐刺史考》进行比较分析，以确定其价值；其次探讨著者的学术研究方法；再次探讨该书的学术规范与著者的学术个性。

关键词:唐刺史考全编　研究方法　学术个性　文史结合

郁贤皓先生撰著的《唐刺史考全编》，2000 年 1 月由安徽大学出版社出版。这部 300 万字的巨著，凝聚着著者数十年的心血，也蕴涵着他的学术思想与治学方法。这是一部兼有文献、资料与工具价值的学术著作。由《唐刺史考》到《唐刺史考全编》，体现了作者最近十余年的学术进程，对 20 世纪末期的唐代文史领域的学术研究产生极大的影响，也必将给予新世纪的学术研究以有益的启迪。

一

《唐刺史考》于 1987 年 2 月由江苏古籍出版社与中华书局香港分局同时出版国内版和国际版。这部巨著是对有唐一代 300 年间州郡长官所作的第一部既全面又精详的考证。标志着唐代职官研究的一次突破性进展。关于唐代职官的研究，自宋代开始，已经引起史家的注意，出现了《新唐书·宰相表》、《唐仆尚丞郎表》、《唐尚书省郎官石柱题名考》、《唐御史台精舍题名考》、《翰林学士壁记注补》等。这些著作都是关于唐代中央行政长官的考证。而对于地方的行政长官，则缺乏深入的研究，仅见《唐方镇年表》一书。《唐方镇年表》所涉及的长官，都是唐代地方长官中的落落大者，因为唐代将全国分成道，每道各设节度使或观察使，他们掌管地方的行政与军事大权，重要方镇的节度使常常出将入相，故历史文献中对于他们的事迹记载也就较为详细。而地方上的州郡长官，涉及面既广，人员又极为复杂，因而对于这方面的研究，较前面的职官考证，就有更大的难度。清代大学问家劳格，倾其一生之力，仅写出一篇《杭州刺史考》，足证难度之大。但在另一方面，学术研究又迫切需要这方面的著作。因为我们进行唐代的文史研究或其他方面的研究，都在不同程度上需要将州郡的长官弄清楚。从文的方面来说，我们翻开《全唐诗》或《全唐文》，经常看到这些文学家与州郡长官交往的篇章，称某州某使君、某郡某太守等等，大多没有将这些长官的名字直接写出来。如果我们不知道他们的名字和经历，就难以弄清这些诗文的写作年代，更谈不上知人论世了。从史的方面说，我们无论从那一个层面研究唐史，都会或多或少地用到地方行政长官的材料，研究地方史就更不用说了。但是这些材料都散见于浩如烟海的典籍之中，在短时间内即使查找出来也是困难重重，更谈不上对其任职年代的具体考证了。郁贤皓先生以一人之力，经过几十年的爬梳整理，将唐代州郡行政长官，即刺史或太守的任职年限考证出来，对于学术研究来说，这是一个了不起的贡献。

郁贤皓先生从事这项工作始于七十年代中期。在此之前，他主要从事唐代文学的研究，以研究李白与李商隐等人为主。研究的重点在于对诗人生平事迹的探讨与作品年代的确定，研究的方法是文史结合，研究的手段是考证辨伪。在考证诗人的过程中，经常遇到某某刺史或某某太守需要探讨，久而久之，就逐渐认识到撰写一部州郡长官考证的著作的重要性。于是在七十年代中期，当其对李白的研究取得巨大成就且将告一段落之时，就开始集中精力从事唐代刺史有关材料的搜集整理工作。从这一历程来看，郁先生的治学路数是由文及史，文史结合的。

经过了十余年的惨淡经营，终于在1985年2月，撰成了《唐刺史考》，并于1987年2月出版。该书对于学术研究而言，具有多方面的价值。

史学研究价值。《唐刺史考》首先从宏观的方面，对于唐代州郡的沿革作了较为清晰的梳理。我们知道，唐代300年中，州郡变更频繁，长官的名称也不一致。武德元年，改郡为州，长官为刺史；天宝元年，改州为郡，长官称太守。至德二载，又改郡为州，长官复称刺史。州郡的由置而废，废而复置的情况更为普遍。同时唐代州郡隶属于道及方镇，其隶属关系也屡有变动，这样也给唐代州郡长官的研究带来很大的困难。《唐刺史考》在每一州郡之前，都有关于本州郡历史沿革的考证，大体上涉及到州郡变更及所辖范围等内容。而鉴于复杂的情况，全书以开元二十九年建置为准。这样的处理较为恰当，一方面能使读者对于唐代州郡变更的情况了如指掌，另一方面又使全书在体例上前后取得统一。其次，对州郡长官的任职情况，特别是年限作了缜密的考证。如卷一、卷二京兆府，考出了唐代300年间共240任京兆尹，大多数明确确定了这些京兆尹的始任与罢任年限。另附待考录5人，其中1人为史书误记，2人存疑，2人任职年限待考。如果我们以这样的考证为基础，再进一步加以研究，唐代京兆尹的地位、职掌、作用、京兆府长官与其它州郡长官的关系、他们与中央政府的关系，就能得到更为清楚而确切的阐释。再次是补史之阙。如卷一五九饶州："《全文》卷九○二王德琏《饶州记序》：'前中书令杜使君、中书令薛使君屈栋干之资，临江湖之服。既多惠爱，金石已铭。'按唐初杜氏为中书令者唯正伦。据《新书》〈宰相表上〉：显庆二年，'九月庚寅，[杜]正伦兼中书令。'三年，'十一月乙酉，正伦贬横州刺史。'则其刺饶州疑由横州量移。"

文献研究价值。从文献学的角度说,《唐刺史考》堪称唐代文献的渊薮,举凡唐代州郡长官任职的众多资料都汇集于其中。从事学术研究者,无论研究历史,还是研究文学,或者唐代其它领域,阅读这部书,都会得到很多能够使得你进一步研究的资料线索。如该书卷一四二考证陈少游任越州刺史,就引用了《旧唐书》、《全唐文》、《元和郡县志》、《太平寰宇记》、《唐会要》、《宋高僧传》、《会稽掇英总集》、《嘉泰会稽志》、上图拓片等九种典籍。其资料搜集之勤,真是令人叹为观止。更为重要的是,在引用文献资料的时候,对每一条资料都要进行比较鉴别,以判定其真伪,书中订正了史籍中的错误不胜枚举。如卷一四〇湖州"云弘胤"的考证:"《吴兴志》:'云洪嗣,武德七年自右庶子授;迁郑州刺史。'按《姓纂》卷三'定兴云氏':'弘允,汾州刺史。'岑仲勉四校记:《姓氏急就篇上》有云弘嗣。允,疑原作胤,宋人避讳,改写为嗣也。《吴兴谈志》……洪又弘之讳改。'按天授二年云弘嗣在岐州刺史任被杀,见《新书》〈则天皇后纪〉及《通鉴》。其刺湖决无可能在武德七年,《吴兴志》误,今系于高宗时。"

文学研究价值。唐代诗人中,有不少人做过州郡的长官,他们的这一段仕历,在本书中都有详尽的考证。如韦应物任江州、苏州刺史;白居易任苏州、忠州刺史;刘禹锡任夔州、和州、苏州、同州刺史;杜牧任黄州、池州、睦州、湖州刺史;韩愈任潮州、袁州刺史,京兆尹等等,在本书中一检即得。唐人的交往诗中,有不少是与州郡长官往还的,而且只言官衔,不称名字,《唐刺史考》对于这些诗作做了认真的研究,对于诗中的人名尽量坐实。如卷一四〇湖州,既考证出崔玄亮长庆三年至宝历元年为湖州刺史。又确定了《白居易集》卷二一《崔湖州赠红石琴荐,焕如锦文,无以答之,以诗酬谢》,卷二三《得湖州崔十八使君书》、《晚春寄微之并崔湖州》,卷二四《郡中闲独寄微之及崔湖州》、《仲夏斋居偶题八韵寄微之及崔湖州》,《全唐诗》卷三五四刘禹锡《酬湖州崔郎中见寄》等诗中的"崔湖州"都是崔玄亮。

正是因为这几方面的学术价值,该书一问世,就受到了海内外学界的关注，中国大陆、台湾、香港，以及日本国、韩国、美国，都有不少学者专门撰文予以评介，并给予极高的评价。自从1987年以后，郁先生继续对唐代的刺史潜心考证，又经过十多年的爬梳整理，将其书进行一次细致全面的补订，又由安徽大学出版社出版，这就是我们现在见到的《唐刺史考全编》。对唐代文史研究来说，这是一部具有里程碑意义的巨著。较之十年前的《唐刺史考》，在很多方面又有了新的突破。作者搜集了很多新的资料，尤其是新出土、新编印的唐人碑志，在遍检典籍的同时，又细心排比，辗转考订，新增刺史资料近2000条，订正原书中的错误100多条。资料更加充实，考证更加细密。全编与原考的相异之处主要在于：

第一，调整任职时限。如7页唐临任京兆尹，原考称"永徽中"，全编为"约永徽元年一三年"；11页马载，原考称"约调露中"，全编为"垂拱二年"；12页陈崇业，原考作"长寿二年"，全编为"约圣历中一久视元年"；13页司马锽，原考作"武后时"，全编为"约神龙元年一二年"；20页李慎名，原考作"开元中"，全编为"开元末"；21页萧炅，原考作"天宝二载一八载"，全编为"天宝三载一八载"；30页萧昕，原考作"大历十三年"，全编为"永泰元年"；32页李勉，原考作"大历二年一三年"，全编为"大历三年"；39页罗珦，原考作"元和三年"，全编作"贞元十八年？一十九年？"；46页李逊，原考作"元和十二年？一十三年"，全编作"元和十三年"；47页卢士玫，原考作"长庆元年"，全编为"元和十五年一长庆元年"；55页卢弘宣，原考作"开成三年一四年"，全编为"会昌二年"；58页毕諴，原考作"大中十年"，全编为"大中八年"；59页崔罕，原考作"大中六年一九年"，全编为"大中九年一十年"；60页孔温裕，原考作"咸通二年一四年"，全编作"约大中末、咸通初"；61页温璋，原考作"咸通十一年"，全编为'咸通七年一至十一年"；同页薛能，原考作"咸通十一年一至十二年"，全编为"咸通十一年一至十四年"；63页窦潏，原考作"乾符五年"，全编为"广明元年"；66页郑延昌，原考作"光启三年"，全编为"大顺二年"。

第二，增减条目。如京兆尹部分，新增的有：14至15页张说两任京兆尹，而原考仅一任；15 至 16 页宋璟两任京兆尹，原考亦一任；29 至 32 页李勉三任京兆尹，原考仅二任；20 页录裴观开元二十六年为京兆尹，乃原考所无；46 页至 47 页崔元略两任京兆尹，原考仅一任；56 页薛元龟会昌五年至六年为京兆尹，乃原考所无；58 页孙景商大中六年至八年为京兆尹，亦全编所增；66 页赵光裔约景福二年至乾宁元年为京兆尹，为全编新增。删减的有：35 页源休建中四年为京兆尹，而原考为二任。

第三，增加新的资料。11 页录《唐长安城郊隋唐墓》资料一条，乃原考所无；18 页孟温礼下引达奚珣《东渭桥记》一条，亦原考所无；23 页鲜于仲通为京兆尹，新增《大唐故左武卫翊府左郎将赵府君夫人渔阳县太君鲜于氏墓志铭并序》一条。

第四，增加索引。原考没有索引，检索不便。全编最后一册为索引。分《州(郡、府)名索引》和《刺史姓名索引》两部分，皆以四角号码顺序排列。最后还列有《索引首字笔画检索表》。每一州郡名及人名下又分册数、卷数、页数 3 项。为读者查阅与利用该书提供了极大的方便。

以上仅就全编索引及卷一、卷二京兆尹部分而言，就与原考有数十处不同，说明全编较之《唐刺史考》更为精密，也更为全面，更有利用价值。

二

《唐刺史考全编》之所以能够取得巨大的成功，不仅在于该书具有丰富的内容，足供唐代文史研究者利用，还在于著者在研究方法上对于前辈大师的继承与自己的刻意创新。郁先生从丰富的研究实践中表现出来的学术研究方法，不仅对于浮薄的时尚学风具有拯弊救偏的作用，更使得后辈研究者受益无穷。

二重证据法

在史学研究领域，近代国学大师王国维将现代考古学的方法用之于考据学，采取二重证据法，即把出土的资料与考证结合在一起，以文物资料与文献资料相参证，以地下的新资料与纸上的旧史料相参证。他在《古史新证》中说："吾辈生于今日，幸于纸上之材料外，更得地下之材料。由此种材料，吾辈固得据以补正纸上之材料，亦得证明古书之某部分全为实录，即百家不雅训之言，亦不无表示一面之事实。此二重证据法，惟在今日始得为之。"他认为古文字、古器物、新出土文物，与经史之学，实相表里，所以提出此法。自从他提出二重证据法以后，中外学者无不推崇，而且运用这种方法，取得了很大的收获。郁先生的《唐刺史考全编》正是运用"二重证据法"取得成功的典型例证。

近几十年来，唐人墓志不断出土，使得今天的学者利用贞石资料来研究唐代文史具备了更为优越的条件。郁先生对于新出土的唐代碑志，从很多层面加以利用，不仅使《唐刺史考全编》内容更加充实，而且在方法论上也有很大的启示意义。

首先，利用新出土的碑志石刻订正史籍的错误。如全编卷一四三明州，先引《延祐四明志》："应彪，长庆三年刺史，建浮桥，跨江五十五丈。"又引江苏镇江焦山碑林石刻《唐故朝散大夫使持节明州诸军事守明州刺史上柱国陈郡殷府君墓志铭并序》（宝历二年六月廿五日）："长庆初，拜金州刺史兼侍御史，又迁明州刺史。"又引《隋唐五代墓志汇编》江苏卷《前大理评事薛元常妻弘农杨氏墓志铭并序》（开成四年八月十七日）："故明州刺史殷彪。"由此证知："《延祐四明志》'应彪'当为'殷彪'之讳改。又拓本《唐故盐铁转运留后勾检官文林郎试太常寺协律郎骑都尉解君（少卿）墓志铭并序》（大和九年十一月八日）：'元和岁，监察殷公领嘉禾煮海务，……后殷公台选省转，为牧为郎，亦佐卤帅，改扬子留后。……殷公作鄞江守，……乃曰：余承命鄞川守，岂不念旧同理。……不料殷公薨于鄞川。'此志中的殷公为鄞川守者，当即殷彪。"

其次，利用新出土的碑志石刻补充州郡长官的事迹。如赵冬曦为刺史事，文献记载缺略很多，仅《太平广记》卷三九〇引《纪闻》记其为华州刺史。《全编》据《隋唐五代墓志汇编》河南卷《赵冬曦墓志》:“以亲累,贬合州刺史,历眉、濮、亳、许、宋等州刺史,弘农、荥阳、华阴等郡太守。”补出赵冬曦除任华州刺史以外,其他五州刺史、二郡太守的事迹。

再次,利用文献资料订正碑志石刻著录的错误。如《千唐志斋藏志》有《唐故河南洛阳县尉孙府君墓志铭并序》,张钫编的目录上标为“会昌元年”,今文物出版社影印拓本及天津古籍出版社《隋唐五代墓志汇编》亦署为会昌元年。其实这是错误的。全编卷六六郓州著录孙景商,即引《孙景商墓志》:“出拜天平军节度、郓曹濮观察等使、检校礼部尚书、兼御史大夫。……年六十四,以大中十年八月廿二日薨于镇。”并言:“证知大中十年景商卒于郓州刺史任。吴氏《方镇年表》天平列孙景商至大中十一年,误。”又言:“《千唐志》《唐故河南府洛阳县尉孙府君(备)墓志铭并序》:‘烈考故天平军节度使检校礼部尚书赠兵部尚书讳景商,君其嫡长子也。……天子受英武至仁号之年夏五月卒’,年三十九。按咸通十二年文武百僚为懿宗上徽号曰睿文英武明德至仁大圣广孝皇帝,见《旧唐书·懿宗纪》。‘英武至仁号’当即指此。又见《唐乐安孙氏女子墓志铭并序》(咸通十五年十月十八日)。按吴氏《方镇年表》列景商于大中九年至十一年为天平,岑仲勉《正补》以为:其在镇年分,断应再考;大中八年至十一年当为李业,《方镇年表》未著。按岑氏亦误。”此处考证上尊号为咸通十二年,可以确证《千唐志斋藏志》定于会昌元年之误。有关这一问题,郁先生在其所著《唐风馆杂稿》186 页中考证得更为详尽,可以参看。

关于全编利用碑志石刻的成果,傅璇琮先生在该书的序言中论述得非常精当:“近几十年来,出土的唐代文献材料非常丰富,谁能够真正用力于此,必然大有所获。读郁先生利用新出土文献,并据以补充、改正原著,确使人有新鲜之感,这样做,可以一洗仅引用若干旧注旧说而长篇发挥的那种陈陈相因的陋习。其实我们可以充分利用建国以来的考古成果,从文学研究角度来从事考古成果的分析研究,开辟一门文学考古学。如果这样做,则这部《唐刺史考全编》就能提供十分丰富的素材。”郁贤皓先生对于运用“二重证据法”，更有甘苦与体会，他曾说：“‘二重证据法’是一种科学的治学方法，纸上的材料和地下发掘的材料结合起来研究，不但使材料大大丰富，证据更为充足，而且能相互补充，相互订正讹伪，从而使证据更为可靠。关于地下发掘的材料，除了甲骨文、唐人墓志以外，将来也可能有其它的发现。不管是其它什么发现，都可以作为‘二重证据法’的一个方面加以利用。就目前的唐代文学研究而言，除了纸上的材料之外，地下发掘出来的主要是贞石资料，主要是唐人墓志。充分利用唐人墓志，可以使唐代文学研究取得重要进展。但这是一项艰苦的工作，每一个成果的取得，都要付出大量的劳动，经过与典籍记载结合起来综合研究才能取得。稍有不慎，就可能出现差错。但这是一项有意义的工作，殷切希望学术界有更多的同人不辞辛劳地运用‘二重证据法’来从事唐代文学研究，使唐代文学研究获得更多的成果。”（《唐风馆杂稿》187 页）

微观综合研究

最近十余年来，学术界对于方法论的探讨成为长时间的热门话题。从大的方面看，又不外有两种，一种是宏观研究，一种是微观研究。宏观研究侧重于理论问题的探索，微观研究侧重于文献资料的考据。且二者一直处于对立的态势。从事宏观研究者认为微观研究劳而无功，从事微观研究者又认为宏观研究大而无当。其实，我们如果站在旁观者的角度对于近十余年学术研究作一番审视，就会觉得这两种研究方法各有偏向。关于宏观研究的弊端，傅璇琮先生曾说：“在过去一个时期中，对历史研究，包括文学史研究，过于强调对揭示历史规律的要求，殊不知在学术研究中要发现或揭示规律，需要有多少的积累，要进行多少具体研究。在未取得许多的具体成果之前，所谓揭示规律，只不过是可望而不可即的‘远景’，解决不了实际存在的任何一个问题。而在过去那种空阔的要求下，具体历史过程的叙述和研究被忽略了。”（《唐诗论学丛稿》381 页）而专门的微观研究则也有不少弊端，有些研究显得琐碎而无意义。如学术界曾经为杜甫的死因争论不休。杜甫之死历史上有病死、溺死、饫死三说，而后两说早已被历代学者所否定，但前些年又旧案重翻，有不少文章论及此事，结果根本就得不出令人信服的结论。这种考证非常无聊，毫无意义。再如，研究六朝文学，考证道教的流传情况有助于了解文学发展的背景，是必要的，但如果就某个琐细的具体问题进行研究，如道士所炼金丹中需要的某种成分的来源、功用等等，不仅要耗费很多的精力，而且也没有多少实际意义。

《唐刺史考全编》在研究方法上的一个重要特点，就是开辟了微观综合研究的新途径。对于每一位州郡长官的考证，可谓微观研究。但通观全书，则又是一部体大思精的综合研究著作。一方面表现了著者对唐代文史的总体把握与通识，另一方面又表现了著者在文史考据方面功力之深与用思之细。首先，著者将微观研究作为综合研究的基础。对于综合研究与微观研究的关系，郁先生说："从事唐代文史研究的学人对宏观研究感兴趣，而对具体史料与具体作品的微观研究则不太重视，往往流于简单粗疏。其实，宏观研究必须建立在深入的微观研究基础之上，才能总结出正确的结论。……反之，微观研究的粗疏，也可能导致宏观研究的差错。"(《唐风馆杂稿》189 页)这样的指导思想，贯穿于《唐刺史考全编》的始终。其次，通过对各种文献资料的综合研究，以补史书之阙。全编卷一五八江州，考证萧华为刺史，先引《全唐文》卷三四六刘长卿《祭萧相公文》："维某年月日，殿中侍御史刘长卿，谨以清酌庶羞之奠，敬祭于故江州刺史萧公之灵。……龙潜少海，公佐储闱。……国移大盗，公陷虏围。……果翻贼党，来赴王师。……辅国佞幸，敢乱朝经。潜申谠言，请夺禁兵。谋泄隙开，反为所倾。仓卒之际，播迁无名。东出招邱，南浮洞庭。……长卿自奉周旋，于今五年。"并加按语说："此'萧相公'疑即萧华。"然后进一步考证："《新书·宰相表中》：上元二年二月，'河中节度使萧华为中书侍郎、同中书门下平章事'。宝应元年'建辰月戊申，华罢为礼部尚书'。又按两《唐书》本传，所记事迹与此文合，唯未及江州刺史。《旧传》称：'肃宗崩，代宗在谅闇，元载希辅国旨，贬华为硖州员外司马,卒于贬所。'据刘长卿文,疑华贬硖州司马后曾量移江州刺史卒,两传阙载。"再次,通过对各种文献资料的综合研究,以订史书之误。如《旧唐书·德宗纪上》:大历十四年闰五月"癸巳,以寿州刺史杜亚为江西观察使"。而著者检索两《唐书·杜亚传》并未及为寿州刺史,且《旧唐书·代宗纪》已称杜亚于大历十三年十二月为江西观察使,《德宗纪上》又称大历十四年闰五月杜亚由江西观察使转陕州长史,显然有矛盾。再考《旧唐书·张镒传》:"寻迁寿州刺史。……德宗即位,除江南西道都团练观察使。"由此知《旧纪》之"寿州刺史杜亚"当为"寿州刺史张镒"之误。再次,运用出土的贞石资料与存世文献参合对照,解决一些疑难问题。如卷七六青州,考证青州总管辛德本,先引《八琼室金石补正》卷二九《青州总管平桑公题字》:"大像主青州总管平桑公。"《山左金石志》卷一一《驼山造像题字十五种》:"一题大像主青州总管柱国平桑公。"再考《元和姓纂》卷三及《新表三上》陇西狄道辛氏:"德本,唐黄州刺史,平桑公。"以证青州总管即辛德本。

三

《唐刺史考全编》对于学术研究的启迪还在于著者恪守学术规范,体现了谨严的学风。改革开放以来,商品经济对于学术研究的影响很大,其中有正面的影响,也有负面的影响。其负面影响较大的方面,是在学术研究领域功利意识的增强,而学术规范被有意无意地忽视了。剿袭古人,剽窃今人,矜谬说为新见,以华丽文浅陋的风气充斥了文史研究这块本来较为清净的园地。《唐刺史考全编》,恪守古籍整理的学术规范,对于时下的某些学术风气,具有拯弊救偏的作用。

全编的著者,对时人所做的工作作了充分的肯定。如《自序》中说:"这些年来,友人陶敏、陈尚君、蒋寅等教授给予许多帮助,或提供新的资料,或匡正拙撰中的错误,使我大受教益。北京大学历史系荣新江先生根据敦煌石窟资料撰写《唐刺史考补遗》一文,发表于《文献》1990年第2期，非常珍贵，此次征得荣先生的同意，径以移入本书，于每条中注明，以示不敢掠美之意。近年，朱玉麒君又帮助我从道藏中找到一些唐刺史资料（见《南京师大学报》1992年4期），《平原大学学报》1992年第4期刘乾的《唐刺史考指瑕》，《咸宁师专学报》1994年第2、3期熊飞的《唐刺史考小补》，对于这些文章中有价值的合理意见也予以采纳，亦于各条中注明。”其广泛引用时贤的成果，以至于师专的学报，且都加以注明，这种学术规范与学术风气，正是现在的学术界所缺乏，更是应该大加提倡的。

《唐刺史考全编》体现了著者文史结合的学术风格。能做到这一点，主要有两方面原因，一是对于唐代州郡长官的考证，涉及面非常广泛，客观上需要运用文史两方面的材料。不仅要利用《旧唐书》、《新唐书》、《资治通鉴》、《唐会要》、《册府元龟》等重要史籍，还要广泛地利用《全唐诗》、《全唐文》、《文苑英华》、《唐文粹》这些文学总集与唐代众多文学家的别集。二是郁贤皓先生在数十年的学术研究中，一向有文史并重的特点。他的著作如《李白丛考》、《苏颋年谱》、《元和姓纂》（整理）等等，都是文史结合的良好范例。尤其是《李白丛考》，在大量挖掘史料的基础上，与李白的诗文排比参证，提出了李白二入长安的新说，并逐渐得到学术界的认可，加以对李白生平的诸多发明，从而成为20世纪李白研究一个里程碑。正因为对于文史结合这种研究方法运用得娴熟自如，就使得他的成果阅读起来具有很大的力度，使人觉得有一种厚重感。记得某一位大学者在谈到文史哲研究各自的弊端时说，文学研究易流于浮杂，哲学研究易流于空泛，史学研究易流于片面。只有将两个领域或三个领域结合起来研究，才能进一步深入。中国古代文献中有很多待发之覆，也只有通过文史结合的方法，才能更有效地发掘出来。

文史结合的研究，是一种实证性的研究工作，是建立在扎实的史料基础上而从事的研究。学术界一些卓有成就的前辈学者，之所以能取得举世公认的成就，也是与他们重视实证密切相关的。

陈寅恪先生从30年代开始，已经注意用诗文证史实，如以李商隐《无题》诗中“万里风波一叶舟”一句，证李德裕归葬日期在大中六年夏季，以陶渊明《桃花源记》释十六国时期的北方坞壁，以韦庄《秦妇吟》补述黄巢起义的事迹，以李复言《续玄怪录》中“辛公平上仙”的故事，发唐代中叶宫闱斗争的秘史，都是诗文证史方面具有独到见解的著作。后来，他以白居易、元稹的诗笺释史事，汇集成《元白诗笺证稿》，因此，以诗文证史便是他倡导的一种重要的治学方法。傅璇琮先生说：“治史对于治文，是能起去浮返本的作用的。”（《唐诗论学丛稿》440页）正因如此，郁先生在治文学的时候，就具有史的眼光和见识，对唐代史料作细致深密的考察与审核。在治史的时候，也不断在文学家的诗文中挖掘资料。正因为他在扎实的史料基础上努力创新，才使得自己能够写出具有传世价值的著作，在学术领域中卓然屹立。陈寅恪先生在《王静安先生遗书序》中称赞王国维的学术，“足以转移一时之风气，而示来者以轨则”，我们将这两句话来衡量郁先生的《唐刺史考全编》，也是足以当之的。因为以《唐刺史考全编》为代表的著作，建立在实证的基础上，无论以后学术如何发展，范围如何扩大，途径如何增多，实证研究将永远处于不可动摇的地位。加以郁先生继承和发扬王国维的“二重证据法”，并开辟微观综合研究的新途径，形成自己特有的学术风格，这对于21世纪的文史研究必将具有巨大的推动作用。

学术研究是没有止境的，新的资料也会不断有所发现。同时，全编于1995年就定稿发排，后来公布的出土碑志没有收录进去。现在看来，还是有些地方可以据新出土碑志加以补正的。如拓本《唐故楚州营田巡官庐州舒城县丞卢府君夫人陇西李氏墓志铭》（会昌三年十一月一日）：“夫人伯仲三人：……次曰林宗，进士擢第，名动关中；入为员外，累佐大藩，后为泽州刺史；由泽州为河南县令，竟以时宰所排，尚淹散秩。”（载科学出版社1999年版《耕耘论丛》153页）李林宗为泽州刺史，全编缺。又拓本《大唐故太原郭公墓志铭并序》：“故静难军节度都兵马兼押衙、充丰义厢镇使、银青光禄大夫、检校左散骑常侍、左领军卫将军、守怀王府司马、使持节潘州诸军事、潘州刺史、御史大夫、上柱国、太原郭公讳顺。……岁在戊申八月七日壬申，薨于泥阳之西丰义镇之公舍。”岁在戊申即文德元年。又该志言：“伯讳握，皇州诸军事、守州刺史、御史中丞。”郭顺、郭握为刺史事，全编均缺。又拓本《大唐监察御史裴炎故妻刘氏墓志铭并序》：“父德敏，见任潭州都督、望都县开国公。蕴方邵之铃略，体宣霸之循良。江湘传来晚之谣，关河结去思之□。”末署“显庆五年十一月五日裴炎记。”其时德敏正在潭州都督任。据此，梁州应删刘德敏，并将其移至潭州。又全编卷一六五岳州：“卢士瑛，元和中？”未言具体时间。按拓本《唐故楚州营田巡官将仕郎徐州彭城县主簿范阳卢府君(处约)墓志铭并序》(大和九年四月十日)：“烈考士瑛，少以明经擢第，及壮入仕，遂以廉谨材能闻。贞元中，藩方交辟为从事。历留守、浙江西道二府，后为奉先令、岳州牧。……(处约)元和六年，随岳州之官。未几，岳州殁于位。”是卢士瑛任岳州刺史可定为元和六年。

(原载台湾《书目季刊》35卷2期，2001年9月16日)

锦上添花的精品工具书

——《唐刺史考全编》评介

朱玉麒

从学术史的角度考察80年代以来中国大陆的学科发展历程，可以发现唐代文学研究始终处于辉煌的创造性阶段。在这新一轮的学术开始之际，首先由一个重要的契机吸引了众多学者对唐代研究领域的关注，这就是郭沫若在“文化大革命”时期出版的《李白与杜甫》——那一时期可以称得上学术专著的出版物只有两种，章士钊的《柳文指要》也属于唐代研究的范围。《李白与杜甫》始料不及的结果是书中大量史实与认识的讹误引起普遍质疑，这在郭氏欢呼的“科学的春天”到来时，为唐代文史学科储备下了人才最多的研究者队伍。郁贤皓先生在80年代出版的《李白丛考》、《唐刺史考》等重要的成果，就是从那时发轫的。《李白丛考》(陕西人民出版社1982年版)直接从重新考证李白生平与交游出发，成为当代李白研究界考据学的经典之作；《唐刺史考》(江苏古籍出版社1987年2月版)则又是由李白的诗文考证引发而撰著的对唐代文史研究影响更为深广的工具书。

一、从《唐刺史考》到《唐刺史考全编》

职官、地理、年代、目录，构成古代文史研究的“四把钥匙”(宋史专家邓广铭先生语)。刺史(太守、尹)是唐代重要的地方行政长官,也是唐代诗文中出现频率最高的官名,在唐代制度史和文学史的研究领域,往往成为文献阅读首先必须解决的问题。但是设置时间长、分布地域广、任职人数多、资料寻找难等等因素,使唐代刺史的全面考订与图表编纂始终阙如。即使唐代职官考订方面的工具书向称富赡,从《新唐书》四表(《宰相表》、《方镇表》、《宰相世系表》、《宗室世系表》),到"三大缙绅录"(《元和姓纂》、《唐尚书省郎官石柱题名考》、《唐御史台精舍题名考》),以及《唐方镇年表》、《唐仆尚丞郎表》,一代代学人都为唐史研究提供了丰富的资料;而刺史方面的考订,只有清人劳格终其一生才完成的《杭州刺史考》而已。

郁贤皓先生曾以十年之功,爬罗剔抉于唐代文献之中,于80年代完成了《唐刺史考》的皇皇巨著,对唐代历史近三百年中全部疆域三百多个州郡的刺史进行了考订,填补了这项工具书领域的空白。该书当时即引起强烈反响:它不仅是改革开放以来大陆学者在唐代文献研究方面的实力标志,而且还直接影响了唐代文史研究的进程。在历史学的研究领域,此后如唐代中央与地方关系、地方官员的设置和地方行政区划的演变等,鲜有不利用这一成果的;尤其是考虑到中国封建社会后期的行政制度对于唐朝的继承性,那么,因为《唐刺史考》的出现而使这一奠基阶段职官制度的重要层面如内外官轻重、前后期变化等研究得以开展与深入,其实际的意义就显得更为弘远。同样,在文学史的研究中,文学家生平与交游中隐含在刺史名下的疑问也因此迎刃而解,众多的诗文如宋之问《送怀州皇甫使君序》、李商隐《哭遂州萧侍郎二十韵》等,因为刺史人名的确定而使作品具有了更多的信息和可感的意味;唐代文学繁荣与刺史之间关系的探讨自然也将得以实现——它所涉及的文学课题无疑也将是非常有意义的。因此卞孝萱先生当时的序言中就有"功德无量"的赞誉。

而郁贤皓先生造福学界的奉献精神并未因此止步,新近出版的《唐刺史考全编》(安徽大学出版社2000年1月版,全六册,以下简称《全编》)体现了他对这一课题完美性的不懈追求。作者又积十余年的程功，对原书进行全面的增订，其中新增资料二千余条，订正错误一百多处，以更为完善、周密的形式给研究者，使这项工作锦上添花，成为工具书行列中的精品。

二、体例的明晰性

《全编》在体例上仍然继承了《唐刺史考》的优长，而对唐朝州郡设置前后变化的频繁，本书以开元二十九年的建置为准，基本以一州为一卷，隶属十五道即十五编之下；而开元二十九年前后废置的九十一个州郡也予以著录，列为附编。这种安排，既与谭其骧主编《中国历史地图集》的编例相一致，便于对照使用，而且也照顾到了州郡设置的实际一般情况，具有全面性。每一卷中，按所能考知的刺史任职年代前后次序排列，先列刺史姓名，后列任职年代，下注考证材料。不能考知任职年代的刺史，则本着多闻阙疑的原则，列待考录于各州之后。这种材料与表格功能兼备的体例，体现出实证性与实用性的统一。

"全编"二字不仅是增订本区别于《唐刺史考》的书名标志，同样在体例上也做到了更加的完全性。《唐刺史考》因为出版方面的原因，索引的缺席大大降低了本书的工具书性质，读者无法直接了解各州郡在书中的册卷页，以及需要查检的人物在书中出现的情况。《全编》增加了第六册"索引卷"，"州（郡、府）名索引"和"刺史姓名索引"的添置，使其工具书的性质得到充分显示。尤其是唐代刺史往往连刺数州，有了这些索引，其迁转情况与前后关系一索即得。

三、资料的穷尽性

穷尽一切资料，是作者考订唐代刺史所遵循的文献原则。这一点，即使以往学者有着相同的自觉意识，但他们对资料的理解，往往局限于正史资料与总集、类书等相对集中的典籍。《全编》的资料范围，除了这些传世文献外，还涉及到另外两个重要的领域。一是传世文献中不太为前人所看重的杂史、笔记、小说、宗教、方志资料。它们因为内容记载的零散和真伪分辨的困难，常常被忽视，《全编》却以巨大的工作量，大海捞针似的一一搜检、细心分辨，获得了许多不为正史所载的刺史材料。二是大量石刻材料成为作者追寻的目标，特别是碑志，这些详明记载志主的世次、官寿、乡里的第一手资料，被称为继甲骨、简牍、敦煌写卷、内库档案之后的第五种新出史料(饶宗颐《法国远东学院藏唐宋墓志拓本图录引言》)，因晚近的地不爱宝而纷纷出土，成为作者一一寻检的对象。这一方法说来容易，而运作艰巨，存世的碑石与拓片，将近万种，其文字亦数倍于正史，特别是近二十年来，新出的碑志往往零散在各地的刊物上被介绍，作者长期密切跟踪学术资料的新发现与研究的新动向，利用寒暑假到各地抄录石刻，排比考订，可谓备尝辛苦。对于材料理解的全面性，保证了刺史考订能够全备、正确的最大可能性。此外，作者还通过吸收荣新江等先生的考证，补充了对敦煌文献等史料的收集，使《全编》做到了文献利用的“竭泽而渔”(史学家陈垣语)。

即使《全编》已是三百余万字的皇皇巨帙，但也许可以说这仅是作者在使用材料上露出的冰山一角，在初版的《唐刺史考·凡例》中，曾提及“凡已辨明某种文献记载之刺史为讹误者，本书不再列入，另见拙著《唐刺史资料辨证》”。但笔者相信这一更为妙趣横生的辨证著作因为材料繁富带来的巨大篇幅实际上是无法出版的——不过作者在其相关的论著如《李白考论集》、《唐代文史考论》中也不断使用着这笔丰富的资料库，使读者可以豹窥《全编》丰富的资料储备源。

四、考证的缜密性

由于有了资料的穷尽保证，作者遂得以在最终完成《全编》的缜密考订中展示出文献家的技艺。作者没有像以往考据者那样，片面地相信传世史籍如两《唐书》等的二手资料，而是在资料的排比中，确认刺史的人名和年代。譬如：寿州刺史张镒，《旧唐书·德宗纪》载：大历十四年五月“癸巳，以寿州刺史杜亚为江西观察使”，但作者根据《金石录》卷八《唐寿州刺史张镒去思颂》的材料，以及其他旁证，考订杜亚实即张镒之误。又如同州刺史源光乘，《新唐书宰相世系表》作“光乘”，《元和姓纂》作“光垂”，难以定夺；作者据《源府君墓志》、《张府君夫人源氏墓志》等第一手资料，既考订出“光乘”的不误，也确定了天宝三载的同州任上的时年。这种互相印证的考订，实际上是遵循了王国维概括为“二重证据法”的实证手段，即取“纸上之资料”（传世文献）与“地下之新材料”（墓志等出土文献）结合起来研究的方法。不过作者的参证更为多元，所以曾自我概括为“微观综合研究”（《论唐代文史的微观综合研究》，见作者著《唐风馆杂稿》，辽宁大学出版社 1999 年 8 月版）。

微观综合研究的得法，使得我们在《全编》的使用中可以得到刺史以外的更多信息，这就是卞孝萱先生在序中称道的：“此书主要是解决唐代各州刺史的姓名和任职年代的问题，这是人所共知的，它还附带解决了很多有关的问题。”如杜甫诗《将赴荆南寄别李剑州》，仇兆鳌《杜诗详注》据杜甫行迹订此诗作于广德二年春，但作者据《旧唐书》、《资治通鉴》等考订李昌巙于大历元年始任剑州刺史，是可以比定为“李剑州”的人物，这不仅解决了诗作的人名阙疑，也订正了写作的时年。又如华州刺史赵鹭的任职时年，作者据《洛阳县尉孙府君墓志》“天子受英武至仁号之年”考订墓志作于咸通十二年，故可定其中称“今赵华州”的赵鹭当时在华州任上，同时，也推翻了新出《千唐志斋藏志》、《隋唐五代墓志汇编》系此志于会昌元年的错误。又如伊州刺史衡义整，作者据《衡府君墓志》考订其任职年代，又据其时间、职官上的相同点，纠正《宝刻丛编》卷四所载《周伊州刺史衜府君》衜字为衡字之讹。这种触处即生的考据内容，也成为检索《全编》值得重视的成果。

总之，《唐刺史考全编》是一部工具书，方法的科学性——明晰的体例、资料的穷尽、考订的缜密——使其在工具书编纂的行列中后来居上。而我们在这里隆重地推荐它，是因为除了专业性介绍的价值外，本书还提供了学术史的动态背景和方法论的研究手段。“史学即史料学”的相对真理性，或许会因《全编》的出现而得到更为确切的佐证。

（原载《中国图书评论》2001 年第 2 期）

衣裳之冠冕，水木之本源

——《唐刺史考全编》评介

彭君华

郁贤皓先生继推出鸿篇巨制——二百二十余万言的《唐刺史考》(江苏古籍出版社 1987 年版)之后，经过十年的修葺打磨，三百零二万字的《唐刺史考全编》(安徽大学出版社 2000 年版，以下简称《全编》)复于世纪之交和读者见面了。《全编》"资料更充实，考索更细密。因此这一《全编》，实际已是一部新著，而对读者来说，则研读、使用更为方便，确有面目一新之感"。著名学者傅璇琮先生如是说(见《全编·序一》)。

《全编》自其立意之初以迄最终完成，历时近四分之一个世纪，则远远不啻于古人所云"十年磨一剑"矣。其始，著者有感于考索唐代诗人的生平出处、交游履历，最棘手处莫过于在其诗文中经常遇到某州某使君、某郡某太守，而不能确知其人的名字和仕历，以致无法确定作品的具体年代及作者的具体行踪；而刺史这一级地方行政长官，也正是唐代诗文中出现最多、唐代文史研究者最迫切需要了解的。于是，遍求于各种文献典籍、石刻拓片，参互排比，钩稽考订，以地理作纲领，时代为经，人物为纬，将有唐三百年间十五道三百二十八郡(按《全编》据《通典·州郡》，系天宝间建制)刺史庶几统摄于一编之中。

《全编》的著述体式，有类于正史中的"表"。郑樵认为"《史记》一书，功在十表，犹衣裳之有冠冕。木水之有本原"(《通志总序》)，尤其推重太史公"表"例之创,赞其纲举目张之效。顾颉刚为《二十五史补编》撰序,于"表"的作用阐释得更加具体:"若一史之中,表志有阙,则读史者目之所触,惟有林林总总之故事浮动于前,无由得其纲领,而前后相循之人事亦为之断而不续矣。"但正史自范晔而下数家,史表却付之阙如,直至欧阳修撰《新唐书》,这才越六百年承而传之。唐代史表的研修,清代以来也有了长足的进展。《全编》可以说是唐代史表研修的又一次飞跃。

循《新唐书》一路看下来,唐代史表的研修,明显地表现出逐渐细化的特征。《新唐书》设《宰相表》、《方镇表》、《宗室世系表》这几种是有关李唐王朝封建统治的荦荦大者。万斯同撰《唐将相大臣年表》、《唐功臣世表》、《唐镇十道节度使年表》、《唐边镇年表》、《唐宦官封爵表》、《唐诸蕃君长世表》、《武氏诸王表》,范围有所扩大。黄大华的《唐藩镇年表》、吴廷燮的《唐方镇年表》,详于方镇。劳格、赵钺的《唐尚书省郎官石柱题名考》、《唐御史台精舍题名考》,徐松的《登科记考》,严耕望的《唐仆尚丞郎表》,则又偏于中朝。以刺史为表主者仅劳格的《杭州刺史考》一种,而且又仅限于唐舆全图的一隅。按有唐一代,自高祖武德元年(618 年)至哀帝天祐四年(707 年),刺史这一级地方行政长官始终存在。其间建制虽有州、郡、府的称呼之异,其数目也因时而省并时而新置有多有少,但州刺史(或郡太守、府尹)终唐之世即使是安史之乱、藩镇割据、黄巢起义,这种建制也未曾废止,因而,相较于上述史表,《全编》所涵盖的内容相应地就具有了时间长、范围宽、人数多这种规模大的显著特色。

庞大的架构,需要有丰富的内容予以充实。应该说,《全编》的取资之宏在侪辈中是足可骄人的。新、旧《唐书》,新、旧《五代史》,《唐会要》,《资治通鉴》等史书资料自不必论。《全唐诗》、《全唐文》、《文苑英华》、《唐文粹》、《唐大诏令集》、唐人诗文别集也毋须说。若《太平御览》等类书,《元和姓纂》等姓氏书,《朝野佥载》、《北梦琐言》等杂史小说,《元和郡县志》、《太平寰宇记》等方志以下及宋元明清,《金石录》、《金石萃编》、《宝刻丛编》、《八琼室金石补正》、《芒洛冢墓遗文》等碑碣墓志题跋资料、墓志拓片，《宋高僧传》等佛藏资料，也决不放过，即此，我们便可悬拟著者爬梳剔隐、灯昏目眵的翻检之劳。尤其难能可贵的是，著者并没有满足于寻绎故纸，更进而走出书斋，赢粮远征，屡屡前往西安碑林、昭陵博物馆、洛阳关林、开封博物馆等地，潜心钻研每一块碑石，甚至不得不借助于手电照明，摩顶放踵，积日累月，沉浸于中。明了这一就里，读者便无怪乎《全编》于唐代石刻史料网罗之富及可信度之高了。

《全编》作为唐代史料搜辑、整理的一项大工程，虽然著者原意只在于考释唐代各州刺史的姓名和任职年代，为研究唐代诗人清理障碍，但它的竣工，实则使得广大的唐代文史研究者均获沾溉颇多。约而论之，可有补史志之阙、详史志之略、正史志之讹和解诗文之惑数端。即以补史志之阙而言，某人任某州刺史（或相当之职）未见于史料记载者，《全编》据最新史料予以考出。如李弘节，据新、旧《唐书》、《唐会要》、《太平御览》，曾任并州大都督府长史、桂州都督。《全编》据上海图书馆藏《并州太原县令李冲墓志》拓片，及《芒洛冢墓遗文四编·大唐故交州都督上柱国清平县公世子李道素墓志》，考出弘节又曾刺史杭州、原州、庆州、雍州、交州诸地，并推知其任职年代当在贞观间。此前劳格的《杭州刺史考》也同样失载。石刻史料的文献价值由此也可见一斑。《全编》考释唐人诗文中众多的刺史名字，对于唐代文学研究的深入更具有了直接的意义。

《唐刺史考》凝聚了著者的十年心血；而从《唐刺史考》到《全编》，则又花费了著者的十年辛劳。因而，对比两书，我们便不难感受到《全编》面目之新、后出转精了。这后一个十年，著者一方面继续多方搜求资料，一方面四处征询学者友人的意见。近年出版的《北京图书馆藏石刻拓片汇编》、《隋唐五代墓志（拓片影印）汇编》、《唐代墓志汇编》，使著者获益尤多。综合两方面的条件，著者对《唐刺史考》加以全面增订。《全编》新增入刺史资料近两千条，勘正前书讹误一百多条，整体篇幅增加了近四成。

作为一部颇具学术价值的大型唐代文史工具书，《全编》添设了《州(郡、府)名索引》和《刺史姓名索引》,并单独成册。此举了却了著者十年前的一件憾事,更在根本上真正地方便了读者。

作为考据学著作,《全编》最有特色的素材在于碑版墓志;它的最大创获,自然也主要得益于碑版墓志。新编之冠名曰"全",当然只具有相对意义。随着前人碑版墓志的不断被发现,被整理,唐刺史资料肯定会进一步得以不断丰富充实,我们需要的只是待以时日而已。

(原载《中国图书评论》2001 年第 4 期)

锲而不舍，再垦荒园

——评郁贤皓、胡可先著《唐九卿考》

陶　敏　李德辉

郁贤皓教授自70年代中期起一直致力于唐代职官考订，先后出版了《唐刺史考》(1987年江苏古籍出版社)和《唐刺史考全编》(2000年安徽大学出版社)。此后，他利用手头积累的资料，与胡可先先生合作撰成《唐九卿考》，经傅璇琮、荣新江、陈尚君先生推荐，纳入《唐研究基金会丛书》，2003年11月由中国社会科学出版社出版。此书共分十卷，首卷为“唐九卿制度考述”，后九章分别考订曾任太常、光禄等九寺卿和少卿的官员，并按时间顺序加以编排。虽然它的篇幅不如《唐刺史考全编》宏大，但其学术价值却丝毫不可低估。

表谱编制对于文史考据具有非同寻常的意义，前人已多所论列。历代学者普遍重视表谱的撰著，唐五代职官考订的成果尤为丰硕。尚书省官员有严耕望《唐仆尚丞郎表》、劳格《唐郎官石柱题名考》、岑仲勉《郎官石柱题名新著录》和《郎官石柱题名新考订》，御史有劳格等《唐御史台精舍题名考》，翰林学士有岑仲勉《翰林学士壁记注补》和《补唐代翰林两记》，方镇有吴廷燮《唐方镇年表》，等等。但新时期以来，从事这方面工作的学者较为寥落，仅有戴伟华《唐方镇文职僚佐考》和郁先生《唐刺史考全编》两种。因为，撰写表谱完全是一件“予任其劳而使人受其逸，予居其难而使人乐其易”(王鸣盛《十七史商榷》自序)的吃力不讨好的工作，搜集资料要全，考订史料要细，既要具有深厚的史学和文献学功底，又要有肯坐冷板凳、吃冷猪肉的精神。在这种情况下，郁先生锲而不舍，继《唐刺史考全编》，又在古稀之年与胡可先博士合作，推出了《唐九卿考》，其献身学术的精神令人钦佩。

唐人历来重京官而轻外职，京官中又以宰相、仆射、尚书、学士、舍人、郎官、御史最为显要，至于卿寺，官司闲旷，一向不受重视，史料记载相对要少，且多零乱错讹、互相矛盾之处，前人考订也极少涉及。徐松考郎官，劳格考御史，岑仲勉考翰林学士，还有左司郎官石柱、御史台精舍碑、《重修承旨学士壁记》的题名可以依凭，郁先生《唐刺史考》也有吴廷燮《唐方镇年表》、劳格《杭州刺史考》以及《嘉泰会稽志》、谈钥《吴兴志》、《景定严州图经》等宋元方志的刺史题名作为基础，《唐九卿考》则完全是一空依傍，白手起家，没有任何系统的文献史料和前人研究做基础，史料搜集与考辨的工作自然倍加繁难。但是，这九个部门，分布面广，官员众多，变动频繁，任免远较台省官员复杂，除正授、实授外，又有所谓加官、赠官、检校官，还有些官员多由台省官兼任，故其牵涉面反较仆尚丞郎、节镇刺史更广。就唐代研究而言，九卿都是在朝的京官，处于政治的中心，是文坛的活跃分子，在京时往往和台省官一道左右着政坛和文坛风气，出京后则往往守藩刺郡，带动地域文化和文学的发展。所以当唐五代文史研究进一步深入的时候，九寺卿监的考察就成为一个无法回避的问题，其学术研究的价值并不因为人们认为这类官员无足轻重而有所减损。这种人弃我取的追求彰显了此书人无我有的特殊学术价值。而这项工作由既熟悉唐代文献和历史，又有丰厚学术积累的郁贤皓先生和年富力强的胡可先博士共同来做，可以说是最恰当不过的了。

如果要用一句话来概括《唐九卿考》的学术贡献与特色，那就是既全且精。

编制谱表的首要要求是全面而少遗漏。《唐九卿考》扎扎实实地做到了这一点。为了求“全”，著者在从事《唐刺史考》著述的时候，就将所见史籍文献中有关唐各寺正卿、少卿的材料一一做成卡片。后来修订《唐刺史考》，搜罗文献的对象又扩大到域外汉籍、佛道二藏、敦煌吐鲁蕃文书，特别是丰富的石刻文献，包括新出墓志、馆藏拓片和各类石刻著作，凡《考古》、《文物》、《唐研究》、《文物与考古》、《文博》等刊物所刊载的论文，考古院所所编撰《石刻史料新编》、《洛阳新获墓志》、《饶州紫极观钟刻》、《偃师杏园唐墓》等专书，都予以网罗。工夫不负有心人，广泛的搜集补充考出了常见文献上缺载的许多人物。《唐九卿考》全书共考得唐九寺卿或少卿共1744人。其中以卷二“太常寺”考出最多，共考出太常卿144人、待考11人，少卿131人、待考5人，共计291人，约占全书考出九寺卿总数的六分之一。有唐一代享祚近300年，几乎每一个年号都找到了太常卿与少卿，各年之间基本前后相续，比较完整。核之以唐代官员3年一任、但实际很少任满的规律，考虑到九卿闲冷和用以处置贬降官等特殊情况，所得当与实际到任官员相去无几。其他各卷考出的人数要少一些，但卷七“大理寺”卷也考出大理卿110人、待考3人，少卿105人，共计218人。其余七寺人数也相差不远。就全书来说，所考正卿大约十得六七，少卿大约十得四五。考虑到有关文献记载的分散稀少，这已是十分令人满意的结果了。对比当前学界一些浮躁的学风，著者胸怀全局的学术眼光与竭泽而渔的搜求史料负责态度，是多么值得我们学习。

作为一部考订排比史料的著作，《唐九卿考》的特色更突出表现在考据的精严方面。

首先，体现在九卿录入标准的严格确立上。唐代九卿的选任与迁转和唐刺史迥然不同，也不尽同于台省官，其到任情况尤其复杂。作者要考录的是那些实授正员职事官，故为此确定了一个严格的标准，凡虚位加官、赠官、致仕官、员外置官、检校（试、兼）而非实职者，都不收录；至于那些检校官而任实职者、驸马等实授正员官者、根据其他史料可以证实或推断为实授或实际莅事者，则均予收录。这些标准，充分考虑了唐代职官制度的一般特点与九卿的特殊性，应当说是客观的，符合历史实际的。

其次表现在对史料的精细鉴别上。著者通过对各类史料的排比，发现和解决了许多问题，举其大者，至少有四个方面。一是订正了文献记载中大量人名讹误。如55—56页据两《唐书·郑元琦传》、《册府元龟》卷六五四、《唐会要》卷四五等九条史料，指出《册府元龟》卷六六二“允璠”为“元琦”之讹；329页据石刻墓志及《太平广记》卷二六九引《御史台记》、《通鉴》卷二〇六等，指出《元和姓纂》卷五“刘知璿”为“刘如璿”之讹。其他如郭锋讹作郭降（188页），李博乂讹作李博文（251页），刘弘基省作刘基（293页），李从易与李从简（288页）、于錡与于均（292页）为同一人，王仁忠倒作王忠仁或讹为王仁惠（125页）等等，均一一举正。本书在考订人名正误的同时，还兼做人名考证工作，如156页据《元和姓纂》、《新表》辗转考得《朝野佥载》中的“光禄卿韦某”即韦怀质。二是订正年代错乱。如58页据新旧《唐书》本传、《旧纪》指出《册府元龟》卷七二杨师道贞观十六年拜侍中，“十六年”误；84页据正史、碑传指出《唐会要》卷二三“贞观元年”当为六年之误；191页唐俭条、414页裴充条指出“元年”为“九年”之误，等等。三是纠正官称、年号错误。官称最常见的错误是卿和少卿的互混，如300页吕延祚、355页段宝玄，皆误卿为少卿，而122页郑愔、124页卢崇道、129页薛縚、130页刘晃等，则都是少卿误为卿。书中这两种情况多达几十例。此外，还有“司马”讹作“驸马”者，如229页韦濯条即是。至于纠正的年号记载之误，亦复不少，如151页裴虔余条，乾宁误为乾符，229页韦濯条，天宝讹作会昌等。四是纠正记载错误。某些属于任职年代的误记，如94页李绛条，据两《唐书·文宗纪》，指出李绛本传作大和二年出为兴元尹之误；226页杨思俭条据《旧唐书·武承嗣传》、《通鉴·咸亨二年》指出《全唐文》卷二〇三小传谓思俭“龙朔中为卫尉少卿”为误。某些则是生活时代的误记，如157页韦怀质条，《朝野佥载》将高宗朝人韦怀质误记为太宗朝人，380页裴谊条指出《唐文拾遗》卷三〇谓其为“武宗朝大理卿”，实为文宗朝之误。有的是叙述仕历的误倒，如130页韦恒，据《册府元龟》卷一六二、《全唐文》卷三〇九所载制诏，证知《旧唐书·韦嗣立传》所叙韦恒官历误倒。有时能纠正文献对重要史实的误载，如《文苑英华》卷三九七载有孙逖《授武三思鸿胪卿制》，著者采纳劳格之说并补充论据，引《全唐文》、两《唐书》等史料，确认该制文中武三思为武忠之误。

这些成果的取得，大大提高了此书的学术价值。而取得上述成果的原因则主要得益于对对象的专题性研究。这类研究将大量同类性质的史料加以集中排比，易于发现不同记载的矛盾抵触之处，而这是专门从事某一典籍校勘所难以做到的，因为很少有人专门为某人姓名、职官等零碎问题而遍稽典籍。相信书中的具体成果将会被广大唐代文史研究者广泛采用，而著者谨严的态度和负责的精神，也将成为后学的楷模。

诚如著者所言，《唐九卿考》提供了大量唐九卿史料，不仅为学者免除了翻检之苦，提供了进一步研究的线索，而且可作特殊的人名辞典使用。但此书按时间顺序排列唐九卿史料，实际上反映出唐代九卿在除授迁叙上的某些规律性，有助于人们对唐代某些官职的性质特点及唐廷用人轻重的认识。通观全书，人们不难发现，九卿与五监及分司官、诸王傅一样，常用以处置贬降官员，如潘孟阳副杜佑主度支，大失人望，即罢为大理卿；杨师道摄中书令，表现不好，即贬工部尚书，转太常卿；而宰相则常以九卿待不附己者，如魏少游不附李林甫而改卫尉卿，孔纬耿直为执政所怒改太常卿等，张均、张光晟、冯定，都遭遇过类似命运。崔日知被张说排挤，贬太常卿后十分羡慕省官，故于都寺厅事后起一楼，与尚书省相望，时人谓之“望省楼”。相反地，表现好或执政满意的，则可擢迁到台省任职，如在大理寺为官的往往迁刑部或宪台，如裴谈、韦抗拜刑部尚书，郑惟忠、李朝隐、李尚隐、严郢擢御史大夫等。其他像太常寺与礼部、太府寺与户部，卫尉寺与兵部，也有类似的对应关系，而宗正、卫尉诸卿则和皇室、勋臣、贵戚有着密切的关系。唐人宁愿在卿寺为官，也不愿意做地方官，班景倩自扬州采访使入为大理少卿过汴州，刺史倪若水饯行，以为无异登仙。闲冷京官犹令人如此羡艳，郎官、御史位望之美，就更不难想见了。至于九寺之间也有轻重之别，唐人谓太常最显，余八卿不敢与太常齿，这一点在《唐九卿考》中得到了很好的验证。所以说本书是一部唐代职官专著，也并非过誉之辞。

当然由于条件的限制，《唐九卿考》也有一些不足。如117页据《新唐书·艺文志三》，谓孔志约“显庆二年至四年，在礼部郎中太子洗马弘文馆大学士任”，但弘文馆置大学士始于中宗景龙二年，由宰相兼领，高宗朝尚无此官，显然，《新志》所载大学士乃学士之衍误。又如103页高铢条引《唐会要》，385页马曙条引两《唐书·魏謩传》，495页韦廑条引《通鉴》，实则诸书皆据《东观奏记》，似以先引《奏记》为宜。此外，书中称引文献体例有不统一之处，亦偶见文字排印标点错误。但瑕不掩瑜，我们相信，著者的《唐刺史考》和《唐九卿考》，一考地方官，一考京官，作为文史考证的双璧，都足以追光前代，沾润后人，并将对唐代文史研究持续不断地深入，起到很好的推动作用。

（原载《唐研究》第十卷，2004年版）

填补空白　有功文史

——评《唐九卿考》

卞孝萱

自清至今，经过众多学者的努力，对于唐代中央与地方重要官员的考证，已取得一系列的成果，举其著名者，如：考证宰相及其世系者，有清人沈炳震的《唐书宰相世系表订讹》、今人赵超的《新唐书宰相世系表集校》；考证尚书都省及六部长官者，有严耕望的《唐仆尚丞郎表》；考证各部郎官者，有清人劳格、赵钺的《唐尚书省郎官石柱题名考》、岑仲勉的《郎官石柱题名考》；考证方镇长官者，有吴廷燮的《唐方镇年表》；考证州郡长官者，有今人郁贤皓的《唐刺史考全编》。有了这些优秀的工具书，颇便于唐代文史研究工作的开展，可以免除人们查稽典籍的劳苦，可谓“功德无量”。但尚缺乏九寺、五监长官的考证，素闻郁教授有志于此，今喜见他与胡可先教授合著的《唐九卿考》，已列入《唐研究基金会丛书》，于 2003 年 11 月中国社会科学出版社出版。

唐代“总群官而听曰省，分务而专治曰寺”。太常、光禄、卫尉、宗正、太仆、大理、鸿胪、司农、太府合称九寺。九寺长官为：正卿各一人，少卿各二人。《唐九卿考》就是考证高祖武德元年至哀帝天祐四年九寺长官的一部具有学术意义和实用价值的重要工具书。具体地说，此书具有如下五大特色：

考论并重

此书在考证唐代九寺长官即正卿与少卿的姓名和任职情况之前，先作《唐九卿制度述论》，对九卿制度的源流变迁，唐代九卿的职权与选任，唐代九卿的属官，九寺的设置与沿革、职掌与品位，与中书、门下、尚书六部的关系，以及九卿的别称等，进行梳理阐述。读者不仅可以从此书查到他所需要知道的九卿的姓名和任职时间，而且可以了解有关的历史知识，扩大了工具书的功能。这是编制工具书的一大发展，应予重视。

体例完善

唐代官制情况复杂，有正员、员外置同正员、试、摄、检校、判、兼、知官、斜封官等。此书仅收九卿之有实职者：(一) 凡正员官，皆予以收录；(二) 兼、判、摄 、权知，虽非正除，然皆实职，并收录之；(三) 自唐初至肃宗朝，检校官时掌实职，亦入录。不收者为：(一) 代宗以后，加“检校”、“试”、“兼”者，多为节度使及其幕府人员之加官，为虚衔；(二) 赠官；(三) 以卿“致仕”者。

驸马都尉授正卿者，一般为非正官员，但也有特殊情况，如：姜庆初尚新平公主，特拜太常卿(见《册府元龟》)卷三〇三、《新唐书》本传)，则予以著录。无正员官之佐证者，不入录。

此书贯彻了求真务实的学风，值得肯定。

资料全备

此书所引用的资料，包括两《唐书》、《资治通鉴》等历史资料，《全唐诗》、《全唐文》等诗文资料，《册府元龟》、《太平御览》等类书资料，《元和姓纂》、《古今姓氏书辩证》等姓氏书资料，《嘉泰会稽志》、《两浙金石志》等地方志资料，《朝野佥载》、《大唐新语》等笔记资料,《宋高僧传》等佛藏资料,以及《金石萃编》、《八琼室金石补正》等金石资料,连新出版的《隋唐五代墓志汇编》、《唐代墓志汇编》、《唐代墓志汇编续集》、《洛阳新获墓志》等贞石拓片和录文资料,也搜罗无遗,足称全备。

考证细密

此书在充分占有第一手资料的基础上,进行周密的考证,略举数例:

此书考出孙简三次为太常卿:第一次在会昌四至五年,第二次约在会昌六年至大中元年,第三次约在大中四至五年。考出封敖三次为太常卿:第一次约在大中三至四年,第二次在大中十一年,第三次约在大中末至咸通初。考出李蔚两次为太常卿:第一次约在咸通七年,第二次在乾符二至三年。补充了两《唐书》本传的缺漏。馀不多举。

此书对孤证,既不放弃,也不轻信,录之以供读者参考。如:书家欧阳询约贞观初任太常少卿,仅见窦臮《述书赋下》注文,此书说明:"两《唐书》本传未及,未知误否?"又如:诗人杜牧于大中四年任大理少卿,仅见《嘉泰吴兴志》卷十四,此书说明:"与史传不合,恐不确,今录此存参。"

此书主要考证九卿之姓名和任职时间,附带解决了某些有关的问题。如:考出令狐德棻于永徽元至三年为太常少卿,指出两《唐书》本传、《册府元龟》卷六二四称"太常卿",夺"少"字。考出王遂于元和十五年为太常卿,指出《唐会要》卷五十八、《册府元龟》卷九一八称"太府少卿",衍"少"字。考出韦渠牟于贞元十三年至十六年为太府卿,指出卢纶《敬酬大府二十四舅览诗卷因以见示》诗之"大"字为"太"之讹(二十四舅即韦渠牟)。考出王龟于咸通十三年为太常少卿,指出李山甫《寄太常王少卿》诗当即王龟。

存疑待考

此书体例之善，取材之富，考订之精，已见上述。接着还要介绍书中之《待考录》。

列入《待考录》之正卿、少卿，是哪些人呢？（一）限于资料，有些长官目前尚难考知其任职年代者。如："《新表一下》三祖窦氏：'义积，太常少卿。'乃陕州刺史德冲子，未知任职年代。"（二）有些资料互相矛盾，目前尚难以辨明者。如："《宝刻丛编》卷八引《京兆金石录》：'《唐太常少卿郑元琇碑》：永徽二年立。'按元琇武德中已官太常及鸿胪卿，若非贬谪，其终官不当为太常少卿。录此存参，并以俟再考。"二人均列入《太常寺·待考录》，为读者提供进一步研究的线索。著者既不轻易放弃这些资料，又不轻率安排这些资料，表现了多闻阙疑的科学精神。

注明他人成果

此书凡利用前人和今人有关的考证成果，皆注明出处，不掠人之美。例如：《光禄少卿考》采岑仲勉《贞石证史·王方庆六世孙玙》谓王玙在开元初为光禄少卿之说。《大理少卿考》采岑仲勉《唐临冥报记之复原》之考证，谓辛茂将于永徽二年五月为大理少卿，与史合。又如：《卫尉少卿考》采朱金城《白居易交游续考》谓尉迟汾为卫尉少卿在大和二年之说。《宗正卿考》采朱金城《白居易交游续考》之考证，谓白居易《履信池樱桃岛上醉后走笔送别舒员外兼寄宗正李卿考功崔郎中》诗之"李卿"即李仍叔，诗作于大和七年秋末。拙作《刘禹锡年谱》、《元稹年谱》等书，亦蒙引用。两位著者的高尚史德，与目前那些掠夺别人之研究考证成果而不注明者，有天渊之别。

总之，此书对研究唐代官制、人物以及政治、文化，很有用处，填补了学术上的一大空白，是唐代文史研究者必备之书。由于此书集中了唐代九卿的姓名，排比了九卿的任职时间，除了具有方便读者查检之用外，还为读者提供了数据。书中颇有三任、二任某卿、某少卿者，如："以吏才称"，"粗有劳绩"的裴武，虽"雅无清直之称"，而三任司农卿要职。这种现象，值得注意。是否因"寺"是"分务而专治"，专业性强，长官以懂业务为宜呢？谨供学者进一步思考、研究。

（原载中华书局《书品》2004 年第四期）

评《元和姓纂(附四校记)》

陈尚君

汉唐间重门第郡望,出现了大量姓氏谱牒类的图书,仅《隋书·经籍志》著录的即有四十多部。唐代曾多次重修氏族志,在尊重魏晋旧族的同时给新起的军功贵族以尊崇,其中最有影响的是太宗时高士廉主修的《大唐氏族志》一百卷、高宗时许敬宗主修的《姓氏谱》二百卷、路敬淳《衣冠谱》六十卷、玄宗初柳冲撰《大唐姓族系录》二百卷,以及宪宗时以通晓"氏族"而得时誉的林宝所撰《元和姓纂》十卷。宋以后风气转变,这些谱牒类图书不为世重,大多湮没,仅有《元和姓纂》赖《永乐大典》的引录和四库馆臣的辑出,得以存留十之七八,为后人考镜汉唐间缙绅世家的人事关系,留下弥足珍贵的记录。因《元和姓纂》中"皇族"和诸大姓已亡失,宋人所编《新唐书》中的《宗室世系表》、《宰相世系表》,以及邓名世《古今姓氏书辨证》、章定《名贤氏族言行类稿》还孑留了一些相关的记录,可互为补充。至于南宋以后的类书和《万姓统谱》、《尚友录》之类的通俗姓氏书,虽亦偶有只言片语可采,文献价值并不高。

中华书局在八十年代初相继约请专治唐代文史,且特别致力于人事研究的郁贤皓、陶敏教授整理《元和姓纂》和岑仲勉先生《元和姓纂四校记》,约请专治唐代石刻文献的赵超先生集注《新唐书·宰相世系表》,确实是很有学术识见的选题。几位作者也堪称国内此项工作的出色当行者,以严肃认真的态度从事整理笺释工作,付出了非常艰辛的努力。从约稿到出书虽然都历时十年以上,与现时的一般出版物比较,确是太长了一些,但两书达到的整理水平和出版质量,获得学术界较广泛的好评,整理者和出版社为此而付出的一切,无疑是很有意义的。

先述《元和姓纂》(简称《姓纂》)。

《姓纂》原本不传。清人从《永乐大典》中辑出,仍编为十卷,馆臣略有校订,是为一校;嘉庆间孙星衍、洪莹重加校补,据《通志·氏族略》、《秘笈新书》、《姓氏急就章》等书补录了一些遗文,数量并不太多,是为二校;罗振玉作《元和姓纂校勘记》二卷,是为三校;岑仲勉先生当抗战兵火之间,蛰居西南,写成逾百万字的《元和姓纂四校记》(简称《四校记》),1948 年列入《中央研究院历史语言研究所专刊》刊行。《四校记》成书于岑先生学术研究的鼎盛时期,采用穷尽文献的治学方法,致力于该书的芟误、拾遗、正本、伐伪,程功之巨,发明之丰,校订之曲折,征事之详密,堪称其一生著述中的扛鼎之作,也是中国近代古籍整理工作中可与陈垣先生校《元典章》并列的典范之作。在缺乏系统的古籍检索手段的情况下,岑氏从数千种古籍中采录《姓纂》所记近两万名历代人物(唐人占绝大多数)的事迹,逐一考次订异,并据以纠订前人辑校本的各类错误。《四校记》的意义已远远超越对一部书的校正,其揭示的大量汉唐人物线索为这一时期的文史研究提供了丰富的矿藏,称其为人事工具书也不为过。只是此书刊布于沧桑巨变的前夕,传本不多,加上五十年代后学术风气的变化,没有得到其应有的学术重视。同时,此书采用传统的校书不录全书的体例,仅于出校处录文,读者如不复对《姓纂》原书,则不尽能体会其真旨,这也限制了一般学者对此书的利用。现整理本将《姓纂》和岑氏《四校记》合刊,确有便于学者的引用。

《姓纂》的两位整理者,为全书的整理校点所做的工作,可举出以下几项:

一、《姓纂》原文,以光绪六年(1880)金陵书局翻刻嘉庆七年(1802)洪氏刊本为底本,是该书的最好版本,并全校了文渊阁和文澜阁两种《四库》本,纠正了清人传抄刊录过程中的一些失误。全书悉依洪本顺序及体例，将前人及岑补逸文补於相应韵部下，均属审慎的处理。《四校记》只有一本，无别本可校。

二、整理本采用新式标点。原文脱讹错简甚多，整理时一般不作增删调理。岑氏已考定的错简予以移正，但均作必要的说明。遇有脱、讹、衍、倒难以标点者，仍存原文，以便对读。《四校记》原标点与通行标点出入较多，也作了重新处理。

三、为使条理清楚，将《四校记》原文分条置于《姓纂》原文之下，每姓下又以姓望分段，遇有显望而叙述内容较详者，又分为若干段。同时，各卷下按各姓氏分段分别编号，对一段下的岑氏校语则按西文字母顺序编号。这些处理，都方便编索引，方便读者检索，整理者在此是费了不少精力的。

四、整理者于《姓纂》原文所涉史实，曾作进一步的考察，于《四校记》的大量引书，也尽可能地复检原书，以定是非。由于下了这样的认真功夫，在岑校内外，整理者又有不少新发现，分别写于各卷末《整理记》中。据我所作粗略的统计，《整理记》录异考订有近七百条之多。两位整理者曾撰《〈元和姓纂四校记〉斠正》一文（《文教资料》1989 年第 5 期），指出《四校记》未能尽善处有“讹文未校”、“校而未考”、“脱文未补”、“脱文未补又误改本文”、“脱文误补”、“错简冒文未正”、“衍文未校”、“引文失考”、“引文出处不确”、“误甲为已”、“误一人为二人”、“误二人为一人”、“句读失误”、“重要资料失引”等十四项，不化大气力逐一地比读文献，是无法发现这些问题的。大致所涉问题，以唐前文献为多，当因岑氏专功唐史，于其他方面不免稍显单弱。

五、全书编有很好的姓氏和人名索引，学者要检索利用十分方便。

《姓纂》作为唐代最具系统和权威的缙绅录，提供的唐代人事线索是他书无法替代的，但因其曲折的流传过程，传本的错误百出和复杂难校，在唐人典籍中也是很少见的，幸亏有岑氏《四校记》撰作，梳清了书中的大多数错讹，充分揭示了此书的价值，现在又有了郁、陶二位的新整理本，学者可以更放心便捷地加以使用了。

《姓纂》清辑本问世已两个多世纪，岑氏《四校记》刊布也已五十多年，新出文献为数极其巨大，仅就新出碑志来说，近二十年较大宗发表的影印本即有《北京图书馆藏历代石刻拓本汇编》(中州古籍出版社 1989)、《隋唐五代墓志汇编》(天津古籍出版社 1991)、《洛阳出土历代墓志辑绳》(中国社会科学出版社 1991)、《昭陵碑石》(三秦出版社 1993)、《新中国出土墓志(河南分册)》(文物出版社 1994)、《洛阳新获墓志》(文物出版社 1996)等，据石刻录文的则有周绍良等编《唐代墓志汇编》(上海古籍出版社 1992)、吴钢主编《全唐文补遗》七册(三秦出版社 1994 至 2000)等，可资订补《姓纂》和岑氏《四校记》的材料极其丰富。郁、陶二位在整理中为体例所限，仅利用了很少的一部分，未能承岑氏体例而续作五校的工作，只能留待以后了。此外，《姓纂》原文，整理也以保持清辑本原貌为原则，这无疑是明智而恰当的选择，本人深表赞赏。但如不从全书的规范整理考虑，着眼于《姓纂》的进一步研究来说，我想提出下面的一些看法。

首先，应以《永乐大典》残本校清辑本，以见清人改动之迹。中华书局影印《永乐大典》残本约存八百卷，约当全书百分之四弱，其中直接引录《姓纂》约四十多条，所引其他姓氏书间接引用的还有二十多条。清人辑本多由馆臣签出，由钞胥录出，复由馆臣编次写定。钞胥水平不高，又几经转写，故多失原本面貌。《姓纂》清辑本与《大典》复核，不难发现以下传误：甲、姓名录误。《大典》卷八〇二四“柏成”，清辑本作“伯成”，同卷“考成”，清辑本作“老城”。至于人名录误处，如“乌承玼”之“玼”右半误作“比”，“辅狠”误作“辅很”，均应为钞胥误录。乙、文字改动。《姓纂》凡遇称本朝处，皆用“皇”字，如《大典》卷二〇三五三席姓下：“玄孙君懿，皇侍御史。”其例较多，清辑本皆改为“唐”字。另避讳亦多有改字，至有改错处，如“袁宏”反错成“袁弘”之类。《大典》卷二〇三〇九“乙”姓：“子姓。殷汤字天乙，支孙以王父字为氏。”清辑本前句作“殷王帝乙”，不知是否别有所据。丙、脱文。同上“席”姓：“又席法友，与裴叔业自南归后魏，拜并州。”清辑本脱“友”字，罗振玉引《魏书》本传订补。“冀”姓“今晋州冀氏”下，《大典》卷一四三八五有“是也”二字。丁、整句失录。《大典》卷二〇四二五“稷”姓末，有“又汉御史大夫稷不疑封寒封侯”一句，清辑本未录。上述各项岑氏已多作校订，但未知《大典》本不误。

其次，《姓纂》逸文尚多可补辑。《姓纂》在收入《四库》后，各家校订时均有所补辑，而以岑仲勉先生所得最为丰富。郁、陶二位此次整理时重在汇录前人工作，未作进一步补辑。余嘉锡先生在《四库提要辨正》中称曾于1920年作《元和姓纂校补》，凡得四百五十多条逸文，只是此书始终未见刊出，书稿是否尚存天壤间，亦不得而知。余氏作此时，岑氏尚未开始校林书，余氏晚年得见岑书，称“其所引书与余同，唯未引《遥华韵》耳，然岑氏意在校雠，非为辑逸耳”。《遥华韵》指元洪景修纂《新编古今姓氏遥华韵》九十八卷。可以相信余氏所得，大半已为岑氏补出，但就余氏的用书和所得条数来看，至少尚有近二百条为岑氏未取。笔者近年亦颇留心于此，所得在岑氏以外，已有五百余则，当另整理发表。在此仅录“戎”姓一则：“戎，齐人戎夷之后，盖戎子驹直胤。汉功臣有柳丘侯戎赐；宣帝戎婕好生中山哀王竟。扶风：虔州刺史戎昱，岐州人。”(《名贤氏族言行类稿》卷二)

编次。林宝在《元和姓纂序》中所述：“自皇族之外，各依四声韵类集，各韵之内，则以大姓为首焉。”从这段话中我们可以知道，一、《元和姓纂》原书应以李唐皇族的谱系为首卷，以尊皇室，不以四声韵为次第。二、其余各姓，各以四声韵部分类编次。三、各韵之下，不以韵书收字的前后为序，而是区分大姓和一般姓氏，先列大姓，次列其余各姓。现据此来检核清辑本和此次整理本，可以发现，清辑本首录李氏先世至“生唐高祖李渊”一段，甚是，岑氏补出非宗室的李氏逸文两则，应另列入上声六止韵；清辑本在各韵之下，不尽以韵书收字的先后为序，大致照顾到先列大姓的原则，可见辑者用心的仔细，只是这些先后排列并没有什么特别的证据。据笔者所知，《姓纂》原书单字姓的次第，在南宋人章定所纂《名贤氏族言行类稿》中，尚有较完整的保存，当另撰文揭出之。章氏此书收入《四库》,只是未引起辑录林书的馆臣的充分重视。《元和姓纂》中复姓的排列依据,是据前一字还是后一字,岑仲勉先生曾有所讨论,清辑本均以复姓前一字为序,《永乐大典》则以后一字收录,似还可作进一步的探究。

(原载《唐研究》第七卷,2001 年版)

三、学术成就与治学方法

海纳百川　有容乃大

——郁贤皓教授的学术成就与治学方法

胡可先

郁贤皓教授是在海内外学术界享有盛誉的唐代文史研究专家，迄今已出版学术著作20余种，涵盖文学与史学的诸多方面。文学的方面代表作为李白研究系列著作；史学研究的代表作有《唐刺史考全编》；文献研究的著作有《元和姓纂》及四校记的整理。在半个世纪的教学与研究生涯中，郁先生以其宽阔的胸怀与勤奋的精神，辛勤耕耘，取得了学界公认的成就，也形成了突出的学术个性。他还先后培养了5名硕士生，28名博士生，4名博士后。他以其身体力行，影响不止一代的学子，使得学术薪火，传承不断。他的学生大多已成为当今学术界的中坚力量，其中不乏教授与博士生导师。对于郁贤皓先生的学术成就与治学方法进行总结，也是我们后辈学者应尽的责任。本文就郁先生的李白研究、唐代文史研究与其治学方法诸方面略陈管见。

一

郁贤皓先生迄今已出版李白研究的著作8部，研究论文60余篇。他研究李白，是从李白的事迹与交游考证入手的，起初发表的一组文章是有关李白两入长安之说的论证。最早的文章是1978年发表的《李白与张垍交游新证》、《李白诗〈江夏别宋之悌〉系年辨误》、《李白两入长安及有关交游考辨》。接着，在短短的两年间，连续发表了《李白诗中崔侍御考辨》、《李白初入长安事迹探索》等重要论文十余篇。这一系列成果，迅速引起学术界的震动。作者将这些文章结集为《李白丛考》，1982年由陕西人民出版社作为《唐代文学研究丛书》的第一种出版。郁先生在《后记》中说："弄清李白的事迹和交游，已成为李白研究工作中一个十分重要的课题。"郁先生有关李白研究的新创获，得到了同行专家的高度评价。如朱金城在《李白集校注后记》中评论《李白诗中崔侍御考辨》一文："从稀见唐代墓志拓片中，考证出李白诗中的'崔侍御'、'崔成甫'、'崔宗之'三者不能混为一人，从而弄清了崔成甫的家世和生平，纠正了历来李白研究者所没有搞清楚的问题。这些都足以说明，我国对李白的学术研究，通过不断的刻苦钻研，不断深入，后来居上，在某些方面突破旧说，取得了十分可喜的成就。"《李白丛考》的出版，之所以在学术界产生巨大的影响，总体上将李白研究向上提升了一步，而其核心则是对李白二入长安之说提出了强有力的新证。

20世纪60年代以前，历代研究李白的学者都认为李白一生只有一次到过长安，也就是天宝元年(752)秋奉诏入京待诏翰林，至天宝三载(744)春离开长安。直至1962年，稗山先生发表了《李白两入长安辨》，首次揭出李白二入长安之说。而在这篇文章发表后十年间，并没有产生影响。直至1971年，郭沫若《李白与杜甫》一书，才采用李白"两入长安说"，但由于《李白与杜甫》一书，出版于特定的年代，加以错误较多，尽管采用两入长安说，但仍没有引起学术界的重视，二入长安说尚处于沉寂的状态。当然，稗山与郭沫若的说法没有引起学术界的重视，与其虽提出新说，而证据不足，加以论证方法的粗略也是密切相关的。

郁先生在20世纪70年代以后接连发表的《李白与张垍交游新证》、《李白两入长安及有关交游考辨》、《李白初入长安事迹探索》等论文，证明李白在开元时期确实到过长安，加上已被确认的天宝初年受诏入长安，则有两次入长安。郁先生使两入长安之说由怀疑发展到实证。其证据主要有五条：(1) 李白《上安州裴长史书》有“西入秦海，一观国风”语，表明李白欲离安陆而赴长安。其时李白三十岁。(2) 李白有《玉真公主别馆苦雨赠卫尉张卿二首》诗所表现的情怀，再与张九龄所撰《张说墓志》参证，此诗为李白开元中入长安之作，而不是天宝初应诏入长安所作。(3) 由李白诗作为内证，天宝元年，李白奉诏入长安的时令在季秋，是从南陵启程的，而开元年间入长安的时令却在夏季。再从离长安后的路线考察，两次也是不一样的：一次是浮黄河，一次是经商州。(4) 以李白与好友元丹丘的赠答诗《以诗代书答元丹丘》“三见秦草绿”，证明李白开元年间第一次在长安住了三年。而李白天宝初应诏入长安仅有一年多时间，且当时元丹丘也在长安，不得云“三见秦草绿”。(5) 现存李白诗篇中有隐居终南山之作，还有秋冬至春在邠州、坊州应酬之作，而天宝元年入京即供奉翰林，不可能产生以上作品。

两次入长安的经历中，第二次是天宝初年应诏入长安的，古今学者颇为注意，其活动情况也较清楚，而第一次即开元中入长安的活动就很难了解。郁先生在证明李白开元十八年第一次入长安后，则进一步考证了李白在长安的活动，将问题进一步引向深入。这一次入长安在开元十八年或稍后一年的夏季，入京的目的是为求取功名，入京路线是从安陆启程。入京以后，一方面隐居于终南山，希望得到皇帝的青睐，另一方面则出入于王公大人之门，以盼其引荐。但尽管如此，却因难得知己引荐而入仕无门，只好再下终南山，以抵邠州。又因为没有找到出路，故而在第二年春天，又回到了终南山。据其《以诗代书答元丹丘》诗有“离居在咸阳，三见秦草绿”句，可确定其在长安居住了三年，大约在开元二十一年或二十二年春夏之交离开长安，浮河南下。

李白两入长安的发现并进一步被普遍承认，不仅解决了李白生平事迹中的一个难题，更为重要的是对李白许多重要代表作品的系年必须重新研究，乃至李白的创作道路也必须为之改写。过去的研究者，以李白一入长安为基础，故认为李白的代表作《蜀道难》、《梁甫吟》、《将进酒》、《行路难》、《梁园吟》等诗，都作于天宝三载(744)赐金还山后抒发忧愤之作。于是认为李白的创作道路，是到了后期才辉煌的。但两入长安说发现并被证实之后，情况就不同了，他的这些代表作品，都被证明为开元年间第一次入长安时所作。而这时的很多诗虽然是在长安未被所用而离开后发出的感慨，但因为不是像第二次入长安遭谗而忧愤离京，故情调则迥然不同。即如郁先生所说："李白开元年间第一次到长安不遇而归以后所写诗歌有一个显著特点：既有悲愤的情绪，但又深信自己终有一天会出山济世，君臣遇合，施展自己的抱负，做一番大事业。"(《唐风馆杂稿》第247页)基于这种认识，有关文学史长期以来对李白创作道路的定论就必须改写："李白在奉诏入京以前的开元年间，即写下了许多著名的诗篇，尤其是乐府诗，挥洒自如，如行云流水，艺术成就极高。因此，前人认为李白创作道路以天宝三载(744)被赐金还山为界，分前后两期，主要成就在后一时期的说法是不正确的。现在我们的看法时：如果一定要以天宝三载为界将李白创作道路分前后两期的话，那末，李白前一时期的创作道路已经十分辉煌，尤其是一些旧题乐府诗的代表作，《蜀道难》、《梁甫吟》、《将进酒》、《行路难》等，集中代表了李白前期创作道路的重要成就。"(同上)

李白两入长安说被确定以后，使得20世纪80年代的李白研究呈现出新的局面。安旗先生曾发表了《李白两入长安始末》、《李白〈将进酒〉系年》，安旗与薛天纬教授合著的《李白年谱》即以此说为基础，对李白两入长安的诗作按年编次，对于李白诗文作年的研究取得了较大的进展。朱金城先生在校注李白集时，对这一成果加以肯定与引用。

"两入长安说"的意义还在于20世纪80年代以后所引起的李白三入长安的争论。在两入长安说的基础上，李从军先生于1983年发表了《李白三入长安考》一文，提出李白在开元中、天宝初两次入京外，还在天宝十一、二载间第三次入长安，并有邠岐之游。随后，安旗先生修订补充了两入长安的说法，写了《李白三入长安别考》一文，在李从军考证的基础上，提出另外一些诗篇作为三入长安的证据。但对于“三入长安”的说法，郁贤皓先生持否定态度，发表了《李白三入长安质疑》一文，对天宝后期李白行踪进行考索，认为“李白自幽燕之行到宣州之游，其间根本不可能有西入长安、游历邠岐的时间”。此后，郁先生还撰写了一些论文，对“李白两入长安说”进行补充与完善，如《再谈李白两入长安及其作品系年》。李白入长安的次数与过程，学者们虽尚有歧见，但两入长安说迄今为止，仍为学术界的主流观点，则是不争的事实。

二

郁贤皓先生的治学范围非常广阔，学科领域不限文学，而旁及文字学、文献学与史学，时代方面也不限于唐代，而对唐以前文学都有所研究，其重要成果除李白研究外，还有《唐刺史考全编》、《唐九卿考》、《元和姓纂》(整理)、《建安七子诗笺注》等。

《唐刺史考》是郁贤皓先生在唐代文史研究领域取得突出成就的标志之作。郁先生在《唐刺史考自序》中也说：“70 年代中期，我在从事李白、李商隐等唐代诗人生平事迹及其交游的考证工作时，感到最困难的是：经常遇到诗文和其他各种典籍中出现某州某使君、某郡某太守等，却不知道他们的名字和仕历，因此无法确定作品的年代，从而难以理清作者的行踪。当时我思考这样一个问题，……诗文和各种典籍中出现得最多的，也是唐代文史研究工作者最迫切需要知道的地方行政长官：刺史（太守、尹），却无人考订撰述成书。……出于对此研究的浓厚兴趣，我当时竟不自量力，不揣谫陋，暗下决心，以承担此项工程为己任。……经过近十年的努力，终于撰成了一部有关唐代地方行政长官的著作：《唐刺史考》。”《唐刺史考》1987 年由江苏古籍出版社刊行以后，立即受到海内外的重视，赞美之词，评价文章接连不断。但郁先生并没有止步，还在不断搜集资料，进行订补，于是又经过了十余年全面修改与补充，于 2000 年由安徽大学出版社出版《唐刺史考全编》。该书是一部兼有文献、资料与工具价值的学术著作。从《唐刺史考》到《唐刺史考全编》,体现了作者十余年的学术进程。该书至少体现出三个方面的价值:其一是史学研究价值。首先从宏观方面对于唐代州郡的沿革作了较为清晰的梳理。其次对州郡长官的任职情况,特别是年限作了缜密的考证。其二是文献研究价值。举凡唐代州郡长官任职的众多资料都汇聚其中,从事学术研究者,无论研究历史,还是研究文学,或者唐代其他领域,阅读这部书,都会得到很多能够进一步研究的资料线索。其三是文学研究价值。唐代诗人中,有不少人做过州郡的长官,他们的这一段仕历,在本书中都有详尽的考证。唐人的交往诗中,有不少是与州郡长官往还的,而且只言官衔,不称名字,本书对于这些诗作做了认真的研究,对于诗中的人名尽量坐实。也正因为这几方面的学术价值,该书一问世,就受到了海内外学术界的关注,中国大陆、台湾、香港,以及日本国、韩国、美国,都有不少学者专门撰文予以评介,并给予极高的评价。

与《唐刺史考》堪称姊妹篇的,则是《唐九卿考》。该书 2003 年由中国社会科学出版社出版,列入《唐研究基金会丛书》。该书广搜博取历史文献、金石拓片、佛道二藏、诗文集部、方志别乘等各方面的资料,对唐代近 300 年的九寺正卿与少卿详加考证,对九卿的沿革、职能、品级、编制、职权、属官、别称及其与中书门下、尚书六部的关系也进行梳理阐发,成为唐代文史研究填补空白之作,具有重大的学术价值。郁先生在该书《后记》中叙述撰写过程时说:早在 20 世纪 70 年代后期,为了考证李白《玉真公主别馆苦雨赠卫尉张卿二首》中的"卫尉张卿"是谁,曾遍稽典籍,终于《曲江集》卷十八《张说墓志》中找到一段话:"长子均,中书舍人;次子垍,驸马都尉,卫尉卿。"张九龄此文写于开元二十年,可证张垍开元十八年至二十年时正在卫尉卿任。于是写了《李白与张垍交游新证》。"当时我就想:唐代职官的工具书已有《新唐书·宰相表》、《唐仆尚丞郎表》、《唐尚书省郎官石柱题名考》、《唐方镇年表》,当时笔者已在从事《唐刺史考》的工作,如果有一部《唐九卿考》的工具书,岂不是给学人查稽九卿带来极大的方便,可以免除遍稽典籍之苦。于是自此以后，我就对唐代九卿的资料加以留意，在从事《唐刺史考》工作的同时，凡在史书、集部、野史、杂录、金石、方志当中，遇到唐代九卿的资料，都做成卡片。”与《唐刺史考》比较，此书则更显其特色：《唐刺史考》有吴廷燮《唐方镇年表》、劳格《杭州刺史考》以及《嘉泰会稽志》等宋元方志的刺史题名为基础，《唐九卿考》则完全是一空依傍，白手起家，没有任何系统的文献史料和前人研究做基础，史料的搜集与考辨的工作自然备加繁难。但是，这九个部分，分布面广，官员众多，变动频繁，任免远较台省官复杂，牵涉面较仆尚丞郎、节镇刺史更广。所以当唐五代文史研究进一步深入的时候，九寺卿监的考察就成为一个无法回避的问题。这一学术追求更彰显了此书人无我有的特殊学术价值。“这类研究将大量同类性质的史料加以集中排比，易于发现不同记载的矛盾抵触之处，而这是专门从事某一典籍校勘所难以做到的，因为很少有人专门为某人姓名、职官等零碎问题而遍稽典籍。相信书中的具体成果将会被广大唐代文史研究者广泛采用，而著者谨严的态度和负责的精神，也将成为后学的楷模。”（陶敏、李德辉评《唐九卿考》，载《唐研究》第 10 卷，第 635 页）

郁贤皓教授另一部著作是《元和姓纂》的整理与校订。《元和姓纂》是唐林宝所撰的大型姓氏书，对研究唐代人物极为有用。然原书散逸已久，清四库馆臣从《永乐大典》中辑出，近人岑仲勉又作《元和姓纂四校记》，颇有益于学界。然二书分刊，利用不便。时任中华书局副总编辑的傅璇琮先生约请郁贤皓先生担任整理的重任，郁先生又与陶敏教授合作，并由著名学者孙望先生审订，经过多年努力才告完成。据该书合作者陶敏先生撰写的《后记》：“1982 年 3 月，当时任中华书局副总编的傅璇琮先生函约南京师大郁贤皓先生对《元和姓纂》一书进行整理。由于在研究工作中深感《姓纂》及《姓纂四校记》对研治唐代文史的重要性，郁兄欣然接受了这个任务。”傅璇琮先生之所以约请郁先生担任这一工作，主要原因应该在于对郁先生李白研究的了解而确认其适合担任整理工作，因为傅先生在《唐刺史考全编序》中有这样一段话：“我与郁贤皓先生初次相见是1982年4月在西安举行的中国唐代文学学会成立大会期间。但在这之前，我们已有文字之交，早在1980年即已开始通信，那时我对他的李白研究之创新见解就甚为钦佩。”本书的整理，旨在完全保存《元和姓纂》和《四校记》的原貌，不作增删改正，这样在文字句读标点方面就异常困难。而著者在如何保存两书原貌、如何标点、如何分段、如何校勘、如何处理岑校的错误五个方面都作了不懈的努力，成为迄今为止，将《元和姓纂》和《元和姓纂四校记》合而为一且很方便研究者使用的极为精审的定本，洵为唐代文史研究者案头必备的资料书与工具书。

三

郁贤皓先生不仅以其宏富的成果与崇高的地位享誉国内外学术界，更在其半个世纪的学术研究中形成了自己独特的学术个性，并嘉惠士林，沾溉后学。因而探讨与总结他的治学特点与学术范式，对于21世纪的唐代文史研究具有进一步推动作用，更会对后辈学者在研究内容与治学方法上的推陈出新有所启迪。

（一）以小学为基础，进入唐代文史研究领域。

与大多数研究中国古代文学与史学的学者不同，郁贤皓先生的前期学术背景是小学研究。只要我们翻开《辞海》就知道，郁先生是《辞海》编委及语词分册的主编之一。郁先生的前期学术经历是这样的。他1933年1月4日生于上海，1957年24岁时以调干生考入南京师范学院中文系，1961年留校任教。从事古代汉语教学，师从著名语言学家徐复先生，钻研训诂学名著，打下了较深的训诂学功底，并逐渐养成了严谨求实的学风。1963年在上海浦江饭店参加《辞海》修订工作，并撰著《建安七子诗笺注》。是年8月，郁先生回校即被调动从事中国古典文学的教学。1973年国务院要求恢复修订《辞海》，郁先生作为语词分册主编之一，又承担“示部”至“羊部”约60万字的撰写修订工作。在此以后，郁先生就入手在李白研究方面打开了崭新的局面。这一方面得力于修订《辞海》时对于中国古代的文史哲典籍有了较为全面的掌握和系统的运用，另一方面则是从事训诂学研究重证据、重溯源的精神在唐代文史研究中也得到了用武之地，而学术研究的转向，研究对象的由博返约，再由约转博，都是郁先生学术研究取得成功的关键因素，也是他学术个性得以发挥的重要契机。古典文学、古典文献、历史学研究与训诂学结合的特点，不仅在先生的著作《李白选集》、《李杜诗选》、《李白集》(历代名家精选集)中体现出来，更在《唐刺史考全编》、《唐九卿考》、《元和姓纂》(整理)等著作中有明显的体现。

(二) 从考证入手与交游着眼，探讨文学研究的新问题。

郁先生曾谈到自己研究经历时说:"70 年代初我就将李白研究作为研究课题之一，并决定从对李白生平及其交游进行深入的考证研究着手，以期逐步解决李白研究中长期存在的疑难问题。"(《唐风馆杂稿》，第 259 页)建国以后至 70 年代末期的李白研究，虽然取得了较大的进展，但对于相关成果进行检讨，也发现有不少缺憾:对李白生平事迹中的许多疑点仍然未能解决;对两入长安的叙述也缺乏足够的依据;对李白的交游大多缺乏考证。因而留下了不少问题，也有较大的研究空间。究其原因，都是由于对李白及其交游的各种史料缺乏认真深入的稽考，故而郁先生从 20 世纪 70 年代初就将李白作为研究课题之一，并决定从对李白生平及其交游进行深入的考证研究入手，以期逐步解决李白研究中长期存在的疑点和难题。在深入细致地阅读李白作品与相关史料中寻找问题与解决问题。郁先生还曾谈到自己的读书经过:"研究李白，当然首先要熟读李白的诗文作品，在这过程中，我对每篇诗文都做了一些札记。同时，将李白诗文中提到的人物，全部制成卡片，并将姓名按四角号码排列编制成索引，将卡片装订成活页册。然后认真地阅读各种资料，从唐人别集到各种笔记，从姓氏书到宋元方志。从佛藏、道藏到石刻拓片，一旦发现有关李白及其交游的材料，立即写进卡片中去。……边读书，边研究，有了心得就写文章，这是我的基本研究方法。”(《唐风馆杂稿》第 260—261 页)有了问题意识,然后进一步发现问题,竭泽而渔地搜罗相关问题的材料,寻找彻底解决复杂问题的方法,就是郁先生进一步致力的方向。孙望先生在《李白丛考序》中谈到李白研究时说:“诸事不追究也罢,一追究则必枝节横生,问题层出;而且往往彼此连锁,要解决此一端,必先搞清彼一端,而要搞清彼一端,就又得牵扯到另外一些事上去。难题一连串,终于令我望而却步了。贤皓同志的读书态度却非常认真,他曾几次和我谈过他的主张:有问题,必追究。”久而久之,求实求新就成为郁先生李白研究的一贯追求。

(三)全方位地利用文献与文物资料,以坐实自己的学术结论。

郁先生说:“考据是一项艰苦的工作,犹如大海捞针,有时翻遍典籍也找不到所需的材料,那就得从石刻拓片等多方面去寻找线索。”(《唐风馆杂稿》第 263 页)他考证李白诗中的“崔侍御”、“崔四侍御”,就是典型的例子。《李太白全集》中存有酬赠崔侍御之诗十首,郭沫若将“崔侍御”定为是崔宗之,并言其名成辅,所据为《旧唐书·李白传》言崔宗之由左司郎中贬为侍御史。郁先生从中发现了问题,即唐人称“侍御史”为“端公”,殿中侍御史、监察御史才称“侍御”,二是郭氏称崔宗之名成辅无据。因而怀疑“崔侍御”即《李太白集》中附于《酬崔侍御》诗前的《赠李十二》一诗的作者“摄监察御史崔成甫”。但这在文献当中,找不到更多的材料,故郁先生就在石刻拓片当中寻觅证据,所得两条:首先在《千唐志斋藏石》拓片中找到了崔宗之四兄崔宜之墓志,证明崔宗之名宗之,不名成辅,排行非第四而是第五,以确证李白诗中“崔四侍御”非崔宗之。其次,从北京图书馆藏墓志目录和拓片中找到崔成甫之祖父、父母、伯母、弟妹、两位同祖从兄的墓志,弄清了崔成甫的家世和生平。因而写成了《李白诗中崔侍御考辨》,以断定李白诗中的“崔侍御”、“崔四侍御”为崔成甫,而非崔宗之。从这些诗文中可以看到李白与崔成甫交谊很深,是李白一生交游中重要人物之一。李白对他受权奸迫害的遭遇十分同情,这也正是我们考察李白生平思想很重要的方面。过去的研究者忽略了这个人物,应该说是李白研究中的重大损失。现在我们弄清了这个人物,可以进一步了解李白的生活态度,对朋友的深情,对权奸的愤恨,对受害者的同情等等。这都应该是研究李白的重要材料。可见郁先生的考证并不是从材料到材料,而是注意到材料的综合与多方面的学术途径,从较多的层面发前人未发之覆。对于郁贤皓先生运用材料的特点,孙望先生在《李白丛考序》中曾说过:"凭借碑志以考核人事,自是很好的办法,但这只是贤皓同志资以考证的一个方面。此外,随着问题性质的不同和资料情况的不同,他还采取多种途径去求得疑难的解决:从诗文中去寻找内在关系,从历史背景上去找外缘关系,或从时间、地点、官衔的异同上寻找线索,或从亲朋交游、离合聚散上去作推敲,也有的时候从版本校勘上去寻求旁助,等等,途径是多方面的。"

(四)微观综合研究的具体实践。

郁贤皓先生在总结多年的研究经验时,提出"微观综合研究"的方法,撰写了《论唐代文史的微观综合研究》一文,成为唐代文史研究的行之有效的途径。笔者在为《唐刺史考全编》撰写的评论中曾对此有过论述:"最近十余年来,学术界对于方法论的探讨成为长时间的热门话题。从大的方面看,又不外有两种,一种是宏观研究,一种是微观研究。宏观研究侧重于理论问题的探索,微观研究侧重于文献资料的考据。且二者一直处于对立的态势。从事宏观研究者认为微观研究劳而无功,从事微观研究者又认为宏观研究大而无当。其实,我们如果站在旁观者的角度对于近十余年的学术研究作一番审视,就会觉得这两种研究方法各有偏向。……《唐刺史考全编》在研究方法上的一个重要特点,就是开辟了微观综合研究的新途径。"(台湾《书目季刊》第35卷第2期,第51页)这种途径又通过四个方面来实施:首先,将微观研究作为综合研究的基础。郁先生以为,从事唐代文史研究的学人对宏观研究感兴趣,而对具体史料与具体作品的微观研究不太重视,往往流于简单粗疏。

宏观研究必须建立在深入的微观研究基础之上，才能总结出正确的结论。反之，微观研究的粗疏，也可能导致宏观研究的差错。其次，通过对各种文献资料的综合研究，以补史书之阙。再次，通过对各种文献资料的综合研究，以订史书之误。最后，运用出土贞石资料与存世文献参合对照，解决一些疑难问题。这种指导思想，贯穿在他的《唐刺史考全编》、《唐九卿考》及李白研究等重要的著作中。也正因如此，郁先生在治文学的时候，就具有史的眼光和识见，对唐代史料作细致深密的考察与审核；在治史学的时候，也不断在文学家的诗文中挖掘材料。正因为他在扎实的史料基础上努力创新，才使得自己能够写出具有传世价值的著作，在学术研究领域中卓然屹立。

（原载《古典文学知识》2008 年第 1 期）

由经验实证到理性思辨

——从《李白与唐代文史考论》看郁贤皓师治学的方法论原则

邵炳军

1999年秋，我给未曾谋面的钟振振先生写信自荐去南京师范大学中国语言文学博士后流动站从事博士后研究工作，钟先生与学科点同仁商定并请示文学院领导同意后，旋即给我回信同意接收我进站，当时如沐春风般的喜悦心情难以言表。由于钟先生在来信中转达了领导的三条意见：一是转工作关系与工资关系，二是转人事档案，三是出站后首选南京师范大学工作。为了慎重起见，我于2000年初春自金城南下金陵专程拜访钟振振先生，并经钟先生引荐先后拜访了文学院院长何永康教授与中国古代文学博士点学科带头人郁贤皓先生。这次金陵之行，使我感受到南京师范大学文学院不仅有良好的学术传统，而且具有适宜的工作环境，更加坚定了进站工作决心。当时的博士后资格审批权力尚未下放到省、市、自治区，依然由国家人事部博士后管理办公室审批，由于超过了规定年龄，未批准。同年7月，经甘肃省高级职称评审委员会评审我获得教授任职资格后，我随即给何永康先生、郁贤皓先生、钟振振先生打电话告知此事，并再次表达了自己希望进站工作的强烈愿望。真是好事多磨，在诸位先生的极力斡旋下，南京师范大学博士后管理办公室专程派人去北京办理审批手续，终于批准我进站工作。可以毫不夸张地说，没有南京师范大学暨文学院诸位领导的大力帮助，没有何永康、郁贤皓、钟振振诸位先生的鼎力举荐，我将会失去进站工作的宝贵机会，更无缘成为一代大师郁贤皓先生的门生。所以，十多年来我一直对南京师范大学暨文学院诸位领导、诸位先生心存感激之情！

2000年9月初进站时，崔铭、康震与我三人由郁贤皓先生与钟振振先生共同担任合作导师。不久因学校规定必须有专门的合作导师，故确定崔铭与康震的合作导师为钟先生，我的合作导师为郁先生。我是由古代汉语转学古代文学的，从赵逵夫师攻读博士学位期间的研究方向为先秦两汉文学，主要研究领域为《诗经》。所以，对古代文学特别是唐宋文学的学术圈子比较陌生。但对像郁先生这样的学术大师，特别是他的代表性著作《李白丛考》(1982)、《谪仙诗豪李白》(1986)、《李白选集》(1990)、《李白大辞典》(1995)、《天上谪仙人的秘密——李白考论集》(1997)、《唐诗经典》、《唐刺史考全编》等，以及整理点校的唐林宝《元和姓纂》(1994)等，进站之前还是有所了解的。其中，《元和姓纂》更是案头常用的工具书。进站之后才发现，郁先生不仅是文史兼通的唐代文学研究大家，也对先秦文献十分熟悉，而且还在上世纪70时代发表过《诗经》研究的学术论文，并指导博士生与留学生从事《诗经》研究。在站两年期间，我不仅仅接受了先生的治学理念与方法的学术熏陶，更感受到先生与我亦师亦友的人间真情。当时规定，博士后可以带配偶及子女进站工作，因孩子面临高考，故我一人进站。虽然我请了钟点工为我打扫卫生、买菜做饭，较多数单身博士后过得舒适，先生担心我吃不好，时常打电话让我到他家里用餐。先生不饮酒，然时常会拿出茅台、五粮液之类的高档名酒，以看着弟子们享用为乐。毫无疑问，我是喝先生酒最多的门生之一，而且常常是不喝半斤誓不休的家伙！即就是出站以后从申城去金陵，依然如故。更有甚者，先生每次来申城，总不会忘记给我带两瓶茅台、五粮液之类的高档名酒，我也厚颜无耻地笑纳了。在世风日下、人情淡漠的当今社会，这种淳朴的师生情谊，难道不是一笔丰厚的文化遗产吗？难道不值得我们去回味、去传承吗？

当然，学习与传承先生的治学理念与方法，毫无疑问是门生的重要责任与历史任务。先生的学术研究成就是多方面的。其中，李白研究是先生最主要的研究领域之一。自1971年起，先生孜孜不倦、辛勤耕耘四十载，先后发表李白研究的学术论文60篇，全部收入《李白与唐代文史考论》一书之中。① 先生将李白作为自己的重要研究课题之一，其目的是“从对李白生平事迹及其交游进行深入考证研究入手，逐步解决李白生平事迹和作品中长期存在的疑点和老大难问题，彻底扭转建国以来长期存在的崇尚空谈、不求实证的学风”。② 当时，正值“文化大革命”时期，具有如此远大的学术理想与治学抱负，实在难能可贵！那时，先生刚届不惑之年，具有如此科学的治学理念与治学方法，着实让人佩服有加！

纵观自汉以降两千多年来中国古代文学研究学术史，研究方法随着时代的发展构成了一个由浅入深、由局部到整体、由较低级阶段走向较高级阶段的逻辑发展过程，也就是章句训释、义理探求和整体研究三个层次。所谓“章句训释”，主要是运用目录学、版本学、文字学、训诂学、音韵学等学科对文学资料进行整理和考订。这是在受经学为主导影响的汉代至北宋阶段最基本、最典型的研究方法。然这种研究方法直线地、机械地去达到对作品义理把握的目的，其致命弱点是“旁引曲证强附于其事之已然”（朱熹《楚辞集注·序》）。所谓“义理探求”，即以义理阐发作品的方法。这是在受理学为主导影响的南宋至清代阶段最基本、最典型的研究方法。由“章句训释”到“义理探求”的跃进，标志着中国古代文学研究逻辑由表层结构到深层结构的发展。然而，“义理探求”方法往往难以把握，甚至有时会陷入探求“微言大义”的泥潭，往往会有“架空立说”之弊。可见，无论“章句训释”还是“义理探求”，都不可能解决研究主体方面解释的历史性和研究客体方面语言的社会性

① 郁贤皓师《李白与唐代文史考论》，南京师范大学出版社，2008年。

② 郁贤皓师《李白与唐代文史考论·前言》，第2页。

这两个理论难题。在受现代哲学思潮影响的“五四”时期至现在，开始由“义理探求”方法到“整体研究”方法的跃进。总之，运用马克思主义和近现代西方哲学关于事物矛盾的观点和方法去研究中国古代文学，既注重纵向研究的深度，又注重开拓横向研究的广度。这种纵横结合、深广结合的整体研究方法，正建构着一种具有无限丰富和多样性的立体结构模式，必将把中国古代文学研究推向更高的发展阶段。这种“整体研究”层次所体现出来的方法论原则正是由经验实证到理性思辨。

先生的《李白与唐代文史考论》一书分别为《李白丛考》、《李白论稿》、《唐代文史考论》三部分。其中，《李白丛考》收入三十篇实证类单篇学术论文，《李白论稿》收入三十篇思辨类单篇学术论文。如此编排，体现出先生治学的方法论原则。经验实证的治学方法，是先生一贯所倡导的治学方法，也是先生治学的突出特色。因为先生坚定地认为：“乾嘉学派的考据学确有繁琐零碎的缺点，但那种崇尚实证、不尚空谈的认真细致的研究方法今天还是应该继承的。如果宏观的理论没有大量的微观实证研究的成果作为基础，那么宏观的‘理论’必然流于空论，甚至会出现错误的结论”。① 所以，尽管考据工作是一项犹如大海捞针一般的艰苦工作，但在先生研究李白的治学实践中，从唐人别集、总集到各种笔记，从姓氏书到宋元方志，从佛藏、道藏到石刻拓片，他首先都会认真地、广泛地阅读搜集各种文献资料，以便为自己的研究寻找各种线索，从而写出持之有据的实证类学术论文。同时，先生并不排斥理性思辨的治学方法，他不是那种以实证见长而看见理论著述就头疼的先生，而是注意在宏观理论指导下进行适当的理论阐释。所以，先生在考证的基础上，一直关注对李白作品的理论探讨。如果我们将先生的具体研究方法上升到方法论层面，我们便会总结出先生由经验实证到理性思辨的方法论原则。

① 郁贤皓师《李白与唐代文史考论·前言》，第2页。

所谓经验实证的研究方式，主要是指考订和还原文学史实。郁贤皓师在李白研究中对经验实证方法的继承与发展，主要表现有三：一是对现有的原始文献尽可能“一网打尽”，从材料的会通走向学术的突破；二是及时了解新出土的文献信息，并将其与有关典籍中的史料联系起来；三是充分分析与综合利用已知条件，用刨根究底的办法以引出新的研究课题。所谓理性思辨研究方法，即是从整体上审视研究对象，让主客体和主客观遇合为一体的研究方法，包括文学现象的记述和评论与文学规律的探索和总结。郁贤皓师在李白研究中对理性思辨研究方法的继承与发展，主要表现有四：一是总体设计，分步实施，形成了自己独特的思想体系和理论框架；二是将整个唐代的文化背景与具体的地域文化紧密结合进行整体研究；三是通过对李白政治思想的发掘，使人们对作品内容有了更为深层次的理解；四是从大处着眼、小处入手，使小材料派上了大用场。郁贤皓师在李白研究的实际中，以自己独特的方法论原则去提出问题的思路，分析问题的切入点，解决问题所得出的结论，确实给我们以诸多启示。

其一，运用经验实证方法，为理论研究构筑坚实的学术根基。郁贤皓师承清代乾嘉考据学派之余风，所运用的钩沉索隐、训诂考证的研究方法和注重史料、实事求是的学术精神，取得了显著的研究成果。他为我们开辟了宽广的研究道路，树立了光辉的典范，而且创造了一整套自成体系、行之有效的研究方法，值得我们很好地总结和发扬。固然，学术史的研究不等于史料学，它要比史料范围广泛，也更具有理论性，但是，史料的研究无可疑义地应当构成学术史研究的重要一环，也是其赖以建立的基础。在这方面还有许多工作要做。尤其是在近十几年来，社会上极端功利主义蔚然成风，人们已经太习惯于“主题先行”的所谓理性思辨方式，五花八门的新概念、新方法，争先恐后地涌入整个古代文学研究领域。这在很大程度上影响了整个古代文学研究的学术理论建设。有鉴于此，就整个古代文学研究领域的方法论而言，我们更有必要呼吁和提倡坐冷板凳、搞真学问的脚踏实地的治学态度，有必要大力提倡脚踏实地的研究方法和学术作风，大力开展文学史料学的研究，扎扎实实地从纷繁复杂的文学现象中归纳总结出某些带有规律性的东西，从而对学术研究的历史演进作出宏观的把握和透彻的分析。

其二，运用“知人论世”的研究方法，从考订作者的身世入手研究作品。任何一个民族和国家的文化特色，或多或少要受到大的文化背景的影响。这就必然要求我们在进行研究时，从整个时代的文化背景去思考。同时，一个民族和国家，由于地域、气候、政治、宗教、文化等方面的原因，会形成自己特有的思想意识、心理特征和审美习惯。民族特性渗透在文学艺术创作中，就会形成文学艺术的民族风格。一个作家生活在他活动的文化氛围里，其创作势必要打上民族风俗的烙印。所以，孟子早就说过：“颂其诗，读其书，不知其人，可乎？是以论其世也，是尚友也。”（《孟子·万章下》）。古代文学研究家普遍认识到，科学的文学研究必须“知其人”和“论其世”，既要了解作家的身世、经历、思想感情、人品德行等等的关系，同时又要认识作品和作家所处的时代背景和社会环境。因此，把文学家放在一定的时代背景、社会环境、生活经历和人际交往中，来考察他的思想、行为和创作，也成为整个中国古代文学研究的一个卓有成效的传统。只有我们继承与发展了前人“知人论世”的研究方法，才能取得许多突破性的研究成果，才能作出历史性的研究结论。

其三，运用理性思辨研究方法，以评述文学现象、探索文学规律为归宿。文学研究在资料的整理和考订的基础上，应包括文学现象的记述和评论与文学规律的探索和总结这两个层次的理论研究。这两个层次的研究方法，实质上就是理性思辨的研究方法。首先，就研究的动机而言，我们运用经验实证方法进行资料的整理和考订，就是为运用理性思辨方法进行文学现象的记评和文学规律的探求，即为探求事物之间的关系提供客观、真实的材料。其次，就研究主体而言，以理性思辨方法探求文学创作规律都具有解释的历史性。我们生活在一个伟大的时代，应该自觉地运用以马克思主义为指导的当代哲学思潮，去分析作家所处的时代，去把握作品中所反映出的政治思想。再次，就研究客体而言，以理性思辨方法探求文学创作规律都具有语言的社会性。这就造成了作品所表现的主题与作者所要表达的意思不能完全相等，而研究者对于作品的不同解释，只要是在语言所容许的意义范围之内的，都应当看成是正确的。

另外，整体结构的研究方法的前提是尽量搜集各种资料，一切从原始资料出发，坚持批判继承和发展创新相统一的原则。这首先需要平时多读常见书，尽可能避免形成“灯下黑”现象。

注重实证　不尚空谈

——郁贤皓教授的学术特点

刘运好

20 世纪 90 年代初，我在小城一所中专教书，一次在一位朋友家见到了郁贤皓先生的两部著作，一部是《李白丛考》，另一部是五大册的《唐刺史考》。粗略一翻即为先生严谨的学风和渊博的学问所折服。在一个无论是“大师”还是学问上的“马前卒”都难免沾染了些浮躁学风的时代，先生能够守望着纯学术的壁垒，沿袭乾嘉学派的路子另辟蹊径，潜心典籍，或解决了许多清儒以来的学术疑案，或纠正了前贤的学术谬误，或填补了学术研究的空白。

后来我随郁先生攻读博士学位，对先生的学术有了进一步了解。得知先生以毕生精力从事中国古典文史的研究和教学，其研究领域十分广阔，对《诗经》、建安文学、中国文化史均有涉猎。其唐代文史研究成就尤为卓著，并获得了极大的社会效益。其主要著作《李白丛考》获江苏省首届哲学社会科学优秀成果二等奖，《唐刺史考》获 1987 年度中国图书奖荣誉奖、全国首届古籍优秀图书一等奖、江苏省政府第二届哲学社会科学优秀成果二等奖、江苏省出版界最高奖——精品奖，《唐刺史考全编》(全六册)获安徽省政府优秀图书一等奖，《李白大辞典》获中南片区优秀图书一等奖。此外，《天上谪仙人的秘密——李白考论集》、《李白选集》、《唐风馆杂稿》、《唐诗经典》等重要著作都产生了极大反响。

先生多次主持或参加国家社科项目，他完成了国务院关于古籍整理十年规划中的重点项目《元和姓纂(附四校记)》;担任国家特大项目《中华大典》编委兼《隋文学部》和《唐文学部一》的主编;主编普通高校"九五国家级教材"《中国古代文学作品选》等等。

先生的学术在海外也引起巨大反响。其《唐刺史考》被海外著名的图书馆列为经典藏书,先后被邀请赴香港中文大学、日本早稻田大学、美国哈佛大学、宾夕法尼亚大学讲学,还与日本明海大学中文科主任市川桃子教授合作研究"李白的文"项目。

郁先生勤奋过人,著作等身,主要著作近30部,总字数达一千多万字。但是先生鄙弃泡沫学术,强调发明创造,反对沿用现成的材料和结论;治学严谨,注重实证,不尚空谈,对弟子反复申说"对资料的发掘要竭泽而渔"。先生推重前辈学术大师,对王国维、陈寅恪、岑仲勉等先生十分景仰,在学术上尤重王国维的"二重证据法",主张不仅利用纸上的材料(典籍),而且还要利用地下的材料(贞石墓志等),在微观综合研究的基础上进行宏观研究。其唐代诗人研究与唐代职官研究特别体现了这一学术特点。如宋之问、李白等诗人的生平事迹、作品系年、辑佚辨伪等方面研究,都是建立在新的材料发现的基础上,注重微观实证,在考证的基础上进而对诗人作品和思想进行义理上的宏观探讨。这种学术特点,在《唐刺史考》这一宏篇巨帙的著作中表现尤为突出,全书在对唐代的每一位刺史进行细密的微观考证,纵览全书,则又建立起对唐代的典章制度、官制变化、地理沿革等方面的宏观认识,因此其唐代文史研究方面所取得的学术成果被海内外学术界誉为"开创了新的局面","对唐代研究作出了巨大贡献",在该领域中处于海内外领先地位。先生即将杀青的《唐九卿考》也同样体现先生一贯的学术特点。

记得我在忝列先生之门时,曾聆听他反复告诫弟子,做学问必须注重原典文献,对原典文献的研究要做到:"彻里彻外,彻头彻尾,彻上彻下",即文史并重,彻底弄清楚文本与背景、纵向与横向、地上(文献)与地下(考古)各类文献。在占有大量资料的基础上进行排比综合,有发现,有创见。

作为先生的弟子，惭愧于才疏学浅，难以传承先生的学术思想。然而，虽不能至，心向往之。每当试图偷懒的时候，仿佛先生严厉而期待的目光，正看着我，令我耳热心跳。

（原载《人民政协报》2002 年 4 月 2 日《文化周刊》）

郁贤皓先生的治学理念与学术风范

胡振龙

在当代唐代文史研究领域中，郁贤皓先生是一位卓有建树、享誉海内外的著名学者。他的《唐刺史考全编》、《唐九卿考》、《元和姓纂》（整理）等煌煌巨著成为学人案头必备之书，《李白丛考》、《李白选集》开创了二十世纪李白研究的新局面；领衔主编的《中国古代文学作品选》教材颇受学术界教育界好评。“莫道桑榆晚，为霞尚满天”，年届八旬的郁先生笔耕不辍，仍致力于李白全集的校释工作。至今为止先生出版了三十多种著作，发表论文百余篇。这些论著或以其厚重深广或以其新见迭出受到学术界的关注和赞誉。《唐刺史考》出版后，吴瀛先生认为这是为中国文化研究争光添彩的大手笔（吴瀛:《郁贤皓——埋头做学问的学者》，《人民日报海外版》2001 年 11 月 7 日第十版）。韩国学者任大熙在日本《东方》杂志上撰文称是“对唐代研究作出巨大贡献的力作”，赞扬郁先生“能从浩如烟海的文献中有效地进行大量的引用，充分显示中国本土在这方面知识的深厚功力”。在庆贺郁先生八十华诞之际，总结先生的治学理念及学术风范实属题中应有之义，对当今学术研究和青年学者的成才必将起到有益的借鉴作用。

一、为学当从释字始

回顾郁先生的学术道路，我们发现先生是从文字训释工作开始治学，其后又由解释唐代诗文中出现的官职称谓转入唐代职官制度的研究工作。1957 年先生考入南京师范学院中文系，以优异成绩毕业后留校任教。一开始先生并非执教古代文学，而是师从徐复先生治文字训诂。1963 年，先生在上海浦江饭店参加《辞海》修订工作，1974 年再度参加修订《辞海》，并作为语词分册主编之一，承担“示部”至“羊部”约六十万字的撰写修订工作。前期的文字学研究为先生的治学打下了坚实的基础，并使先生养成了实事求是、无征不信的朴实学风。先生认为只有多方面地掌握古代语言的文字、声韵、语法等知识，才能真正读懂作品内容。在解释古典诗歌中，先生充分展示其小学素养和训诂功底，立论常能别出心裁，自出新意，使人折服。如王勃《送杜少府之任蜀川》结句“无为在歧路，儿女共沾巾”，通行注本均将“儿女”解释为“青年男女”，先生认为古诗文中“儿女”多指女儿，如《史记・魏其武安侯列传》叙灌夫骂临汝侯曰：“今日长者为寿，乃效女儿呫嗫耳语！”司马贞索隐：“女儿犹云儿女也。”故王勃此诗中的儿女专指女子，各注本释为“青年男女”，误。（《唐诗经典》页 225，上海书店出版社 2009 年版）此说有根有据，合乎情理。再如杜甫名诗《自京赴奉先县咏怀五百字》结尾有二句“抚迹犹酸辛，平人固骚屑”，“骚屑”二字当如何理解？《辞源》释为“纷扰貌”，著名杜甫研究专家萧涤非先生在《杜甫诗选注》中也解释说：“动摇不安之意”。（《杜甫诗选注》页 61，人民文学出版社 1979 年版）先生认为，“骚屑”一词在古代是双声联绵词，与“萧瑟”一词同音通假。“骚屑”即“萧瑟”，乃萧条、凄凉之意，并举宋玉《九辩》“萧瑟兮草木摇落而变衰”、刘向《九叹》“风骚屑以摇木兮”、江淹《恨赋》“秋日萧索”、谢朓诗句“骚瑟惊暮秋”、欧阳修《秋声赋》“初淅沥以萧飒”等以为例证，说明“骚屑”、“萧瑟”、“萧索”、“骚瑟”、“萧飒”都是同音或音近通假，而其意思相同。所以在先生主编的《中国古代文学作品选》中就将杜甫此二句诗解释为“思量自己的遭遇尚且如此辛酸，平民百姓没有特权当然会更加凄凉。

先生一向主张在注释和赏析古代文学时必须注重古代历史、

地理、风俗、习惯等，否则会出现硬伤，闹笑话。如人所习知的王之涣《登鹳雀楼》诗，许多赏析文章都说“白日依山尽”是指太阳下山。但先生据唐代鹳雀楼所处方位认为通俗说法站不住脚。因鹳雀楼位于河中府最西边的黄河中间，而诗中所说的山即中条山在楼的东南方，太阳怎么会向东南落下去呢？“窃以为这句诗并非写落日，而是写山，如章燮注《唐诗三百首》所说：‘日之所至，无所不见，所不见者为高山阻隔，故曰依山尽’。这是形容连绵的中条山之高的。正午阳光普照，唯东南面山高，诗人立足点低，只能看到阳光照到这边的山为止，至于山那边的阳光景色就看不到了。正因如此，诗人才有‘欲穷千里目，更上一层楼’的想法。”（见郁师《转益多师是汝师》，《古典文学知识》1996 年第 4 期）

先生研究李白更注重对李白诗中出现的人名、地名、职官的解释。其代表作之一《李白诗中崔侍御考辨》是二十世纪李白研究的重要成果。郭沫若《李白与杜甫》将李白诗中的“崔侍御”、“崔四侍御”说成是崔宗之，并说崔宗之名成辅；又据《旧唐书·李白传》说崔宗之由左司郎中贬为侍御史。郁先生从郭说中发现三个问题：一是侍御史唐人一般尊称为“端公”，殿中侍御史、监察御史才称“侍御”；二是唐人记载崔宗之的名都称宗之，未说名成辅；他一直历职郎署，未有为侍御史的记载；三是李白有《泽畔吟序》，其中提到“崔公”曾“佐于宪车”，而从未登郎署，李白诗中的“崔侍御”“崔四侍御”当即为这位未登郎署的“崔公”，亦即《李太白集》中附于《酬崔侍御》诗前的《赠李十二》一诗的作者“摄监察御史崔成甫”。先生读书治学既有极强的问题意识，又有迎难而上的勇气和毅力。他运用王国维倡导的“二重证据法”即将纸上的材料和发掘出的地下材料相结合，既遍稽群书又充分利用出土的唐人墓志来解决疑惑。他先从《千唐志斋藏石》拓片中找到崔宗之四兄崔宜之墓志，证实崔宗之名宗之，不名成辅，排行不是第四而是第五，李白诗《赠崔五郎中》即赠崔宗之，因此“崔四侍御”就不可能是崔宗之。又通过对北京图书馆所藏崔成甫家族墓志的排比对照，终于弄清了崔成甫的家世和生平，从而断定李白十首诗中的“崔侍御”、“崔四侍御”为崔成甫，决非崔宗之。这篇考证文章有多方面的意义，一是订正了郭沫若的错误说法，填补了李白交游事迹研究的一项空白。二是有助于对李白相关诗文的深度解读，如李白《古风》其五十一中的“比干谏而死，屈平窜湘源”一句非泛泛而谈，而是以比干指李适之被杀，以屈平喻崔成甫被贬湘阴。三是具有方法论的意义，它示后来者以轨则，说明二重证据法在当代的学术研究中仍然有其强大的生命力，研究唐代文史要充分利用唐人墓志，字词句的解释并非小道而是古典文学研究的基础工程。

二、文章不写一句空

南师中文系的古典文学研究向以朴素严谨、求真务实著称，唐圭璋、孙望、段熙仲、诸祖耿、吴调公等海内外知名学者先后在此耕耘，出版了《全宋词》、《全金元词》、《词话丛编》、《元次山年谱》、《〈水经注疏〉校点》、《战国策集注汇考》、《李商隐研究》等高质量的著述。郁先生继承老一辈学者的优良传统，结合自身的特点，形成了文史结合，注重实证的治学理念。纵观其研究论著，无不以扎实的材料做支撑，真正做到了言必有据，无征不信。

《李白丛考》是奠定先生学术地位的成名之作，孙望先生在《〈李白丛考〉序》中说：“作者擅长从细致坚实的考证中得出结论。读过《李白丛考》后所留给我的一个最突出的印象是：它的每篇文章，其结论都是建筑在细致坚实的考证基础上的。……凭借碑志以考核人事，自是很好的方法，但这只是贤皓同志资以考证的一个方面。此外，随着问题性质的不同和资料情况的不同，他还采取多种途径去求得疑难的解决：从诗文中去寻找内在关系，或从时间、地点、官衔的异同上去找线索，或从亲朋交游、离合聚散上去作推敲，也有的时候从版本校勘上去求旁助，等等，途径是多方面的。我体会到在充分掌握资料、证据齐备的情况下，许多结论的获得，自有‘百川灌河’、‘水到渠成’之势。自然，这种结论，也就是坚实可信或比较可信的了。”《丛考》中的文章如《李白出蜀前后事迹考辨》、《李白初入长安事迹探索》、《李白两入长安及有关交游考辨》、《吴筠荐李白说辨疑》等都以过硬的材料和细密的论证令人折服。

先生不喜空谈，反感那种游谈无根，大而无当的文风。他在《论唐代文史的微观综合研究》一文中开宗明义地提出："近年来，从事唐代文史研究的学人对宏观研究感兴趣，而对具体史料与具体作品的微观研究则不太重视，往往流于简单粗疏。其实，宏观研究必须建立在深入的微观研究基础之上，才能总结出正确的结论。"(《唐风馆杂稿》页189，辽宁大学出版社1999年版)文中结合自己研究经验说明细致扎实的微观研究其实是文史研究必不可少的重要一环。如李白有首五律《江夏别宋之悌》，众多李白诗选及研究著作均称是李白晚年流放夜郎途中经过江夏时所作，并据此得出李白晚年五律体写作仍很工稳的结论。但先生从《朝野佥载》、《唐会要》等典籍中考明宋之悌乃初唐诗人宋之问季弟，也是肃宗至德年间营救李白出浔阳狱的御史中丞宋若思之父。又据杜甫《过宋员外之问旧庄》诗证知宋之悌开元二十九年(741)前已卒，由此可知，此诗乃李白开元二十九年前的作品，并据此得出李白前期而不是晚期长于五律创作的结论。

先生的考证文章远绍乾嘉朴学之风，在浩如烟海的材料中辛苦爬梳，对纷繁的矛盾陈述加以认真清理，对各种已有的旧论新说进行多方比照，"凡立一义，必凭证据；无证据而以臆度者，在所必摈"(梁启超《清代学术概论》页47，上海古籍出版社1998年版)。其理论文章的写作也以材料说话，文风言简意赅，朴实简洁，别具一格。《论李白〈古风五十九首〉》、《李白乐府与歌吟异同论》、《论李白思想的形成和发展》、《再谈李白〈蜀道难〉的寓意》等文章新意叠出，在海内外学术界产生了较大的反响。而其立说均建立在确凿可靠的证据之上。《李白乐府与歌吟异同论》首先以一系列唐诗文本说明唐代新题歌行体诗并不归入乐府，乐府未必是歌行，歌行未必是乐府，唐人将两者区分得很清楚。我们不应当任意扩大乐府诗范围，不能将所有歌行体诗归入乐府诗。然后着重阐释太白乐府与歌吟体诗在思想内容及表现手法的差异。首先，李白乐府绝大部分沿用乐府旧题，这些诗与旧题本事、本辞及前人作品有密切联系。而李白歌吟体诗非乐府旧题，不受任何限制。其次，李白乐府与歌吟体诗表现生活和思想的方式不同。乐府诗往往将当时独特的现实生活和自己的个别感受转化为一般的、传统的形象客观地表现出来，很少展示特定的情景和个性。而其歌吟体诗每篇都具体表现特定时间和空间的独特个性的思想和情绪。再次，二者的不同还表现在是否用比兴手法。乐府多用比兴寄托，词旨隐晦，而歌吟则表现意图非常明确。文章正本清源，条分缕析，中肯地指出了李白两种诗体的不同特质。《再谈李白〈蜀道难〉的寓意》一文则依据阴铿《蜀道难》中"蜀道难如此，功名讵可要"的立意，以探求李白诗的托意所在，参以姚合诗"李白蜀道难，羞为无成归"等例证，来论定此诗借送友人入蜀之际，极写蜀道之艰险，以寄寓自己功业无成之感。《蜀道难》主旨向来众说纷纭，此说植根于乐府古题的本辞释义，再以唐人诗证李白诗，更具有说服力。

三、金针度与后来人

长期以来，郁先生口不绝吟于六艺之文，手不停披于百家之编，心无旁骛，孜孜不倦地从事唐代文史研究工作，取得了令人瞩目的学术成就。为了使学术事业后继有人，薪火相传，先生除了撰写一系列富有学术深度的高质量专业论文外，还抽出大量的时间和精力从事学术普及工作。主要体现在以下几方面：一是精心编著各种选本，包括《李白选集》、《唐诗经典》、《唐代文选》等。《李白选集》堪称迄今为止最权威的李白作品选本，收诗歌300多首、散文18篇，李白诗文精华大体齐备。作品的编年和题解以及牵涉的交游，多采用自己的研究成果，其中的注释充分发挥先生对训诂学的精深造诣，使《李白选集》具有严谨精审的鲜明特色。二是不断梳理总结学术界已有的研究成果，结合自己的研究心得和治学经验进行现身说法。诸如《中国唐代文学当代研究述评》、《论"二重证据法"在唐代文学研究中的运用》、《论唐代文史的微观综合研究》、《近百年来李白生平研究述评》、《李白两入长安的发现及其意义》、《李白研究的回顾和展望》等，这些文章对相关研究情况高屋建瓴地加以评述，尤其着重于自家的研究体会，与那些泛泛谈论治学经验者相较无疑更具有启发意义。它们宛如一盏盏明灯引领年轻学子步入学术殿堂。三是走出象牙之塔，面向一般读者讲解古代文史知识，如《古代文学作品选讲》、《中华文史知识实用手册》、《古诗文鉴赏入门》等。先生还在《古典文学知识》杂志中发表系列文章，如《"玄黓"、"涒滩"是何年？》、《帝王的年号、谥号、庙号和陵号》、《帝王后宫杂谈》、《从"变徵之声"和"律中无射"谈起》、《古代刑法琐谈》、《和亲杂谈》、《历代宦官弄权杂谈》等，这些文章涉及古代诸多典章制度、礼制规范，做到了知识性和趣味性的有机统一，使初学者受益匪浅。另外先生还撰写了两本有关李白的传记，一本是"少年文库"的《李白的故事》，一本是"祖国丛书"的《谪仙诗豪李白》，两书均深入浅出地评述李白的一生，受到读者欢迎，多次再版。

先生胸襟坦荡，为人率真，对学术著作中不符合学术规范的行为他本着知无不言，言无不尽的态度撰文商榷。众所周知，詹锳先生是国内老一辈李白研究的著名专家，在学术界享有很高的威望，由他主编的《李白全集校注汇释集评》出版后获得了国家图书奖。但郁先生在阅读时觉得此书在整理古籍的方式方法和学术规范上有些问题，如书中引用了明代朱谏《李诗选注》中不少欠准确的乃至错误的见解，有些地方袭用别人研究成果未注明出处，书中有些内容前后叙述不一致，书中的注释也存在不少错误，等等。于是，发表了《从〈李白全集校注汇释集评〉想到古籍整理的学术规范问题》(《南京师大学报》1999 年第 1 期)一文展开争鸣，文章实事求是，谠言直论，摆事实，讲道理，充分体现了先生求真务实，不迷信权威的学术风范。

先生平易近人，虽为学界名流但却没有丝毫架子，对年轻一辈学人总是尽力提携帮助，上世纪八十年代他和青年学者奚柳芳的交往堪称一段佳话。1983 年二人相识于开封，先生通过交谈发现奚柳芳虽未读过大学，但知识渊博，学术功底深厚，是位不可多得的人才，于是愉快地结纳了他，二人很快成为莫逆之交。先生认为奚柳芳的经学史研究独树一帜，有自己的完整体系，便打破世俗偏见，邀请这位只有三十来岁尚无职称的年轻学子来南师为博士、硕士研究生多次开经学史专题讲座。对于自己所带的研究生，先生鼓励他们勤奋读书，善于思考，边读书，边研究，有了心得就写文章，论文写作一定要有问题意识和创新精神，有问题，必追究。笔者在撰写博士论文《李白诗古注本研究》时，先生耳提面命，循循善诱，启发我思考几个关键问题，其一是学术史上李白诗注本缘何少于杜甫？李诗注本之间的传承递嬗之迹是怎样的？如何评价各个注本的优劣长短？等等。当学生在学术上有了一点成绩，先生总是满腔热情地予以肯定。每当学生的学位论文正式出版，先生比自己出书还高兴，不辞辛劳地为诸生赐序，前后写有十多篇。序言中总是客气地尊称作者为“某某君”，不吝赞赏鼓励之词。这种赞美式的指导方式与当下流行的教育理念不谋而合，无疑给我们这些初窥治学门径的后辈在学术道路上的前行增加了信心和动力。

四、回忆情谊

轻舟已过万重山

——我心目中的郁贤皓老师

朱玉麒

一

在郁贤皓老师众多的弟子中，我是一个没有听过他正式课程、却得他浩荡师恩一路指引的特殊的学生。

现在回想起来，是在大学生活开始不久，我就见过郁老师。

大学一年级第二学期的某个下午，我在南师图书馆的阅览室里随便看书。当时可能在看一本关于《世说新语》人称代词研究的港台版书，图书馆的许多书不能外借，尤其是海外的书，必须在那里看。那时候真是瞎看书，总觉得大学的学习要与高中不一样，要看高中不看的书；所以喜欢了《世说新语》，就要去读与它相关的高深著作。

1980年代初的南师图书馆就是正对着宁海路老校门的一百号楼前广场东北侧的那幢小楼。古色古香，光线黯淡，走进去便有一种殿堂般的感觉，脚步和说话声都会不知不觉放低了。坐在阅览桌前，闭架借书台那里稍稍一点声音都能够听到。

这时候，有一个声音传过来："陶老师，我还要用一下Dangweiyao！"

Dangweiyao是什么书？——我心里暗自嘀咕，要看高深著作的想法，让我对这个书名充满了好奇。

于是，等到陶老师把书递到借书人的手中时，我抬头看过去：一个戴着黑边眼镜、身材魁梧的中年教师接过了两大本书名是《唐会要》的书。

啊！我明白了，这个老师是吴语区的人，他将普通话中的送气清音 t 和 h 都发成了不送气浊音。而《唐会要》究竟是什么书呢？我在四年大学里其实一直也没有弄清楚。

让我没有想到的是：三十年后《唐会要》也成了我案头必备的工具书。就在前几天我还考证了其中关于"荷泽寺"条的时间错误，将近三十年前在郁老师手中第一次见到这部书的情形，又重现眼前。——如果这样说起来，我第一次见到郁老师，他就用行动给我上了一课，向我展示了一个唐代研究者常用的工具书。

更让我没有想到的是：这位《唐会要》的借书人就是郁老师，而他将在我后来的人生中产生举足轻重的影响。

二

转眼到了大三的第二学期，隔壁宿舍的同学倪培翔走过来说：有个勤工俭学的活儿——郁贤皓老师要找几个字写得好的同学帮助抄写他即将出版的《唐刺史考》。

那个时候出版著作的教师不多，郁老师出版了他的成名作《李白丛考》，他的名字在南师中文系的学生中如雷贯耳，被奉若神人。那是个非常重要的信号，在老一辈的学者如唐圭璋、孙望、段熙仲、徐复、钱玄、诸祖耿带来南师中文系的光环之后，中青年教师的声誉鹊起，似乎就是从郁老师开始的。按照今天的话来说，那是南师中文系新的学科带头人，从郁老师开始诞生了。我们那个宿舍，好像写字都还不错，因此，带着一份崇敬之情，曹连观、沈利华、王正喜都去了，我也跟着去了。

郁老师的家离学校不远，在南大和南师之间的陶谷新村。上了二楼，便看到了迎上来的郁老师，他原来就是我大一时候见过的

《唐会要》的借书人！

《唐刺史考》这部书在今天文史学界的价值已经不用再多说了。作为一部重要的工具书，它使唐代的职官史料从中央机构扩展到官卑人众的地方官员，体现了资料编纂加大加密的有序递增，从而被张广达先生誉为20世纪唐史史料编纂学的一个重要范式。

当时的我们并没有理解得那么透彻，只是知道这是一部即将出版的大书，我们的工作，就是将那些已经由郁老师按照一定的体例编写好的刺史材料再一丝不苟地抄写在规定的方格稿纸当中。这是个枯燥的简单劳动，字好不好并不重要，重要的是一笔一笔把它写出来。其实郁老师本身的行楷字已经非常好认，但是他现在要求我们的抄写要更加工整，不能有任何的连笔出现。这个要求在我后来的工作中产生了影响，那就是出版和发表的任何稿件，尽量不要让文字的错误出现在作者一方。

印象里这个抄写的工作持续有半个学期左右，其中有几次到郁老师家中交稿或取稿。他似乎始终在忙碌着做下一步的工作，经常是饿了吃一碗清水挂面，累了就和衣躺一下接着伏案。一幅“看似寻常最奇崛，成如容易却艰辛”的楷书对联悬挂在写字台前，一个听诊器却非常显眼地放在对面的床头，这两件矛盾的东西就这样一成不变地集中在他编撰《唐刺史考》的日日夜夜。我们去了，他会停下来交代新的抄写任务，或者告诉我“州”的三点不能连笔以防与“卅”字混淆、三点水也不能用两笔来连写以防被排字员处理成单人旁……，总之是一些鸡毛蒜皮的细节，却让我印象深刻，越是到今天，就越是体味到汉字除了具有书法的艺术价值之外，最重要的功能还是正确传达信息。

有时候，我也会拿抄写中觉得读不通的地方做下记号集中去问一下郁老师。那时，就看他口中说着：“噢，噢，这个材料在《全唐文》的××卷。”手里已经准确无误地取过某册《全唐文》，迅捷地翻到那一页核对起来。——这个精准的手法是怎样做到的呢？当时除了惊叹，好像也无从理解。直到后来有一个阶段武侠小说流行乃至社会上习武成风，倒让我想起：郁老师的这个本领，就是“功夫”！

《唐刺史考》的工作告一段落的时候，我们都拿到了一笔不菲的抄写费，可以用来贴补买书了。当时的费用好像还多出来一些分不均匀，王正喜就做主给每人买了一把吃西餐的小刀——这也是大学生活印象深刻的记忆：对于西餐是什么都没有见过的我们来说，那把愚笨厚钝的刀究竟有什么用呢？

抄写工作结束不久，记得是一个下雨天，在经过北大楼拐角处，我和王正喜还见到过一次打着雨伞、若有所思地走路的郁老师。他答应着我们的招呼走了过去，但忽然想起了我们是谁，又回头说：谢谢你们帮助抄写《唐刺史考》啊！

此后，郁老师再次从我的大学生活中隐没。

三

很快，大学的最后一个学期来临了。

四年的大学，记录了我很多成长的愉快历程。但是，我最不幸的人生经历也在那个时期发生：我的父母在我大二、大四的时候相继因病去世。这个打击使原本打算回乡尽孝养之心的我感到无所适从。于是，我选择了去新疆工作。去一个印象中遥远而艰苦的地方做奉献，以此来回报父母的养育之恩，这是我当时最朴素的想法，也是唯一能让我重新树立生活信心的想法。

决心已定，便义无反顾。当其他同学还在匆忙地寻找自己的栖身之地时，我一如既往地抄写着《说文解字》的篆书字头，尽情享用最后的大学生活。可是，在遥远而辽阔的新疆，哪里有属于我的工作呢？悬肘行笔的许多刹那，其实心境也并不完全平静。

这个时候，郁老师的召唤来了：跟随他做本科毕业论文的倪培翔，有次在闲聊中偶然提起了我的毕业去向。难为郁老师竟然还记得我这个曾经为他抄写《唐刺史考》的学生，当时就说新疆师范大学中文系的负责人薛天纬老师是他研究李白的同道，他可以推荐我前往那里任教。于是我被邀请到他家面谈。

郁老师同情我的遭遇，也嘉奖我的志向，很快便修书新疆，向薛天纬老师推荐。

天气开始热起来了，我还在抄着《说文解字》。忽然就有那么一天，郁老师紧紧捏着一封信，急匆匆地来到了我所居住的四舍。他比我还着急地等待来自远方的回音，因此从系里拿到信后，家也没回就跑来了。薛老师来信了，他非常重视郁老师的推荐，向学校人事处了解了相关政策后，便回信郁老师，让我在暑假之后直接去新疆师范大学报到。那封挂号信写得非常热情，我至今还记得对郁老师和我都称"同志"，既是那个时代的烙印，也是对我前往郑重其事的表现——那一天，我走向社会的第一份工作就这样得到了。

此后的两三个月，我有机会多次去郁老师家，向他汇报后来我与薛老师、与新疆方面直接联系的情况。他也仿佛是自己要去新疆一样，向我交待出门应该注意的事项。有一天，跟我说起在新疆这样的北方地区教书，应该讲好普通话，忽然便停下来看着我说："你的普通话讲得怎么样?"他完全忘记了我们一直在用普通话交谈，而是非常认真地从语言的角度重新开始注意我的说话。一分钟后，他认真地说："唔，你的普通话还可以，到了新疆应该没有问题!"就是在类似这样的交流中，他帮我操心着远行的各种细节。

那时候的南师中文系每年有四个平行班，一百六十多人，我这样一个非常平庸的青年学生，竟然能够得到既没有担任过我任何课程、又具有崇高学术声望的学者郁老师的悉心过问，真的觉得是一种奢侈。这也提高了我对自己将来成为教师的要求和期待。

带着郁老师的殷殷嘱咐，经过四天三夜的火车旅途，1985 年 8 月 20 日，我来到了新疆。从此我在新疆师范大学中文系度过了 25 年的教学和科研生活。这四分之一世纪的青春岁月，成为我珍贵的财富。每当我闭上眼睛遥想西北时，茫茫的天山雪峰就出现在我的眼前，我已经与祖国的西北融化在一起！——是郁老师的推荐重塑了我的人生。

四

要说因为大学里的这些接触、大学毕业时候一个关键性的推荐，使我对郁老师终身铭感，那是一点也不过分的；但要因为这些我就到处吹嘘郁贤皓先生是我的老师，那又实在有些自抬身价。

我现在之所以非常自豪地称引郁老师是我的老师，是因为我有其他作为郁老师的学生而十分充足的理由：我毕业离开南师的日子，恰恰是郁老师给我的学术关怀和指导，从此穿越千山万水不断传来的开始。

首先，是他的推荐决定了我的学术道路。当我到新疆师范大学报到之后，似乎不由分说，我就成了中国古代文学教研室的教师，并且作为薛天纬老师的助教，开始隋唐五代文学的教学和科研工作。在新疆师大的岁月里，薛天纬老师成了我重要的导师，我最初的教学和科研道路，都与他耳提面命的指导分不开。这种种的因缘，容我以后用专门的篇幅，记录在遥远的新疆那些对我有知遇之恩的师友们。郁老师和薛老师似乎每年都会在唐代文学或者李白研究的专业会议上相见，我的近况成为他们交谈的重要话题。直到去年，郁老师还在回忆当我去了新疆一年之后，薛老师与他见面、感谢他输送了一个优秀的青年教师到新疆的时候，他如释重负的心情。

其次，是郁老师真切地关注着我的工作，从很多方面给我力所能及的帮助。他的著作出版，总不忘记签名赠送给远方的我。有时候托我的同学倪培翔寄给我，有时候他又亲自到邮局寄我。像每封寄给我的信件一样，他给我的邮包都不厌其烦地写全了“新疆维吾尔自治区”的名称，这个小小细节也让我感受到他处事认真的态度。从他早期的著作如《谪仙诗豪李白》、《李商隐》、《百科知识十万个为什么·文史编》，到后来的《唐风馆杂稿》、《李白与唐代文史考论》，甚至具有工具书性质的《唐刺史考全编》、《唐九卿考》等，我都拥有他的签名赠送本。他的《百科知识十万个为什么·文史编》，我敢说是影响我早年教学生涯最深刻的一部书。那些在我们的教科书中很难找到、在日常生活中时时会思考的文史问题，翻翻他的这本书，似乎都有答案。在今天的互联网时代，大概一个“百度”检索，就可以得到相关的资料信息。但是在上个世纪的读书时代，郁老师却通过自己半个世纪的阅读和需要，将这些内容汇总到一起，可谓金针度人，功德无量。至于专业类的文史著述在我学术研究中的重要性，更是不言而喻了。

最后也是更为重要的，是郁老师后来不间断地引导我从事学术的研究。我发表的第一篇文章《道藏所见唐刺史考》，就是在他的亲自过问下，在 1992 年第 4 期的《南京师大学报》上发表的。那时，我在薛天纬老师的指导下，参加一个《新编全唐五代文》的编纂工作。我们被分配了编辑一些唐代道教徒的文章，这需要从《道藏》中寻找其原始出处。这样，我在普查的过程中，注意到了昔年为郁老师抄写过的唐代刺史的资料。我曾经好奇地取郁老师已经出版的《唐刺史考》对照，发现有些内容没有被吸收进去，因此写信给郁老师汇报这一发现。他马上给我回信，嘱我在普查唐文的过程中，将这些刺史材料摘录出来。后来，他便根据我的这些摘录，重加选择和编排，推荐给学报，并以我个人的名义发表了。那一年在母校南师的《文教资料》上，还同时发表了我的另外一篇《喜雨别解》的小文。这两篇文章是我工作七年之后才有的一些成绩，是母校和母校的老师给了我学术的鼓励。而当《道藏所见唐刺史考》这篇文章在来年又被《复印报刊资料·魏晋南北朝隋唐史》转载时，对于一个初学者来说，它带给我继续学术之路的动力更是达到了极点！

我还在郁老师的指导下，从事起李白的研究工作来。他在担任中国李白研究会会长并兼任《中国李白研究》年刊的主编时，亲自向我约稿撰写每年的李白研究综述，并约我为他主编的《李白大辞典》撰稿。在这些基础的工作中，使我了解到李白研究的前沿动态。我后来根据自己的兴趣，选择了李白在中国民间社会的影响作为努力的目标，发表了《道藏所见李白资料汇辑考辨》、《李白贞义女碑考辨》、《脱靴的高力士：一个文学配角的形成史》、《戏曲作品中的李白形象研究》、《李白题材的小说作品叙论》等论文，这一步步的成绩，无疑都是在郁老师的感召下做出的。后来他又担任《中国古代诗文名著提要·汉唐五代卷》的主编，知道我的博士论文在从事唐代文人张说集的研究，又立即向我约稿，鼓励我在张说研究方面写出具有权威性的提要来。

正是这些点点滴滴的关怀和扶持，使我确立了以学术为生命的人生追求。

五

我的一生中，遇到很多好老师。他们在教诲我的过程中，只要发现我的一点优长，从此便不遗余力地帮助我、扶持我，使我能够有今天的学术之路。

郁老师是其中的一位良师，但是与我后来遇到的其他老师不同的是：当他对我还不了解、也不管我将来是否是块材料的时候，就给了我不求回报的无私帮助。我庆幸自己有这样的运气，从此得以与郁老师持续了很长并会继续延长的师生之谊。

我总结自己大学毕业以来的求学之路，虽然成绩无足称道，但在方法论上，确实有很多方面接受了郁老师的学术影响。我的走上李白研究和唐代文史考证之路，我的考证细节但又注意文史的宏观意趣，无疑都有郁老师的潜移默化存在。当我在去年作为优秀青年人才被引进到北京大学历史学系暨中国古代史研究中心工作，作为校外推荐人的复旦大学陈尚君教授给了我很高的褒奖，其中一段提到："(朱玉麒的)专业是中国文学，最初的学术研究显然受到南京师范大学郁贤皓教授的影响，注意从第一手文献的发掘进行文学史料的鉴别和考辨，在利用《道藏》史料方面有一些重要的发现。"我感激陈尚君教授的郑重推荐，更感激他对我在学术上受到郁老师影响的认定。

我后来总有机会与郁老师在相隔一两年见一次面，向他汇报我的近况，并听他闲谈。和郁老师的聊天是非常享受的。除非你问起，一般他不会主动地、一本正经地跟你谈什么学问。我觉得这也是他认真谨慎的地方：学术从来需要凿实，你如果需要了解他的学问，他都写在了书上；而聊天的过程往往容易使客观的事实走样，所以不如不谈。对他来说，聊天是艰苦的学术工作的课间休息。他会跟你谈自己早年在上海当工人、当记者的故事，谈他在南京这么多年印象深刻的菜品，甚至会跟你谈谈现代中国的股市行情。

在这样的闲谈中，他尤其好谈他的学生们。自从我认识郁老师以后，他就开始担任研究生导师，硕士、博士、博士后，陆陆续续，带出了很多。往往在谈兴甚浓的时候，他会用这样的引子开始："我的学生×××……"他会说起这些学生在读书时的情况、工作后的业绩，充满了褒扬之情。我就是在这样的闲谈中，首先听到了他的学生傅承洲、查屏球、诸葛忆兵、尹楚彬、陈泳超、胡可先、邵炳军等等的名字，然后才在不同的地点和时间，陆续识荆并一一"建交"的。

我有时候想，郁老师的这个闲谈，也不完全可以等闲视之。这些继承了他学术营养、延续了他学术生命的弟子，在闲谈之中，实际上是寄托了他对学术的执著和学术的理想。

我希望自己日有寸进，而郁老师也天天健康。

这样，我就会有一种期待，期待到南京拜访郁老师的师友们，会从他那里听到：

"我的学生朱玉麒……"

六

我还记得 1985 年离开母校的前夕，拿着毕业纪念册去请郁老师题词鼓励的情景。

他用钢笔认真书写，并郑重盖章。印痕未干的题词拿到我手中的时候，我看到了让我终身受益也没齿难忘的名言："人无癖不可与交，以其无深情也；人无疵不可与交，以其无真气也。”（张岱《陶庵梦忆》）我非常感动在这临别之际，郁老师将他自己喜欢的名言写出来与我共勉。从此，我也将这句话铭刻在心底，作为指导我处世的准则：我会努力将完美作为人生的目标去追求，但是绝不因此而唯唯诺诺，成为八面玲珑的乡愿小人！

然而，这个题词的过程还没有结束。郁老师忽然对我说：你的字写得好，给我也写一幅，就写李白的“两岸猿声啼不住，轻舟已过万重山”！然后他对自己钟爱这一诗句的原因作出解释说：解放以来的历次运动，把许多人推向了风口浪尖，他们出尽风头，甚嚣尘上，就像两岸的猿声那样，最终却一事无成；这个时候许多默默无闻、埋头学问的人，虽然被冷落、白眼，时机一到，他们必将蓄势而发，如轻舟顺流而下，直达彼岸！

李白的《早发白帝城》是我们最早学会的唐诗之一，但是我从来没有想到可以有这样的理解、这样的境界！这个时候的郁老师就像当年的王国维一样，通过诗歌的“误读”，将人生的哲学赋予其中。

当时的我，虽然日日临池，但哪有写成书法的本事！我还没有妄自菲薄到拿出自己的习字去破坏郁老师如此美好的学术境界。所以在那天，我是从郁老师那里收获了两段题词。这些精彩的人生感悟，让我常常想起，因此在漫漫的路途中，至今还未曾迷失！

现在，当我回顾与郁老师的师生情缘时，我已经看到：正像李白所描述的那样，任凭两岸猿声喧嚣不已，郁老师是那一叶从长江上游飘然而下的轻舟，长风破浪，创造了杰出的学术成果，汇入到人类文化的汪洋大海之中。

现在，在郁老师的八十寿庆来临之际，我也已经看到：“莫道桑榆晚，为霞尚满天”，他又欣然揭开了学术的九秩华章！

2011年6月12日于北大中关园

成如容易却艰辛

——记我的老师郁贤皓先生

陈敏莉

郁贤皓教授曾经是我的大学老师，而且在许多年以后，我和郁老师的交往因为熟稔而更加无拘无束，这对于我，是一件很值得骄傲的事情。但这种很滋润人精神的感觉我一直没有说出来。假如我忍不住说了，郁老师必定会瞪大眼睛追问我：真的？这是真的吗？表情天真而认真。同许多声名显赫的学者一样，郁老师单纯而富有童心，自信却又非常的谦虚。尽管如今他已年近古稀，但他仍然是一个至情至性的人，思维敏捷，对新鲜事物永远好奇，常常会提出一些出人意料的问题。同他交往，被注入了青春活力的反而是我。也许，渊博的学问就是生命中的活水，它来自高山深谷中常年自强不息的清冽小溪，只要是它流经的土地，就会绽放出周而复始的绿色。知识能使心灵之树常青。人人都会老，这是老年人中间最令人羡慕的生存状态。

二十多年前，站在高高的讲台上给我们讲授唐宋文学的郁贤皓教授正是年富力强的时候，他讲课的时候声音洪亮，目光炯炯，加上魁梧挺拔的身材，自信果断的举止，他的形象像个将军，而不像刚从十年浩劫中走出来的中年知识分子。尤其讲到李白，郁老师会情不自禁地激情澎湃起来。记得他给我们讲授李白《将进酒》这首诗的时候，自己完全沉浸在诗的宏伟气势与意境之中，“君不见黄河之水天上来，奔流到海不复回！君不见高堂明镜悲白发，朝如青丝暮成雪！”讲着讲着，他潇洒地伸出了手，“拿酒来！拿酒来！拿酒来！”他连喊三声，气概非凡，坐在下面听课的我们早已忘乎所以，仿佛郁老师就是诗仙李白，正豪爽地拿起酒杯要同我们干杯。

平时，郁老师那不失风趣但又有点咄咄逼人的说话风格，桀骜不驯的性格特征的确有点同李白相似。一次聊天，我无意中说起我的这点发现，“是吗？”郁老师开心地问我，想了一想，又摇了摇头，“李白是唐代的大诗人，我怎么会像李白呢？”

然而，极富个性的郁老师性格中却还有他的另一面。他在说起他的老师和他的学生的时候声音会立刻降低八度，如本质的丝绵，温暖而轻柔。说起他带的研究生，他总是如数家珍。我编辑《中国艺术通史》的时候，找郁老师借一位博士生帮忙。我在电话中说，这是一本学术性比较强的书，很容易出错的，你一定要帮我找一位最好的博士生！

电话那头的郁老师几乎要打断我的话：“我的博士生个个都是最好的！”

而说到他的老师，郁老师脸上总是很恭敬的表情。毕业以后，有一次我去郁老师家，还没坐下，他反而站了起来，心神不定地对我说，我要出去。然后告诉我，孙望先生病了。又说：孙先生是我的老师。我问：孙先生住院了吗？是不是轮到你去侍候呀？郁老师郑重地点头，说，老师生病了，学生怎么能不去呢？这样的话从已经年过五十的郁老师口中说出来，我不由得肃然起敬。

郁老师的书房很凌乱，不仅是伸手就可触及到的遍地的书，还有几个大小错落、不成规矩的书橱书架，放置在屋子的东西南北。屋子中央则是一张大床，这里是郁老师的卧室兼书房。郁老师的夫人工作很忙，身体也不好，单独睡一个房间。我可以想见这间屋子的主人，从书堆里钻出来就累得倒在了床上。而从床上爬起来，又一头埋进书堆。最紧张的时候，郁老师中午只吃冷馒头和开水。紧张造成的失眠使他有一次七天七夜没睡着觉。

我每次去，都会情不自禁地对书房墙上的一副对联望上一会儿。那副对联是:“看似寻常最奇崛,成如容易却艰辛。”有信仰的人会感觉到生活的意义。而我,是在郁老师简陋凌乱的旧书房里理解这副对联的时候,感悟到生命的意义的。

(原载《江南时报》2002 年 9 月 4 日《成长》1 版)

莫逆之交的秘密

竺岳兵

一

很多人知道我与郁贤皓教授交往非常密切，但不知道这里边有一个秘密，一个连郁贤皓教授自己也不知道的秘密。现在要把它说清楚，须从二十八年前说起。

1983 年 6 月 13 日，我在杭州新华书店的书架上，看到了一本赭石色书脊上写着“李白丛考”四个字的书。我就请营业员把它拿过来给我看看。我先看孙望先生为这本书所作的序，再看郁贤皓先生的《吴筠荐李白说辨疑》等考证文章，又回头看孙望先生对该书的评述，如此反复琢磨起考证的方法，直到营业员问我“买不买”时，我才抬头，看到壁上时钟已是指向打烊的时分了。于是我向营业员付清了书价上标的 0.63 元钱，买下了这本书。

当时看了《李白丛考》，再看我自己正在写的《天台山麓觅旧踪》这篇文章，不觉惭愧不已！

我写作《天台山麓觅旧踪》这篇文章的初衷，是想论述剡溪是一条著名的古代文人路线，这个想法始于我的中青年时代。那个时候，我负责一个县的毛竹公路建设工作，当时，毛竹是一项重要而紧缺的物资。为了开发毛竹资源，国家商业部从买卖毛竹费用中提取一定的资金用于建设运输毛竹的公路，也就是毛竹资源丰富的山区公路，因此我有机会穿梭在城市与深山之间。

山区公路建设要比平原公路建设复杂得多，尤其是在公路选线上，往往随地形变化而变化。先是选在溪边，沿溪而建；待到深山处，左旋右盘，“一路听泉到上方”。久而久之，我想到古代诗人出门远游的路线上去了。

有句成语叫“南船北马”，在南方，古人的交通工具主要是船，悠哉悠哉的，一边尝景，一边饮酒赋诗，于是形成了“山川”、“江山”、“山河”、“河山”、“名山大川”、“山清水秀”、“山重水复”、“山高水长”这样的组词和成语。

就像自然科学界的许多发明源自刹那的灵感那样，我是从山与水的词组里，蓦然发现古人旅游多从水路，所以名胜古迹多分布在水道边；还发现它是能够帮助我们较准确地了解古代诗人的作品的钥匙。例如：对杜甫《壮游》诗：“剡溪蕴秀异，欲罢不能忘，归帆拂天姥，中岁贡旧乡”中的“归帆拂天姥”句，著名唐诗研究专家傅庚生先生解释为“云帆擦着天姥峰开始了我的归程”（傅庚生著《杜诗散绎》）。盖因其不知在“剡溪”上游，有一条绕天姥山流转的沃洲水路，故有此误。“拂”，意谓斜擦而过也，泛沃洲而未游天姥，所以言“拂”。

造成这个错误的原因还在于这条水路，大约从明代起，随着水源枯竭和水路功能渐失，已被人们淡忘了。这样，傅庚生先生既没有亲履实地考察，又无志书可征，就难免有误了。而我一方面运用河流流量计算原理和方法，得出在植被茂盛、雨量充沛的古代，剡溪是一定有舟楫之利的。一方面，用大量古人舟楫沃洲的诗，如：“前辈高风不可追，舟来陵谷互推移”；“古柳垂溪水，门前整雪舟”；“泛舟东来古剡县，舍擢朝入桃花溪”；“连岭若无路，绝壑乃通舟”等古人的诗句，印证古人行旅在这条水路上的状况，于是我着手写起了《天台山麓觅旧踪》文章。文章的主题是关于李白有否到过天姥山的问题。

二

历史地理与古代诗歌相互印证，说明剡溪上游(今新昌江)是一条古代文人水上路线这个方法，是一个研究方法。但是，如何使研究向纵深发展，使对李白有否到过天姥山的论题得到科学的阐述呢？这是我在那时苦苦寻求解决的问题，在书架上的《李白丛考》之所以吸引我的眼球的原因就在这里。而它之如此吸引我逐字逐句、细针密缕般地读，则是《李白丛考》的严谨精审的鲜明特色。郁先生在书中的观点和结论都建筑在周备坚实的考证基础上的，不但言之有据，而且各个证据互相联结，收水到渠成之功。反顾我在写的《天台山麓觅旧踪》，之所以写不下去，在于证据不足，只是浮泛地谈谈而已。这是不能服人的，甚至是徒费唇舌的。这是我读郁先生《李白丛考》的第一个体会。

第二个体会：治学必须确立方向：

确立研究方向，这是一个老生常谈的话题，但对我来说，能认识到这一点，却有一个较长的过程。我兴趣广泛，什么都想研究研究，连人类从何时开始剃头到清人为何留辫子、从女人何时开始缠小脚到康熙为何要禁止民间女子缠足这样的问题，也曾化了一年半载的时间去左思右想，希冀把它弄明白。然而，过了“不惑”之年，还汲汲顾影，以发表一、二千字的文章为得意。

到1982、1983年，我接到了好几种的技术职称呈报表要我填报，促使我再一次调整自己的人生坐标，去想一个问题：我应该朝哪个方向发展？那时我已年近“知天命之年”了。

“知命”之年是定位之年，是整合自己优势、实现人生价值之年。因为我从事过多种行业，我觉得文学研究也像文学创作那样需要有丰富的生活积累和沉淀。而我多方面积累起来的知识，都是我搞文学研究的优势，于是我想到了唐代文学研究。而唐代文学浩浩瀚瀚，虽倾其一生，也不能穷其一垠。恰好这时我得到了郁先生《李白丛考》，便如痴如醉地反复地读完了它。

《李白丛考》荟萃了有关李白生平事迹的十三篇考证性文章。虽然这些文章各自独立成篇，每篇又是各拈一题。但都着眼于李白生平事迹中带有关键性的问题和李白研究史中学术界争论较多的问题。例如李白在蜀中从赵征君蕤学，向苏颋"路中投刺"，李白出蜀的年代、出蜀后"南穷苍梧，东涉溟海"，就婚安陆，两入长安，以至安史之乱后长流夜郎，遇赦东归，直至卒于当涂等事迹，文中都有涉及，把各篇的内容沟通起来，李白生平的梗概，便清晰无碍地、实实在在地呈现在我的脑际。

看得出，郁先生在开笔前，是有一个明确的研究方向的，这就是经过细致坚实的考证，梳理审订古今李白研究中存在的问题，要为李白生平事迹勾勒出崭新的轮廓。

我研读了《李白丛考》，写出了《李白行踪考异》、《李白"东涉溟海"行迹考》之后，知道必须铁下心来，确立方向，坚持不懈地走下去。便以 51 岁的年龄向政府要求退休，领导问我为什么要提前退休、退休后到哪里去的时候，我回答说："我要躲到地球的某一个角落里研究某一个人。"这里说的"某一个人"，指的是李白。领导说"你要写作，那把你调到写作的单位去好了，今后工资年年要增加的，提早退休损失太大了。"我指着墙上的座右铭上写的"用最少的时间考虑物质生活；用最大的精力研究疑难问题……"。这样，我就以 51 岁的年龄退休，专致于唐代文学研究。

不论我在唐代文学研究上是否取得了成就？取得了多少成就？《李白丛考》显然地使我找准了人生坐标。

第三、博览精读：

我的藏书，虽不能说洋洋大观，但也不算少了。早在 1984 年 12 月，著名学者、教育家孙望先生就来信说：我"在新昌县城能找到如许资料，写出如此论文，是难能可贵的。"然而，我的存书很杂，指向不够明确。1985 年 5 月，郁先生应我之邀，率国际著名版画家黄丕谟先生、西北大学安旗教授、青年书法家伍天玉女士、陈有英女士等组成的"六朝至唐文人行迹考察团"来新昌考察。我向他们介绍了剡溪这条古代文人水上路线之后的次日，郁老师对我

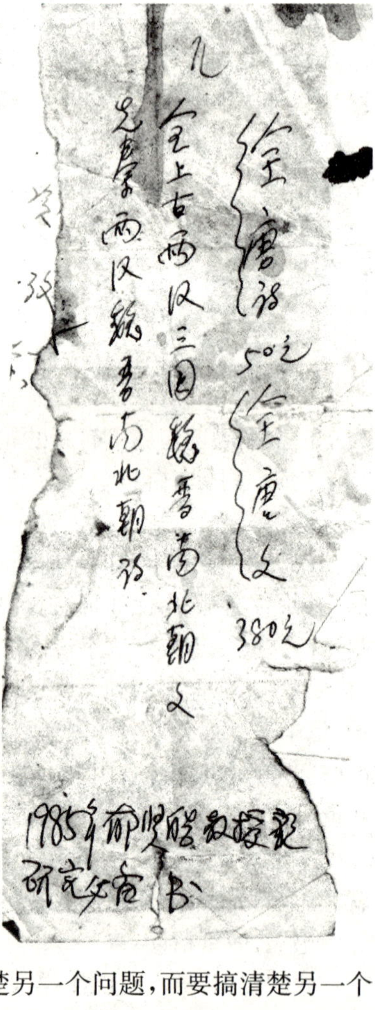

说:“搞唐代文学研究,这四本书是必须具备的。”说着,他撕开了我放在案桌上的“西湖牌”香烟壳,在壳的反面写了《全上古两汉三国魏晋南北朝文》、《先秦两汉魏晋南北朝诗》、《全唐诗》、《全唐文》这四本书的书名及其价格(附照片)。

从那时起迄今,我购书有了明确的指向,基本涵盖了唐代文学研究领域所有重要的文献资料,自唐迄今的李白研究论文、论著,也基本完备。

但正如已故郭沫若先生所说,读书不妨就“读破一本”,我觉得是很对的。

说实话,被我读得最破的书是《李白丛考》(附照片)。这本书给我的不单是每篇文章观点的正确,更在于它给了我研究的科学方法。我的研究越深下去,碰到的问题就越多,越枝节横生。而且往往彼此连锁,要搞清这一个问题,必先要搞清楚另一个问题,而要搞清楚另一个问题,就又牵扯到另外的一些事上去了。譬如在了解了李白诗文中提到的某个人物的生平事迹时,又牵扯到了更多人物的生平事迹上去,这些牵扯到的人物中又会牵扯出另一些人物来,没完没了。可谓“莫言下岭便无难,赚得行人错喜欢。正入万山圈子里,一山放出一山拦”。而在遇到诸多问题时,我就会有针对性地去翻翻它,看它是怎样进行排比,找出问题症结,从时间、地点、交友、校

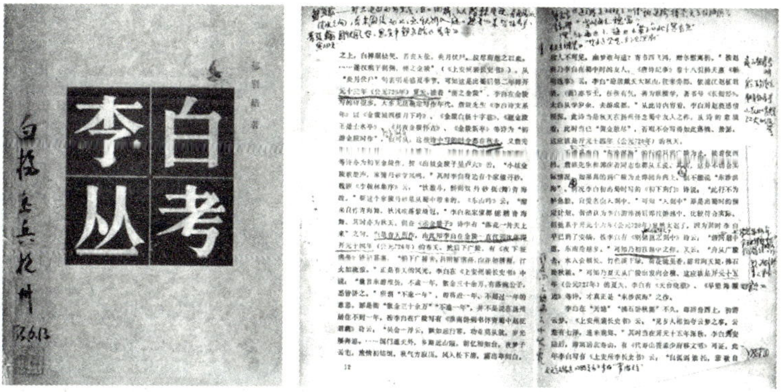

勘、训诂、历史地理、建置沿革、墓志文物、历史大事等方面寻找论据的。正是后者，挈领我不但在“万山圈子里”走出了一山又一山，而且在解决一个一个问题的过程中，研精钩深，扩大了视野，发现了“唐诗之路”。

前些天，中央电视台“探索与发现”栏目摄制组摄制《唐诗之路》，来板屋采访，看到了这本书后说：“这可是历史文物啊！”我想这话是对的。

第四、审慎读书：

所谓审慎读书，就是孟子说的“尽信书，则不如无书”。

过去我常用这个话，但说得上真正领悟其意，是我读了《李白丛考》之后。

关于对李白的研究，从李白活着的时候就已经开始了，宋、元、明、清各代均有许多论著，但不是片言只语，就是诸说互异，读了罔知所措。上个世纪七十年代初，人民出版社出版了郭沫若先生的《李白与杜甫》，我读后觉得有许多“结论”是作者凭想象推论出的。例如关于杜甫之死，郭老说死于腐牛肉中毒之说；还说：“聂县令所送的牛肉一定很多，杜甫一次没有吃完。时在暑天，冷藏不好，容易腐化。腐肉是有毒的，杜甫中毒而死是完全有可能的。”还往往望文生义，如李白“会稽愚妇轻买臣，余亦辞家西入秦”之“会稽愚妇”，这里明明用的是朱买臣五十得志的典故，却被说成是李白在会稽又娶了一妇。这个话虽然出自魏颢"又合于刘，刘决"，但仅凭魏颢这么一个孤证，在李白根本没有在天宝元年与吴筠共隐会稽剡中的情况下，怎么可以随意发挥呢？如此臆造，不一而足。

《李白与杜甫》虽在当年名噪一时，但与《李白丛考》相比之下，《李白与杜甫》就显得云里雾里了。

孙望先生在《李白丛考序》里写到郁先生为李白诗歌研究提出了许多新的见解时道："可是《旧唐书·李白传》却说成是李白和崔宗之一同乘舟'自采石达金陵'。史传铸错于前，论家踵误于后，遂使读李白诗者横添了几许困惑。"郭沫若说的李白在会稽又娶了一妇，就是盲从《旧唐书·李白传》的结果。而孙先生说郁先生为李白诗歌研究提出了新的见解所举的关于辨明崔侍御即崔成甫例子，说明纠正前人所作出的错误，应该是当代研究者的任务之一。这是我读《李白丛考》得到的第四个体会。

类似崔侍御崔成甫、崔宗之这种问题是很多的。拙著《唐诗之路唐代诗人行迹考》中，就遇到过杨损还是杨勋、杨埙，魏徵还是魏征、皇甫冉还是皇甫曾等等的问题；还有像《八月十五日象自江东止田园移庄庆会未几归汶上小弟幼妹尤嗟其别兼赋是诗三首》这样把不同作者的作品牵混在一起，竟封存了大诗人王维一生22%的行迹。

按此诗在《全唐诗》卷一百二十二卢象诗中，题为《八月十五日象自江东止田园移庄庆会未几归汶上小弟幼妹尤嗟(一作悲)其别兼赋是诗三首》，题下注曰："俱见王维集。第一首题云休假还旧业，第二、第三首题云别弟妹。"《全唐诗》卷一百二十五王维诗中，题为《别弟妹二首》，题下注曰："一作卢象诗。"

前辈学者对此诗已作过不少研究，但没有结论。我通过宽领域的考证，不但论证了《八月十五日象自江东止田园移庄庆会未几归汶上》为卢象作，《别弟妹二首》为王维作，而且还挖掘出王维曾携弟妹寓家越州及其寓居地、寓居时间和随王维寓居越州的弟弟叫王纮、同行友人叫皇甫岳、生活的来源等史料，解决了长期困扰学界的王维"行止不明"的一段行事的困惑。由此还辨正了他的

《皇甫岳云溪杂题五首》的《鸟鸣涧》、《莲花坞》、《鸬鹚堰》、《上平田》、《萍池》以及《山居秋暝》、《相思》等名篇，作于越中。

我读书的审慎程度，几近是抱着怀疑的态度，连《李白丛考》也没放过。譬如郁先生在《李白出蜀年代考》中定李白于开元十五年(727)入剡，我据此提示，再经过许多资料排比，在《唐代文学·〈李白'东涉溟海'行迹考〉》中认定为开元十四年(726)的春夏之交入剡中，实现了他"拂石卧秋霜"的初衷。比郁老师说的提前了一年。

有记者说我的文章为什么总是独树新义的？我举着《李白丛考》说："它是我的老师，是它教我的。"

三

郁先生每次听到我恭敬地称他"老师"的时候，他总是谦虚地说："不不不！我们是平辈兄弟。"这就是我在前面说的"连郁贤皓教授自己也不知道的秘密"。

他可能是从两人年龄相近的角度上说的，而我是从学高为师、德高为范的角度上说的。

我听人说过郁老师青年时期，在酷暑中赤膊摇大扇，专一做学问的励志攀登学术高峰的事迹不知有多少次，2001 年 11 月，《人民日报》(海外版)刊载有吴瀛写的《埋头做学问的学者》一文，写到郁先生在非常困难的情况下做学问，有人还讥笑他为"异想天开"；当时的他，参考书籍有的还不能随意借阅；也没有科研经费。但他没有在困难面前退却。他自费到上海、北京、西安、成都、开封、洛阳、当涂等地，查访遗迹，考索碑碣，查阅野史、翻检方志、寻觅古籍，积累卡片资料万余张，耗时 10 年之久，写成《唐刺史考》；吴瀛的文章用鲁迅先生的"中国不能没有傻子"的话写道："郁贤皓可算'傻子'中的一位。"

是的，我觉得这样的"傻子"，是一种对我们国家、对中华民族负责任的"傻子"！

郁教授勤奋过人做学问的事，是很多人知道的，我料想在这本纪念文集里，也会有这方面的精彩的文章而毋须我喋喋。我只想说郁老师的另一个方面，就是性格方面。

郁老师的性格，快人快语，单刀直入，不管你痛也不痛。但见血即止，不较劲到底。

有一次他听我说唐诗，说到“二胡”二个字的时候，他突然打断我的话，很认真严肃地说：“那不叫二胡，叫胡琴。”说着他背起了岑参的“中军置酒饮归客，胡琴琵琶与羌笛”的诗句来。

1993年，中国唐代文学第七届年会暨国际学术研讨会在新昌举行的前数月，他与莫砺锋教授来新昌检查筹备情况。起初他大声批评我的一位年轻助手，而我的助手竟不知高低也当众顶撞他，郁老师竟“切”了一下就走开了！

郁老师每次来新昌，大都是以国际学术研讨会的组织者身份来的，哪里顾得上游览、休息。前年，我想到我们都进入暮年了，就专们邀请他偕夫人来新昌轻松轻松。在沃洲湖边的餐馆吃中饭的时候，有人吟诵杜甫“……得鱼已割鳞，采藕不洗泥。人情逐鲜美，物贱事已睽”的诗句 他当众问我这个“鲜”字，古代是怎么写的？我说不出来。他就大谈简化字、大谈古籍数字化，说这个鲜，古代写作“鱻”，是对鲜味的强调。一条鱼鲜，三条鱼更鲜，鲜得不得了啦！

他又说到郁字。他说：“我姓郁，有的人把郁字写成“鬱”，以为郁是简写，鬱是繁写。其实，中国有姓“鬱”的吗？”

他接着说：“利用数字化手段保护和传播古籍这一份宝贵精神遗产，是一件非常好的事情，但在古典文学研究中，还得靠有纸版本”；“古籍数字化学科建设不仅是个技术问题，更是个文化水准问题。”

在我与郁老师的交往中，他的个性大都是在这方面展现出来的。我由此想到很多很多的人与人之间的关系问题。我觉得人是生活在现实世界中的，同时是生活在精神世界中的。这个精神世界是多层面的，对人生的意义、人生的价值以及与之关联等等问题的不同，分出不同的层面。在同一层面上的人，就比较容易互相理解，比较会“将心比心”、“设身处地”而不断推进相互友谊。所以我对郁老师的每次批评指正，我都认为是他的无偿给予我的一份“珍贵的礼物”！在我的心中，他是可敬可亲的人。

不信我再举个例子吧！拙著《唐诗之路唐代诗人行迹考》，是一本考索451位唐代诗人游止浙东的目的、时间、路线、方式、交友、事迹、诗篇等的书。2003年，我把电子稿发给郁先生，请他作序。过了几天，他来电说：

“老竺啊！你怎么搞的？”

我说：“怎么啦？”

他说：“你发来的电子稿里，有你的许多发明呀！这些都是金子，你怎么与沙子掺和在一起呀？”

我说：“我懂了！”

他问：“你怎么懂了？”

我说：“你说的是编排问题吧！”

他说：“你继续往下说。”

我就说：“我原来是按姓氏笔画排的，现在我想把它分为考、疏、录三种编排，上编是把过去学术界没有提到、或者虽然提到过却有很大错误、这次是我纠误了的考证成果，叫考证；中编把过去学术界已有考论、但不够精确，或者众说纷纭的，这次我通过进一步阐释和分条疏理，作出新的结论的，称附疏；下编是附录，是学术界已经考明唐代诗人行踪及其诗篇，不需要重述而可以径录入的。”

他说：“就是这个意思。”

我放下电话筒后，很是兴奋。大声地对在场的朋友说：“什么叫导师？这就是导师！”朋友们听了莫名其妙，我解释说，我刚完成的《唐诗之路唐代诗人行迹考》，共收进451位唐代诗人，其中，有许多是我研究发现的成果；有许多是别人研究的成果，但证据不够充分，或者有部分错误，我提供了新的证据或进行了梳理。而我原来编排时混在一起，简单地按姓氏笔画编排，就乱了。

后来，我据此分上、中、下三编，上编考证收唐代诗人61位；中编附疏162人；下编附录228人：共计收451人。

郁老师见了，很高兴地为拙著写了一篇长长的序。

书出版后，受到了南京师范大学文学研究所所长钟振振教授、南京师范大学文学院副院长张采民教授、中国社会科学院文学研究所副所长蒋寅先生、新疆师范大学副校长薛天纬教授、南京大学莫砺锋教授、广西师范大学中文系、《浙江社会科学》杂志社等许多学者个人和单位的肯定和祝贺。这使我想到"点石成金"的典故：假如没有神仙许逊，何来有以石逋赋？

所以于我来说，敬称郁先生是我的导师是完全没有错的。他深邃的科学眼光和渊博的知识、严谨的科学研究方法，在学科研究领域里长期形成的学术造诣、成就和声誉；他对理想、对事业的执着、坚定的追求和强烈的责任感和无私奉献人类的高尚精神，至今感召我奋斗不止。

这就是我说的"莫逆之交的秘密"。

四

我与郁先生的交往是十分密切的，郁先生一直把我当做同辈兄弟，他写的《天姥山记》，记叙了他来到位于我家乡境内的天姥山的情况。《记》较长，有1837字，但很好读，全文如下：

天姥山记

余少时读太白诗，尝讶其何独钟情于天姥？其出蜀之初也，曰"此行不为鲈鱼脍，自爱名山入剡中。"其别储邕之剡也，曰"辞君向天姥，拂石卧秋霜。"其辞朝出游也，则有梦游天姥吟。诚如周珽所云："出于千丝铁网之思，运以百色流苏之局，忽而飞步凌顶，忽而烟云自舒。想其拈笔之时，神魂毛发尽脱之于毫楮矣！"何物天姥？竟使谪仙子神往如此！余心慕之。

常冀亲临其境，一睹天姥真容。

乙丑岁，友人竺君岳兵典新昌景旅，请余考察剡中，夙愿始偿也。遂约学界友人安旗教授、画家友人黄丕谟夫妇、弟子伍天玉同行。夏历四月廿七日，竺君遣车来迎，两日后抵新昌，宿石城山大佛寺，即孟浩然礼拜之地也。

明日，竺君陪同游览。驱车二十余里，至铁壁古关，实为天姥与沃洲之界。两山壁立，溪水奔流，徒步越堤，豁然开朗，鸿洞大湖，烟雾浩淼，此即沃洲湖也。盖因山而得名焉。登舟东南行，环湖层峦叠翠，移步换形。是日也，碧空晴朗，惠风和畅。忽见西岸远峰，高耸霄汉，若隐若现，仿佛仙境。余询之，竺君曰“此乃天姥之高标斑竹峰也。”吾等兴奋踊跃，齐同远眺。时浮云飘散，半山青葱，而峰顶犹掩埋于飞雾。余恍然曰“此非‘云霞明灭或可睹’之景乎！”众皆呼曰：“然！”于是余始悟：谪仙东涉溟海，乃溯剡溪经沃洲而上华顶者。其所见之天姥，亦余今日之所见也。岂唯太白，即少陵之游吴越，亦历此途。其所谓“归帆拂天姥”，岂非置身于沃洲湖乎？盖往昔天台北麓及天姥沃洲诸水，皆注蓄于此，而流为剡溪也。惜今上游诸源，不通舟楫，故世人莫知李杜之行矣。是时也，遥望天姥，宛似越中秀黛；俯视沃洲水色，酷如清澈明目。余脑际突现白傅华章：“东南山水，越为首，剡为面，沃洲、天姥为眉目。”眉目乃容颜传神之最，沃洲、天姥，不愧为东南美景之极致也。夫有非常之境，然后有非常之人居焉。东晋以降，十八高僧竺道潜、支遁之辈，十八名士戴逵、孙绰等人，皆曾隐居于此。竺道潜隐居之岇山，盖以支遁买沃洲小岭，故唐人概之曰沃洲山，今沃洲湖东岸群峰是也。道教称此为第十五福地，吾等遂登岸览古。真君殿前，今存雕龙两柱，气势雄伟；殿壁嵌刻，神彩飞扬；犹有道教氛围，余神游焉。

又明日，驱车径往天姥西麓，路始平坦，少顷过兰沿桥，地势渐高。竺君指点曰：“此处为天姥北端，有刘阮洞在焉。”言语间，车盘旋而上，至会墅岭，危岩耸峙，谷深林密，盖东晋后北方士人南迁，多筑别墅于此，故名之。至儒岙，忽见三峰突起，吾等下车仰望，竺君指北部最高峰曰："此即昨日所见之斑竹峰也，昔年谢公木履所登之天姥岑是焉。"又指中峰曰："此名大尖也。"更指南峰曰："此乃拨云尖也。"但见此峰突兀孤耸，峰顶云烟萦绕。再远眺东南之天台华顶，则掩没于连绵群峰间，远不若此之横空挺拔也。太白诗云："天台四万八千丈，对此欲倒东南倾。"良有以也。竺君又指远处山谷曰："彼冷水坑有谢公古道。"余翘首望之，依稀可见陡峭羊肠。刘文房诗云"鸟道通闽岭，山光落剡溪。"其庶几乎？遥想谢客当年，"暝投剡中宿，明登天姥岑。高高入云霓，还期哪可寻。"足见穿越天姥何其艰难！经踏勘，约而言之：天姥之域，东与沃洲山隔湖相对，西至惆怅溪，北至央于，南至藤公岭下。绵延起伏三十余里，可谓大矣。太白诗云"天姥连天向天横"，信非虚语也。

后周天顺元年，于天姥支脉莲花峰麓建天姥驿，后改驿为寺，明代好事者立碑寺内，云"李白梦游天姥处"，致使后人不识天姥真面目。桐城方望溪，寻医浙东，慕名来游，误以莲花小峰为天姥，曰："小峰耳，无可观者。"又曰："即此知观物之要矣，天下事必见之而后知，行之而后难。"嗟乎！方氏实临其境而未见天姥，故亦未能知天姥也。而妄发评议，不悟己之盲，而又厚诬太白。惜乎，悲哉！

余是行也，所得甚多，所感甚深。然兴犹未尽，其后十年，又五下剡中：或携门下弟子，或邀学界友人，共游天姥，同享其乐。

甲戌岁十月廿日至廿四日，由浙江越州制药有限公司王华润先生慷慨解囊，襄赞盛举，余主持组委会，于新昌召开唐代文学国际会议，竺君实司其事。其间海内外近百名学者游览天姥，皆叹为观止。己卯岁四月初六至初十，李白与天姥国际学术会亦于新昌召开，明府谢君卫星、赞府张君岳明主持组委会，竺君又司其事。余则主持学术委员会。中、美、日、俄、韩、德、澳、加八国及台、澳地区学者五十余人，会聚天姥，研究李白与天姥之论文凡六十余篇，竺君以天姥即西王母之宏论，赢得与会者盛誉。自是而后，学人领悟太白诗旨也益深且真矣；天姥之闻名于世界也益广且实矣；故余谓天姥山不朽，谪仙诗不朽。余也不敏，仅略述所历，聊以为记。

己卯岁四月初九日陶谷居士郁贤皓记

《记》历数了他“五下剡中”的情况，其中“乙丑岁”是 1985 年。在此之前，我与郁先生已通过好多封信。到见面的时候，已是神交成故交了。这是怎么一回事呢？这还得从“乙丑岁”以前说起。

记得 1985 年 1 月 5 日，我读了孙望先生的来信后，把信高高地举起来向在场的朋友们说：“学术界是一块最干净的土地！”

孙望先生我原不认识，我是在他为郁贤皓教授著的《李白丛考》作的序中知道他的大名，并知道他在南京师范大学任职的。1984 年 12 月 2 日，我写好了《李白行踪考异》的油印本，分寄给许多学者，要向他们请教。当时，我不认识郁先生，只好按照该序落款的提示，于 1984 年 12 月 17 日把本子寄到了南师大，请孙先生转交郁先生。不几日，我就接到了孙先生在病中用蝇头小楷写来的信，信中给我诸多奖进。又过了几天，郁先生来信说：“五个问题都说得很有道理，可以补充目前学术界对李白事迹考察之不足。尤其是最后一部分，非常精彩。我认为可以发表出来给学术界一新耳目。”（他们说的最后部分，就是发表在《唐代文学研究》第一辑里的《李白‘东涉溟海’行迹考》）从那以后，我与郁先生就书信往来不断。

郁先生在他的《李白丛考》后记里写到的日本早稻田大学松浦友久教授，也经郁先生的介绍，读到了我的《李白行踪考异》，于 1985 年 4 月 30 日来访板屋，考察这条水路。不多日，即 5 月 23 日，以郁先生为首的“六朝至唐文人行迹考察团”，应我之邀来新昌考察。

《天姥山记》说到郁先生五次入剡中，而我记得至少有7次，1988年那一次名曰“新昌文化旅游资源考察团”，仍由郁先生为首，国际著名版画家黄丕谟夫妇、上海师范大学人文学院古典文献学教授朱易安、《上海商报》记者、编辑记者叶松等；另一次是上面写的前年那一次。而我去南京看望郁先生的则有10次以上了吧！

屈指算来，我与郁先生的交谊，已有二十八年。二十八年是个什么概念呢？按照现在我们庆祝郁贤皓教授八十大寿来计算，我与郁先生的交往占了八十年的三分之一；而按照“自信人生二百年”来计算，二十八年是线型生命总长的七分之一。我提笔写这篇文章的时候，油然想起了李白“海内贤豪青云客，就中与君心莫逆”的诗句。

郁先生把这种莫逆之友谊缘于李白心中的天姥山，这无疑是对的，但他不知道，我则系于他的一本书——《李白丛考》和他的导师素质。郁先生现在依旧日无暇晷，仍然鞭策着我奋进。

2011年6月15日白杨老人竺岳兵于剡东新昌板屋

埋头做学问的学者

吴　瀛

鲁迅先生说过：中国从古以来，就有埋头苦干的人。当我面对六卷本的《唐刺史考全编》，握着此书作者郁贤皓学兄的大手的时候，我很动情地对他复述了鲁迅先生的那句话。

八十年代，江苏古籍出版社和香港中华书局，同步为唐代文史研究推出大型工具书性质的巨著《唐刺史考》，230 万字，震动学术界，无不钦佩作者的魄力与毅力。据我参与编纂《汉语大词典》当时及以后的调查，眼下的大型工具书（包括拼命硬干的词典学家王同亿先生主编的工具书）无一不是大兵团凑合的质量堪忧的产品。仅凭一个人学力与能力撰写一部大型工具书的，此书作者堪称独占鳌头。我在南京一条僻静小巷的旧式小楼里访问此书作者郁贤皓学兄，他棕红的脸色，高高的个头，已是奔 70 岁的人，握手的劲道不小。我以为他不是当年，胜似当年，身体很健康，他连连摇手说，不行，写完《唐刺史考》即患上心脏病，服药成了不可忘记的功课。他扬起手中的《扬子晚报》说，看看晚报，遣发时日，让脑子轻松。历史往往是帝王将相的家谱，职官研究就抓住了历史图案的经线与纬线，可以省却许多翻检功夫，唐代地方刺史（相当于地市级第一把手）的承传、交接无人做过。郁贤皓介绍说，《唐刺史考》始做于 70 年代，他研究唐代文学时萌芽了写作此书的念头，得到《全唐诗补遗》编纂者孙望教授的热情支持，认为这是一项唐代文学研究乃至文化研究的基础性工程。诚然如此，长期以来，唐代文学研究包括李白、杜甫研究缺少创新，其中一个重要原因是基础研究缺少创新，唐代诗人交游、生平研究缺失新资料的开掘。《唐刺史考》有助于唐代文学研究的开拓，但是撰写此书谈何容易！当时深感工程大，甚至有人以为“异想天开”；参考书籍有的还没有获得解放，不能随意借阅；也没有科研经费。郁贤皓没有在困难面前退却。他没有向国家伸手要一分钱，自费到北京、西安、上海、成都、洛阳、开封、当涂等地，查访遗迹，考索碑志，查阅野史、翻阅方志、寻觅古籍，积累卡片资料万余张，耗时10年之久，写成此书。《唐刺史考》重视第一手资料，进行周密考证，这是它的特色。正史、方志没有记载某人做过某州刺史，《唐刺史考》从稀世古籍中考索之；虽有某人任过某州刺史的记载，但无起讫年月，《唐刺史考》据其人诗文集考索之；正史、方志记载有误的，《唐刺史考》据出土的碑志纠正之。《唐刺史考》广泛收集，细致排比，辗转考索，钩沉稽核，再现了唐代刺史的巨幅长卷。青灯午夜，孜孜矻矻，10年岁月，黑发染霜，皆为《唐刺史考》的面世，郁贤皓献身学术的精神诚为感人。

此书出版后，香港、日本、韩国等地都有学者撰文介绍，韩国学者任大熙在日本《东方》杂志上撰文，称此书是“对唐代研究作出巨大贡献的力作”。称郁氏“能从浩如烟海的文献中有效地进行大量的引用，充分显示中国本土在这方面知识的深厚功力”。我并不夸张地说，这是为中国文化研究争光添彩的大手笔。岁月流转，添添改改，又是10年，郁贤皓将此书修订，近在安徽大学出版新版本，由五本扩充为六本，增补索引一本。索引为翻阅参考者提供了很大方便。

郁贤皓还在校注李白诗集上取得成就。1990年上海古籍出版社出版他的《李白选集》，融入了他多年考证研究上的成果，上海古籍社已将此书多次重印。阅读他的《李白选集》，使人想起他赠我的论文集《李白丛考》，此书初版于80年代初，是他考证功夫的生动亮相。例如对李白《江夏别宋之悌》诗，前人皆认为是李白流放夜郎时所作的后期诗作，据郁贤皓查阅《元和姓纂》《朝野佥载》等唐代文献，考索出宋之悌乃宋之问的弟弟，宋若思的父亲（宋若思者，即把李白从浔阳狱中开释的恩人），宋之悌卒于开元二十九年（公元741年）之前，时在李白40岁以前，可见这是李白早年诗作，并非流放夜郎时所作。近人黄锡珪惨淡经营多年，写出《李太白年谱》，影响甚广。此书后附录李白的所谓3篇轶文，经郁贤皓查阅考证，原来是张冠李戴，乃唐代文人独孤及的作品也。这个玩笑不大不小，攻关制胜后的心情难以掩饰。他摆弄一下桌上的一只古式青瓷，他说："这个现代青瓷如果冒充古代官窑古董，是要被明眼人笑话的。做学问不能玩市场经济大潮中的噱头，要求真实，诚实，老老实实。"

摆起谱来，郁贤皓与我是书香悠远的随园旧址上的南京师范大学中文系同窗，他与我都在大学时代发表文章。他毕业后留校任教，成为系主任孙望教授、徐复教授的助手。他参与了《辞海》的修订，我参与了《汉语大词典》编纂。他的第一部著作是《建安七子诗笺注》，以后他写作科研勤谨，不求闻达，埋头实干，成就被同行称道。好汉不提当年勇。我问他眼下做什么活儿，他说为带博士研究生瞎忙，先后培养了28位博士生，有的博士生现今已经成为博士生导师，有的在北大、复旦任教，其中日本早稻田大学派来的博士生寺尾刚已经毕业，返回日本任教。郁贤皓被评为江苏省优秀学科带头人和优秀研究生导师。郁兄眼下笔耕于李白的研究中，拟将李白全集包括搜集到的李白轶文重新整理、编纂以及笺注。他说字数不会多于《唐刺史考》，功夫将不浅于《唐刺史考》。他说他毕竟近70岁的人了，又有病。让我们衷心祝愿他早日成功。他还正在与日本明海大学汉学家市川桃子合作写一部书。

郁贤皓教授不仅是南京师范大学古文献研究所名誉所长、博士生导师，全国古籍整理出版规划领导小组成员，也曾是中国李白研究会会长、唐代文学学会副会长。他享受专家津贴补助。他说经济上已经走出困境。我看他书房里三个大书橱，都是新打的。书橱里有大部头的总集、全集多部，他已不为购书时的囊中羞涩犯难。九十年代以来，他应邀赴美国哈佛大学、宾夕法尼亚大学、日本早稻田大学等校讲学，凭着他精深的学识赢得海外学人的首肯。

这时，他女儿进来说："爸，别忘记服药了。"我才注意到桌上放着多只药瓶。郁贤皓为弘扬祖国文化，在古文献园圃与高校教坛辛勤耕耘，开拓创新，40余年如一日，付出了青春，付出了艰苦，付出了健康。鲁迅先生说过，中国不能没有傻子。郁贤皓可算"傻子"中的一位。虽然我也有著作出版，但在郁兄面前，我真是愧煞也。

还有一则资讯，郁贤皓的新著《唐九卿考》即将付梓。九卿者，唐代中央政府9个部委的主持人也。

（原载《人民日报》（海外版）2001年11月7日）

却顾所来径　苍苍横翠微

——兼记郁贤皓教授教诲台州开展郑虔学术研究

郑瑛中　王晚霞

有唐一代享有“诗书画三绝”之誉的著名学者、诗人、书画家、教育家郑虔，字若齐（又字若斋），号广文，世称郑广文，是中国文化名人。天宝九年，他献画于唐玄宗，获御署“郑虔三绝”四字，特授广文馆博士，官止著作郎。其后因受“安史之乱”牵累，于至德二年（758年）底“万里严谴”，贬任台州司户参军。据方志记载，户曹衙门设于州治临海东门，虔以教化为己任，为开创台州一代文风作出了巨大贡献。殁后，郡人于“其所居”立“郑户曹祠”（《嘉定赤城志·祠庙门》），后人推崇为台州文教之祖，“以礼葬于城东30里白石岙金鸡山”（宋·楼观《祠斋壁记》）。现城区有广文坊、若齐巷、留贤村、广文坊井、广文路等纪念性地名，遗迹犹存，千古流芳。

1988年，由王晚霞发起筹款，台州文史界协同，在台州、临海两级政府支持下，按清咸丰二年（1852）郑广文祠建筑式样重修，时任全国政协副主席赵朴初先生改额为“郑广文纪念馆”，2004年又经扩建修缮。此馆外貌典雅，背靠闻名中外的北固山台州府城墙（即江南长城），蓝天白云，古樟参天，乌脊白墙，歇山飞檐，雕梁画栋，内涵蕴秀，是一座“越出台界、省界、国界”的著名唐代古迹。每每回首往事，总会念及建馆创业之初困难，幸得益于郁先生的诲人不倦，热情牵线，始得打开局面，此举确功不可没，令吾辈铭记在心。

诲人不倦扶后进

原先，郁贤皓教授与我们素不认识，他指导我们郑虔研究是缘起于1988年上半年王晚霞的一封求助信。

1985年临海县地方志办公室开展编修地方志工作。《临海县志》主编梁光军、副主编王晚霞、编辑周奕隆老先生三人，在讨论《临海古代人物》篇章时，认为唐代著名学者郑虔是台州教育史的首创人物，值得大书特书。但有关郑虔的生平史料和留在台州的遗迹急待挖掘充实。王晚霞经过一年多时间查阅旧志，走访农村郑虔后裔《郑氏谱牒》及翻阅图书资料，写了一篇郑虔生卒年考订的初稿，深感史海茫茫，未明甚多，苦于求师无门。在一次阅读《文史知识》杂志《短讯》时，发现浙江师范大学毛谷风老师言及"唐代文学"之事，经求索毛先生，得到多个唐代文学领域学者大名，立即发了几封求助信并附上初稿，怀着一颗惶恐的心情等待着。不久喜接郁贤皓先生回函，认为探索郑虔生卒年考订初稿很好，并指明不足。那种热情和善的语言，简直是黑夜中突现的明星，我们一遍又一遍的读不释手，顿觉满身温暖，虽此时仍不知郁先生尊面如何，但已感到一位和蔼可亲、学问渊博的老师就站在面前。此后，在郁老师的悉心指导下，我们一步一个脚印地完成了有关郑虔的生平史料和遗迹研究论述，二十年来，已积累成稿出版近百万字。

在此，我们满怀敬意的重录一段1997年郁先生为《郑虔传略·序》（安徽黄山书社 1998年3月）中的一段话：

> "临海的同志们能在短短几年中取得如此辉煌的成就，首先当然应归功于临海市领导对文化事业的重视和大力支持。其次应归功于临海市许多文化工作者的勤奋努力，其中最突出的一位，就是王晚霞同志，她也是使临海地方文化与全国学术界联结起来的创始人。
>
> 早在1988年，王晚霞同志就与我频繁通信，当时我还不

知道王晚霞同志是男性还是女性，是年轻人还是年老者，只觉得每封信中都洋溢着对地方文化事业的热忱挚爱和对学术知识的努力渴求。信中说到临海准备筹建郑广文纪念馆，并展开对郑虔史料的搜集与研究，希望得到学术界的支持。我被这种强烈的事业心和责任感所感动，表示一定尽力帮助。不久，她就寄来一篇关于郑虔生卒年考订的文章，希望我能够帮助修改并推荐发表。对于一个处于浙东偏僻小城镇的人，在典籍资料极为缺乏的条件下，要写出一个作家生卒年的考证文章，该要付出多大的辛勤劳动！我觉得我应该承担起这样一个奋发求进的人推向学术界的责任，于是我就将文章略事修饰，考虑到郑虔是杜甫的重要交游，就寄给了成都《杜甫研究学刊》，后来就在1989年第2期上发表了。”

这就是一个优秀学者高尚而纯朴的情怀！

1989年暑假，郁先生偶然从《北京图书馆藏石刻资料汇编》中发现一份开元十二年郑虔写的《大唐故江州都昌县令荥阳郑府君(承光)墓志铭并序》，立即发来信息，经求索北京中国社科院文学研究所蒋寅、许明龙两位研究员，得到拓片；不久承河南千唐志斋博物馆馆长赵根喜帮助，拓来开元十五年郑虔写的《大唐故汾州崇儒府折冲郑仁颖墓志铭》。郁先生得知后，来信鼓励并予以肯定：(二篇墓志铭)“是我们迄今为止见到的惟一郑虔写的文章”，“这是一个了不起的发现……从此以后，我们讨论郑虔的文章风格和写作特点等等就有了可能。”并认为我们办事得力认真。

1990年11月，中国唐代文学学会第五届年会暨首次国际学术研讨会在南京召开。经王晚霞要求，郁贤皓先生首肯，征得另二位年会组织者南京大学周勋初教授、莫砺锋副教授的同意，来自国内外20余位一流唐代文学专家，应临海市人民政府的邀请，于11月26日欣然赴临海考察郑虔史迹(临海市出席三人：丁式贤、茅奉天、王晚霞)。在临海召开了唐代文学学术报告会和郑虔史迹介绍会。傅璇琮先生作《关于郑虔研究》，郁贤皓先生作《唐代诗人与浙东》的学术报告；周勋初代表郑虔史迹考察团致辞，兴膳宏（日本）、杨承祖（台湾）、罗宗涛（台湾）、霍松林、王伯敏、莫砺锋六位教授在会上作了精彩的郑虔史迹论述。临海市向每位专家赠送《郑虔研究》（浙江古籍出版社 1990 年 10 月）一册。这是建国以来台州乃至浙江省首次举行的中国唐代文学学会国际学术研讨会，几乎海内外的唐代文学研究领域一流学者都莅临了。这是一次高规格的对外学术交流盛会，在台州、临海文化史、历史学、文学史研究上是空前的一次。近年出版的《台州文化发展史》（叶哲明著，云南人民出版社 2006 年 9 月）、《台州海外交往史》（周琦著，中国文史出版社 2008 年 7 月）和台州市文化研究中心出版的专刊，均为此次学术交流盛会写上浓墨重彩的一笔。

1997 年 2 月，我们将《（三门县）亭旁丹丘寺佚诗考》和《唐上元二年郑虔进表探》寄请郁先生审阅，接先生来函："《唐上元二年郑虔进表探》写得很好，《进表》基本上可定为真实的，是一件难得的真实材料。"8、9 月间，他在《郑虔传略 · 序》写道："《（三门县）丹丘寺佚诗考》发表在《唐代文学研究》第 5 期上，受到国内外学术界的普遍重视，尽管目前对该五首诗尚有争议，但至少可以放进我们正在编纂的《全唐五代诗》中作为郑虔佚诗保存下来。"（按：2008 年，丹丘寺五首佚诗已收入浙江师范大学陈耀东审订、郑瑛中纂辑的《历代名人论郑虔》）。对郑瑛中所撰《郑虔传略》一文，郁先生持赞赏态度，认为浙江和临海的郑虔研究活动，由王晚霞开始，郑瑛中"开拓"，所撰《传略》，是"迄今为止对郑虔生平研究最全面的一篇文章。""本书比之以前出版的几本书，具有更高的学术价值和史料价值。"

一石激起千层浪

有了郁贤皓教授教诲台州郑虔学术研究，浙江的郑虔研究进入了一个崭新的局面，国内及海外学者，纷纷积极提供信息，帮助撰稿，使地域文化迅速与全国学术界接轨。

1990 年 11 月 26 日，中国杜甫研究会会长、陕西师范大学博导霍松林教授代表中国唐代文学学会国际研讨会郑虔史迹考察团，为唐代古祠——郑广文祠及郑虔墓赋长诗一首：

庚午(1990 年)初冬，应王晚霞同志之请，偕中国唐代文学学会国际学术会部分中外专家赴临海考察。见市容整洁，风景秀丽，经济腾飞，人文蔚起。郑虔祠宇陵墓重建竣工。巍峨炳焕，深喜广文教泽，万古常流。而台州人民尤能光大其业，与时俱进，遂为纪念堂献匾。复列队墓前鞠躬行礼。致景仰之诚。四方群众，闻讯赶来者数百人，亦皆肃立致敬。缅怀前修，因赋长句，以纪其盛。

五洲硕彦拜孤坟，远谪犹垂不世勋。
忧国竟遭廊庙弃，化民终见蕙兰芬。
一杯难觅苏司业，三绝宜追郑广文。
莫叹才名误贤俊，甘棠常护海隅云。

诗后附 20 余位中外著名学者签名。

时任中华书局总编、中国唐代文学学会副会长傅璇琮先生，在临海学术报告会上，以《关于郑虔的研究》为题，说“王晚霞所编的《郑虔研究》一书，是近年来唐代文学作家研究资料编得较好的一种，它完全可以称得上是一部学术专著，其特色就是补充了不少台州地区的资料。”又说：“郑虔史料的挖掘和研究成果……有文学史客观研究的理论上意义”，是“地域文化研究中有首创之功的著作，这是十分难得的。”

1993 年，傅先生又为《郑虔研究续集》(浙江古籍出版社 1993 年 12 月)作《序》：“如果我们的研究者有计划、有步骤地像临海的同志那样搜集，我们就会有比原来不知丰富多少倍的活的史料，而且说不定作家作品的某些部分将需要重写。因此，临海的同志们所作的，也在文学史研究的方法论方面提供我们有益的思考。”1998 年，他为《郑虔传略》一书题签“郑虔研究是中国唐代文学研究的一部分。”

日本京都大学兴膳宏教授回国后，寄来其导师京都大学教授吉川幸次郎著的《杜甫与郑虔》（日本筑摩书房·筑摩丛书271，1980年12月15日初版）一书作为学术交流。1994年，日本奈良女子大学横山弘教授在浙江新昌竺岳兵《唐诗之路》研究社协办的唐代文学研究会上，向临海赠送交流了大阪大学名誉教授黑川洋一撰写的《杜甫诗选》（日本岩波书店，1991年9月5日第二版），内有《陪郑广文游何将军山林十首》诗释。

2006年9月8日，日本立命馆大学教授笕久文生先生重访故地。他带着野村钻子等几位研究生考察郑广文纪念馆，赠给《中国文人传·第二卷·唐二》（福本雅一监修，日本艺文书院2005年4月1日初版）一书，笕久文生教授对其《郑虔传》一文采用了我们的研究成果，当面表示谢意。

复旦大学陈尚君教授是位博览群书的知名学者，对郑虔研究深有造诣。他及时传递信息，寄来郑虔著作《北户录·荟蕞》佚文，精心校补，集成25条《荟蕞》佚文，收入《郑虔研究续集》，是目前《荟蕞》版本研究最为详细的一篇。他还撰写了有关研究论文，如《敦煌遗件·郑虔书札》辨字，代国长公主生卒年等。此后，他又通报了郑虔之《天宝军防录》残本、《八琼室金石补正·华岳碑碣》、饶宗颐教授《澄心论萃》等记载信息。对新发现的《亭旁丹丘寺佚诗》、《大唐故著作郎贬台州司户荥阳郑府君并夫人琅琊王氏墓志铭并序》，他很平等地与我们进行了有益的探讨。此外，中国社科院文学研究所蒋寅研究员，从日本考察中寄赠清光绪杨恩寿《坦园丛稿》资料；复旦大学徐连达教授、吴格教授，苏州大学吴企明教授等帮助查访民国"上海真赏斋行"及郑虔《大人赋》书法长卷帖本，又赠《壮陶阁书画录》资料；辽宁大学中文系张震泽教授摄来辽宁博物馆《峻岭溪桥图》，来函说：郑虔研究"向无此书，有之自此读始"；南京大学莫砺锋教授帮助考索乾隆帝《郑虔峻岭溪桥图》鉴赏章；中国美院王伯敏教授提供明代《顾氏画谱·郑虔画和米万锺识文》等，古道热肠，令人感佩。总之，凡是涉及郑虔史料或尚存的遗迹，即使是零星片纸，众多唐代文学研究领域学者，均会热情地通报并给予帮助，表现了学界良好的传统品德；而艺术大师沙孟海、赵朴初、启功、王伯敏惠赐书画墨迹，已是台州之珍宝。他们为临海后人储存了一批难得的文化财富。1995 年临海成立郑虔学术研究会，以叶哲明、金祖明、方山、丁式贤等专家为代表的一批来自台州高等学校、文博考古、地方志部门的同行们踊跃参与，勾稽史沉，探微求幽，在学术研究方面迎头赶上，使浙江的郑虔研究登上全国学术平台。郑瑛中先后受邀参加 1996 年西安、1998 年武汉、2000 年贵州、2002 年广州召开的中国唐代文学学会年会暨国际研讨会，提交的《从杜诗、新旧唐书、碑文探索郑虔先世》、《顾况于临海新亭监》、《略论郑虔与台州唐代文化》等论文选入著名的《唐代文学研究》学刊。

2002 年，厦门大学中文系吴在庆教授十分感慨这十几年来唐代文学领域的郑虔研究，为此高屋建瓴地专门撰写《20 世纪 90 年代以来郑虔研究述略》(刊《唐代文学年鉴 · 2002 年》)长篇论文。文中言："台州的郑虔研究，从地域文化开始，到融入全国范畴的发掘研究，是台州临海文史界人士的努力与中国唐代文学学会的关心与指导的过程。其中应特别提出的是，郁贤皓先生是把台州的郑虔研究引向全国和国际学术界的牵线人。1988 年，台州、临海两级地方志部门在修志书时，已明确地认为郑虔是台州文化的启蒙者，王晚霞《郑虔生卒年考》，经郁贤皓先生修改并推荐，发表在《杜甫研究学刊》1989 年第 2 期。随后她又写出了《郑虔年谱》初稿(按：2009 年据《大唐故著作郎贬台州司户荥阳郑府君并夫人琅琊王氏墓志铭并序》进一步修改)，很快得到中国唐代文学学会领导傅璇琮、周勋初、郁贤皓等教授的关注与辅导。"

浙江师范大学中文系陈耀东教授认为吴在庆教授一文"恰到好处，颇有分量"。陈耀东教授还在《台州日报 · 临海二题》一文中赞誉郑虔"对台州文教事业建树赫赫，成为乡邦千世懿范"，郑广文祠重建的"辉煌成果，其影响之大，早已越出了台界、省界、国界"。

2009 年浙江大学中文系胡可先教授为临海郑虔学术研究会的《改革开放以来郑广文祠所承载学术价值》一文作了中肯评审，

《评审意见》说："祠的重建，是千百年来台州人民崇敬和爱戴郑虔的重要标志；祠内学术藏品，《大人赋》草书、《荟蕞》、《敦煌遗件·书札》、郑虔撰的《碑文》及其家族《墓志铭》系列，具有独特的无可替代的学术价值"，也使其生平事迹"更加准确与清楚"；郑广文祠是浙江临海文化的"一个组成部分"、"源流的缩影"，"体现了临海这一古城永远的生命力"，积极推动了"台州的文学史、教育史及儒学史发展"。

品位独特扬美名

自1990年以来，台州的郑广文纪念馆建设和郑虔学术研究在以郁先生为代表的唐代文学领域诸多前辈、专家的指导与关心下，始终脚踏实地，稳步发展，其独特的学术品位日益彰显，取得的成绩也有目共睹。

在硬件设施方面，1989年我们重修广文祠后，2004年市政府投资150万元整修了广文祠南侧山门、庭院，今全馆占地达1500平方米。大厅厅高十米，面阔五间，周有回廊，两壁悬挂来自28个省、市（自治区）的知名人士书画作品，各展神韵；厅上悬赵朴初手书"郑广文纪念馆"金字，旁挂当代书法泰斗沙孟海先生91岁高龄题写楹联"椒海七年教启化，沧洲三绝画诗书"；厅内前柱悬南京师大教授孙望撰48字长联："才艺动京华，史载工书善绘，尤耽琴酒篇咏，天子走笔赞三绝；淳风布海隅，民知敬业乐群，相劝稼穑农桑，司户垂名光两间。"后柱悬郑虔与台州弟子千古流传的对联"石压笋斜出，谷阴花后开"，由荣获"中国美术奖·终身成就奖"的中国美术学院教授王伯敏先生手书。厅中塑郑虔立像，左、右各立石碑，分别刻有书法大师启功手书"郑虔三绝"，以及清乾隆帝题郑虔《峻岭溪桥图》诗："万壑千溪不可穷，运神毕具尺图中；独嫌未见诗兼字，署尾无能三绝同。"后刻"乾""隆"母子印。厅外右侧是一色石质书法碑廊，刻有赵朴初、沙孟海、启功、程千帆、王伯敏、王一羽等名家作品，还有珍贵的清同治年台州知府刘璈所撰的《唐郑广文公碑》(即神道碑),清《临海义学碑记》原物;有摹刻唐开元十五年郑虔撰、张勔书的《郑仁颖墓志》等。厅后花园,自然天成,巨樟参天,竹影婆娑。八仙岩岩壁上留有康熙至道光间前人遗留下来的"华池"、"福地"、"紫府"、"止境"、"漱石"五处石刻,苍劲有力;两株500余年参天香樟下立有白塔,度过片石,旁依勺泉,游鱼嬉水,回望光绪丙申年《别有天》边门与民国36年《上洞天》月洞门,早道出此地是天人合一的"仙境",是文人墨客读书休闲宝地。1994年以来,郑广文纪念馆及其郑虔墓陆续由省、地、市三级人民政府公布为各级文物保护单位与爱国主义教育基地。

馆内藏有丰富的学术论著与名家手书真迹,其价值甚于广文祠建筑。史料的采集本着广征博采、网罗海内外与科学考核、学界论证并重的原则。如今馆内已汇集了数百万字资料,寻觅到郑虔遗作(诗、文、书、画)四十余件(含存目),超过《新唐书》记载数倍,比权威的《唐才子传校笺》有过之而无不及。如古代典籍记载的郑虔佚著和书画遗件、郑虔家族13方墓志、《俄藏敦煌吐鲁番文献·第13册》、全国唐代文学界数十位学者(含台湾)及日本学者的有关学术论著,均有独特的学术价值。

10余年来,出版刊印学术著作8册、计百万余字,其中有补缺唐史空白的郑虔传略、生卒年考、郑虔年谱、郑虔先世祖源、郑虔书画等。其中有郑虔研究集成之作:如2001年上海古籍出版社出版《唐郑虔书画》;2006年刊印出版《古今吟郑虔》,收入唐至清及现代诗作302首,其中逐个考证落实了清以前作者100余人;2008年5月中国文史出版社出版由郑瑛中纂辑的《历代名家论郑虔》,入集417位历代名家论述、涉及古籍517件,汇合郑虔文诗书画62种(含存目),获2008年度临海市文化精品工程大奖。他们为今后进一步深入研究奠定了良好基础。

1995年《郑虔传略》列入浙江省社会科学联合会重点研究课题,1998年、1999年先后获中国艺术研究院专著一等奖及台州社会科学优秀成果奖。郑瑛中先后被评为"台州社科学界学术排行榜十佳"、"台州市青年科技新秀"等称号,多次荣获台州市人民政府颁发的"台州市社会科学成果优秀奖"。王晚霞连续三年被评为社科界先进工作者。

于此叙述一下在各位专家学者指导和帮助下，郑虔学术研究会同仁们挖掘和研究郑虔史料所取得的重要成果：

草书长卷《大人赋》。惜原件无着，影印件为民国十一年无锡理工制版所出版。卷长 6 米，宽 23 厘米，731 字，113 行。展卷如临波涛，龙飞凤舞，斩金截铁，于尺幅之内将磅礴万物合而为一。1994 年郑瑛中首先得悉，于右任《标准草书》一书有草书《大人赋》信息，郑虔学术研究会征询上海及全国，时达六年，不得要领。1999 年阅读山东大学许思园教授遗著《中西文化回眸》（华东师范大学出版 1997 年），内言民国时"上海真赏斋"之郑虔草书《大人赋》手迹，"纵横驰骤、豪荡感激，十分悲壮而往往丰神秀绝，观其书法如聆贝多芬之大交响乐。郑公草书，风骨、魄力、神韵俱高出怀素，几不可同日语。与郑风格相近可比拟者当为草圣张旭，惜其狂草传世不多。"并云郑虔与张旭草书"同源于公孙大娘浑脱剑器舞"。研究会复向上海方面查询，终经复旦大学图书馆吴格教授细心查访于上海图书馆古籍部而得。《大人赋》附鉴赏印章若干，可辨者有"子瞻（苏轼）"、"米元章（米芾）"、"白鹤山人"三枚，后有清著名鉴赏家宋伯鲁、胡璧城二人识文。《大人赋》法帖最后收藏者为安徽霍邱人裴景福，清末曾任南海知县，与李鸿章相熟。临海能存此件是大幸事！2001 年 8 月，郑虔草书《大人赋》收入上海古籍出版社《唐郑虔书画》一书。

《荟蕞》。早佚，仅见《新唐书》与《封氏闻见记》存目。《荟蕞》乃记载唐王朝西域（即胡地）珍稀动植物及药草类书。时西河太守卢象有诗赞曰："书名会粹才偏逸，酒号屠苏味更醇。"今录自唐《北户录》共 25 条，经复旦大学陈尚君教授采集、核校，成为目前各种版本中最详尽的一种，1995 年集入《郑虔研究续集》，由浙江古籍出版社出版。

《敦煌遗件·郑虔书札》。摄自俄国圣彼得堡东方科学院。原件为细麻纸质，呈微黄色，高 29.1 厘米，宽 33.7 厘米，11 行半，

“吉光片羽，殊为可珍”（饶宗颐语），是惟一存世郑虔墨迹真品。此书札约写于开元二十二年（734）代国长公主李华婉卒后。《书札》中郑虔自言在常州、湖州有自书3幅手迹，相约石工同往江东。全文120余字，可读69字，《书札》原藏敦煌藏经洞。自清末（1900）从敦煌藏经洞流失俄国，被圣彼得堡东方科学院馆收藏。20世纪80年代法国吴其煜见于该院、信息传给香港饶宗颐教授处、再传上海、后传至临海。2000年，经临海市人民政府请求，上海古籍出版社敦煌研究室刘景云等同志前后二次去俄国圣彼得堡东方科学院寻踪，始得摄回，神归故里，全国仅此一件，编入《俄藏敦煌吐鲁番文献》。《敦煌遗件·书札》一可观郑虔书体神韵，二可得其珍贵历史信息。正如《俄藏敦煌吐鲁番文献》总主编魏同贤先生在《弁言》中说：“敦煌所发现的文献……都带有孤本的性质”，“正是由于存在这种限制”，“退而求其次影印回来，与原件有同等研究价值。”纪念馆馆藏上海古籍出版社《俄藏敦煌吐鲁番文献》首、末两册，是国家重点出版项目。

郑虔撰唐人《郑承光、郑仁颖、王暟墓志铭》三篇拓件。郑虔分别于开元十二年（724）、开元十五年（727）、开元十四年（726）撰写。郑承光、郑仁颖墓志铭拓片分别采自北京图书馆、河南千唐志斋博物馆。王暟墓志铭录自2006年上海古籍出版社《隋唐墓志汇编》。墓志铭历来被古人称为“难作”之事。时郑虔年富力强，风华正茂，有关行家读后评说：足见虔非凡才华，用词各有特色，恰到好处，神形兼备，读之令人“余音绕梁三日不绝”。

郑虔家族《墓志》十三方。集自建国后正式出版的，包括郑虔元配夫人王氏、长子忠佐、伯父进思、姑、侄子等《墓志》，由此确切推定郑虔上溯11代嫡系祖源名讳、官职。可补正史之缺。原来，郑虔一族属郑氏北祖脉下、北魏郑文公讳羲，字幼驎一支。虔父镜思，唐秘书郎、赠少监，祖怀节，赠刺史，曾祖道瑗。复旦大学汉唐文献研究工作室陈尚君教授已撰专文《郑虔墓志考释》，文章摘要集入2009年出版的《唐郑虔世系源流续考》。同时我们按《大唐故著作郎贬台州司户荥阳郑府君并夫人琅琊王氏墓志铭并序》修订了郑虔年谱，知虔在冤贬台州之前累官七任：率更寺主簿、左监门录事参军、尚乘直长、协律郎、左青道率府长史、广文馆博士、著作郎。

其他尚有发掘的史籍残文，如《太平寰宇记·天宝军防录》、《尚书故实·圣善寺报慈阁大像记》、《八琼室金石补正·华岳碑碣》及两宋至清、民国的历代名人论述郑虔诗、文、传世谱牒等史料，详见《历代名家论郑虔》一书，兹不赘述。

值得称道的还有在浙江范围内发掘的三件郑虔作品，他们分别是：《丹丘寺五首佚诗》、《上元二年浙东司事参军郑虔进表》、《台州西城蚕岩图》。这三件作品的重要价值在于能开拓后学者的学术视野。1993 年《上元二年浙东司事参军郑虔进表》的发现，受到学者们的极大重视，郁贤皓教授曾说："唐上元二年郑虔《进表》写得很好。《进表》基本上可定为真实的，是一份难得的原始材料。"(见《唐郑虔世系源流考》第 128 页)但《进表》与新出土的《大唐故著作郎贬台州司户荥阳郑府君并夫人琅琊王氏墓志铭并序》所载，某些口径略有差异，有待进一步研究。从创修于北宋《梅氏宗谱》发现的《丹丘寺五首佚诗》，学术界曾引起争论，我们组织台州考古、方志界人士结合传世文献与实地考察，认为在没有新的确凿证据考出作者之前，归为郑虔所作是可行的。《台州西城蚕岩图》，经王良汉、郑瑛中、丁苗、陈良彬等专文研究，结合郑虔书画的特点，视为郑虔所作。有关论证这三件新发现的郑虔珍贵资料文章，请参见《郑虔传略》(安徽黄山书社 1998 年 3 月)一书。

自 1988 年初审《郑虔生卒年考订》一稿以来，郁先生二十年如一日地关注着郑虔研究，千方百计提供手头资料，及时指点我们去河南、北京、上海等地有关图书馆、博物馆等单位征询资料；一有新的成果，他就为我们高兴；若遇困难彷徨，他为我们排忧解难。今天的收获，离不开郁先生的悉心教诲，感荷之至。

20 年多来，王晚霞始终坚持不懈，满腔热血倾注于唐代郑虔学术研究和郑广文纪念馆建设事业，一直主持郑虔学术研究会工作。1997 年郑广文纪念馆(郑广文祠)由郑瑛中兼任馆长。2001

年 5 月，王晚霞将民办公助的郑广文纪念馆无偿捐献给国家，包括建筑、文物及一切名家书画，价值达百万余元，郑广文纪念馆遂成为临海市公益性文化事业单位。

（作者：郑瑛中，王晚霞之子，台州市文化研究中心研究员、临海市非物质文化遗产保护中心主任兼临海市郑广文纪念馆馆长；

王晚霞，《临海县志》副主编，原郑广文纪念馆馆长、郑虔学术研究会会长，中共临海市委办公室离休干部）

春风细雨润心田

张浩逊

在我研读唐诗三十余年的历程中，结识过许多老师、学友，他们给我的指导、帮助、鼓励让我铭记不忘，郁贤皓老师便是其中最令我敬仰的老师之一。

早在1980年代初，我已闻知郁老师的大名，也拜读过他的一些鸿文，仰慕之心久已有之。不过，由于当时我在地处常熟的苏州师专工作，无缘投奔先生门下求学，只能“心向往之”了。

与先生见面的机会终于来了。1991年3月，郁老师与傅璇琮、周勋初、吴企明、陈尚君、陶敏等著名唐诗专家来常熟，商谈重编全唐五代诗总集的事，下榻于北门大街虞山脚下的虞山饭店。

吴老师嘱我协助做些会务工作，于是有了与郁老师见面的机会，内心很是欣悦。会议之暇，我陪侍诸先生踏访了钱谦益、柳如是墓，游览了铁琴铜剑楼，并在铁琴铜剑楼合影留念。这张合影，至今我仍珍藏着。会议期间，郁老师的亲切、睿智、风趣给我留下了深刻印象。此后，我对郁老师的学术动态更为关注，每当有大著面世，即找来拜读，崇敬之情与日俱增。

1996年初，我撰写了《郭沫若与唐诗》一文，其中有一段文字谈到郭沫若对李白的研究、评论及接受其影响等问题。完稿后又觉得把握不准，想到郁老师是国内顶尖的李白研究专家，便冒昧给先生写信，附上文章，请求俯览指瑕。先生很快便回了信，曰：

> 我认为你对郭沫若的评价非常恰当，我基本上同意。只有一点要说明一下："提出了李白的出生地"的说法似可商兑。因为早在本世纪30年代，已有不少人提出李白出生于西域，其中即有人认为李白生于中亚碎叶，如胡怀琛《李太白的国籍问题》认为李白出生于碎叶（即《西域记》中的素叶西八百五十里的呾逻私城）。请参阅拙编《李白大辞典》（广西教育出版社1995年1月版）。建议改成："在前人研究的基础上，明确提出了李白生于中亚碎叶，即今吉尔吉斯共和国的托克马克。"

捧读来函，我既高兴又激动，一方面是增长了知识，同时也真切感知到了郁老师对后生晚辈的热情态度和谨严学风。

1998年初，学校同意我外出做访问学者半年。我毫不犹豫地选择了南京师大，请郁老师担任指导老师。先生接到我的求学信后，马上复信，说是"非常欢迎您来我处进修"，并详细介绍了做访问学者的要求及相关手续。而后我又去信，请求告其住址，以便登门请教。先生又迅回复，详告其地址及行走路线，另画出示意图，标出汉口路、北京西路、广州路、陶谷新村、南京师大、南京大学诸名称，并特地用红点示明其居所。我看后深受感动。郁老师这种事事、处处为他人着想的精神真值得我学习一辈子。进修期满，我递交了一篇论文：《唐代乡村田园诗述评》。先生阅后给了95分，并多勖勉之语。我自知拙文角度还算新颖，资料还较充实，但深度尚嫌不够，先生是从鼓励角度给出高分的。

《唐诗分类研究》（江苏教育出版社1999年版）是我的第一部学术著作。它原是1998年度江苏省教育委员会的高校科研项目，2000年初项目结题时，需要两位专家的鉴定意见。此时，我又想到了郁老师。先生在仔细阅读拙著后，非常认真地写出了长达500字的鉴定书。在附信中先生说："春节前因病几乎与外界隔绝，近日稍为好转，兹遵嘱撰就'鉴定书'一份寄上。"想到我无端地增添了先生负担，先生还抱病为我阅稿书评，真是不胜愧疚！

由于我生性疏慵，故很少出门，即如距常熟很近的南京，我已有 10 年未到了。所以除每年岁尾寄上一张贺卡表示对先生的惦念、祝福外，其他的联系就几乎阙如了。然而，我对先生的敬仰之情并不因时间之流逝而稍有衰减，先生的手翰不时温诵，先生的风采依然清晰，先生的嘉言懿行犹如习习春风潇潇细雨永远滋润我的心田。

（2010 年 3 月 20 日）

光明磊落　坦诚率真

——我眼中的郁贤皓师

张采民

郁贤皓师之道德文章，自有公论，勿须我赘言。在郁师的众多弟子中，我是跟随郁师最早的博士生弟子，又长期在郁师身边工作，故对郁师知之亦较多。郁师在做学问时学风严谨朴实，思维缜密，但在日常生活中并不完全是这样。郁师是研究李白的专家，他的性格也像李白。李白从来都是直言不讳，无所顾忌，率性而为。他好求仙访道、游览山水，就坦率地表白："五岳寻仙不辞远，一生好入名山游"。当玄宗召他赴长安，他以为自己的政治抱负就要实现了，于是就开怀高唱："仰天大笑出门去，我辈岂是蓬蒿人！"七情六欲，人皆有之，郁师当然也不会例外，他的喜怒哀乐总是一览无余，尽情流露。在日常生活中郁师并不是一位道貌岸然，令人敬而远之的人，而是一位极为坦诚、率真的人，同时也是一位亲切、可爱、有趣的人。

郁师一生光明磊落，表里如一，心里怎么想的，嘴上就怎么说，从不掩饰自己。郁师心直口快，口无遮拦，从不在背后搞小动作，有话当面说，也不管别人能不能接受，因此有时难免会得罪人。郁师待人坦诚，无论是夸奖你，还是批评你，都是真心实意的，从不虚与委蛇。郁师善于发现别人的优点，对前辈或同辈的成就和长处总是赞不绝口，从不贬损别人抬高自己。郁师奖掖后辈不遗余力，对他的学生更是青眼有加，学生在他的心目中个个都是个宝。每每提到某某学生时，眉宇间总是流露出自豪的神情。

郁师的勤奋与谨慎是有目共睹的。我与郁师交往较多是在“文革”结束以后，当时郁师正在全力以赴撰写《唐刺史考》，时间抓得很紧，他说他每天工作十六个小时。郁师有时惜时到了不近人情的地步。有一次，他问我这几天到哪儿去了，我说去看父母了，他很惊讶地说：“父母有什么好看的，每一分钟都很宝贵呀！”郁师对方便面情有独钟，这是大家都知道的。当时他为了节省时间，几乎每天都吃方便面。他曾对我说：“方便面好啊，既省时又省事。发明方便面的人真了不起，应该给他颁发诺贝尔奖。”有一次高永年老师对我说：“以前我去看郁老师，带点贵重的礼品给他，他认为没有用，反而不领情。这次我送他一箱方便面，他高兴得不得了。”郁师平常说话虽然随意率性，但做事，特别是他认为重要的事情，却非常谨慎小心，总是把最坏的情况和结果想在前头。因此遇到任何情况，都不会惊慌失措，总是应对自如。他对别人做事总是不放心，所以无论大事小事大多亲历亲为。受他的影响，对任何事都是“作最坏的打算，向最好的结果努力”也成了我的座右铭。

郁师的主观意识很强，他自己认为应该做的，就认为别人也是这样想的，很少考虑别人的想法和感受。有一次去浙东开唐代文学学会年会，与南京大学的老师同车前往。在途中有位先生提出去买几听八宝粥来喝。郁师随口就反对：“八宝粥难吃死，不买！”事后我对郁师说，你不喜欢喝八宝粥，但是别的先生喜欢喝，你怎么能不让人家买呢？他听了以后笑了笑说：“我没想那么多。”记得我刚工作没多久，有一次和郁师讨论学问上的问题。我提出了一个很幼稚的看法，他随口就说：“你怎么连这样最简单的东西都不懂啊！”当时听了这话很伤自尊，但现在想来对我却是一种激励。当然，郁师既有坦诚率性的一面，也有平易亲切的一面。郁师没有师尊或大专家的架子，与学生们谈学问，或者聊天，我们都觉得无拘无束，自由自在。偶尔跟他开个玩笑，他也从来不生气。有一次，浙江新昌的竺岳兵先生看到我与郁师在争论问题，就说："你怎么可以这样跟老师说话?"我说："没关系，我们习惯了。我们是师生关系，但平时就像朋友一样。"

郁师的性子很急，他的工作总是提前完成，决不会因拖拉而误事。如果与人约好在某处见面，他必定早到半个小时在那里等。正因为如此，所以他的工作效率很高，而且从不误事。他也是这样要求别人。他主编《中学古诗文鉴赏辞典》时，约了教研室的同仁撰稿。离截稿日期还有一个月，他就开始催稿了。他打电话给我说，别人的稿子都交了，只有你一个人没交。我一听就急了，赶快抓紧时间把稿子写好。我问问别的老师，他们说郁师也是这样跟他们说的，大多数人到现在还没交呢。郁师的忍耐力比较弱，不耐寒，也不耐热；不耐饿，也不耐痛。我和他头一次去日本时，住在东京的中国会馆，我住在他对面的房间。有一天，突然听到他大叫的声音，我吓了一跳，急忙跑了过去，一看，原来是他大腿上擦破了一点皮，正在淌血。给他包好了，就没事了。回到上海后，坐机场大巴回南京。天气热，车上人又多。只见他旁若无人地脱光上衣，换衬衫。车上的乘客肯定不会有人想到他是一位享誉海内外的大教授。不一会儿，他又说肚子饿了，问我有没有东西吃，我说有饼干。于是他就津津有味地吃起来，当时只是下午三点多钟。郁师说话喜欢夸张。郁师是真正的上海人，总是以此为骄傲，在他的口中，上海的一切都是最好的。有一次与章培恒先生同坐一辆小车，我问他为什么同为上海人，他的话接近普通话，很好懂，而郁师的话带有浓重的上海口音，不好懂。他说："我们都是外省到上海定居的，所以说话接近普通话，郁先生是上海郊区人，才是真正的上海话。"过后郁师说："他不懂，祖住上海城隍庙的才是真正的上海人(郁师的祖辈世世代代都住在城隍庙附近，类似于南京的老城南一带)。就像你儿子是南京人，但说的话与祖居南京的人就不一样。"

郁师痴迷学问，平时没有多少业余爱好。除了有时听听越剧外，很喜欢美食，据他说年轻的时候，每次一拿到几十块钱的稿费，就约几个朋友下馆子，当时南京比较有名的饭店，如六华春酒家、老广东、大三元等，都去过，对上海的“红房子”西餐馆至今还很留恋。郁师最喜欢吃的菜是油爆虾、鲫鱼汤、开洋煮干丝、鱼肚烩三鲜等。我们去日本的时候，明海大学的市川桃子教授请我们在一个靠海边的高档饭店吃法国大菜，想必价格很昂贵。回到住处，我问他味道怎么样，他说开洋荤，不好吃。但我们偶尔在路边小吃店吃日本传统小吃（天井 tantuo），就是在米饭上加上油炸的虾、辣椒等菜蔬，类似于我们的盖浇饭，价钱很便宜。客人围坐在半圆形的柜台前，一边看着师傅做，一边吃。郁师却对此赞不绝口，并由此得出一个结论，越贵的饭菜越不好吃；越便宜的饭菜越好吃。当然，也不完全是这样。郁师从美国讲学回来途中又到日本讲学，他指导的高级进修生寺尾刚君请他吃饭，上了一份澳洲龙虾，他也赞不绝口，澳龙肯定价格不菲。

郁师好奇心很强，他对新事物都很感兴趣，而且乐此不疲。好奇是发明创造的原动力，也是他直到现在还成果不断的重要原因。九十年代初，电脑还没有普及，他就已经开始学电脑了，不懂的就向学生请教，很快就能熟练地使用电脑了。他说每天早上起床后的第一件事就是打开电脑，看看有没有电子邮件。后来他的所有文稿都是自己用电脑打的。有许多年龄比他小许多的人拒绝电脑，而他却以花甲之年学电脑，用电脑，这种勇于接受新事物的精神确实令人感佩。

正因为郁师为人处世光明磊落，所以在日常生活中才极为坦诚、率真。热了，能在众目睽睽下脱光上衣换衬衫。饿了，十点多钟就喊着要吃中饭。要干事业就说：“做学问，就要成为一流专家；要写书，就要写传世之作。”可以说郁师最可贵的，也是给人感受最深的品格就是“坦诚率真”。

郁师并不是一个不食人间烟火的圣徒，更不是文过饰非、虚伪世故的“俗人”，而是一位胸怀坦荡、毫无城府、极为单纯的人，也可以说童心未泯。我这样说并非对老师不恭敬，而是想让人们看到一位真实的、生动的、有血有肉的的人。正因为如此，郁师在我心目中才是一位可亲、可敬、可爱的人。

我心目中的郁老师

孙　立

初识郁老师是在很久远的年代。三十年前，我还在南师上本科。那时，在校园的道路上，我时常能见到一位骑着旧自行车、带着饭盒匆匆赶往教工食堂的中年教师。以后，我才知道，他叫郁贤皓，是中文系的老师。郁老师衣着朴素，戴着眼镜，闪亮的眼眸里透现出智慧的光芒。他不多言谈，总是那么行色匆匆，像是在完成一件亟待完成的事。几乎是不管刮风下雨，严寒酷暑，一年四季，郁老师的生活习惯似乎从不改变，这在同学中也成了时常议论的话题。好像是在大三，郁老师给我们开唐宋文学课，我才近距离了解郁老师。郁老师讲课，通常端坐在椅子上，语调不高，侃侃而谈，几乎无停顿的空隙。尽管他话语里夹带着较浓郁的上海口音，影响了部分苏北来的学生听课效果。然而那渊博的知识，颇有韵感的语调，给我留下了深刻的印象。同时，也促动了我对唐宋文学的爱好。在那时，我就听说郁老师在李白研究方面颇有造诣，而且正在编写《唐刺史考》。

直到考取博士生，我才与郁老师有了更为亲近的接触。1989年，我考取唐圭璋先生的博士生，那时唐先生已病重，委托郁老师作为指导老师，主要教授唐宋诗学。一年后，唐先生去世，我就正式转到郁老师门下。本来，我对唐代文学了解不多，郁老师反复叮嘱，要研究宋代文学，必须要熟悉唐宋文学的传承关系，宋代文人的人格品质、创作特色，很多都承袭了唐人的风气。正是在郁老师的鼓励下，我也开始涉足唐代文学尤其是李白研究。记得有一次，郁老师交给我一本书，说里面有一篇文章，是郁老师的高级进修生日本人寺尾刚研究李白的最新成果，并希望我能翻译出来，这既对我研究李白有好处，同时也是向国内介绍国外的研究成果。此翻译是我第一次也是唯一的一次翻译。开始感到很有难度，然而在郁老师的鼓励下，我与外语系老师合作，终于完成了《关于李白古诗五十九首中的讽喻表现》的翻译。郁老师还将文章推荐至《中国李白研究》上发表。也正是在此次翻译的基础上，我对李白的诗歌内容、艺术特色有了更深的了解，并进一步作了探索研究，写成了《李白的文化人格与矛盾个性》，同样发表在《中国李白研究》。郁老师如此引导、奖掖后学的良苦用心，我也从中感触甚深。在读书期间，我与师兄张采民老师时常到郁老师家中求学。有时，郁老师谈了学问以后，也会随意地谈论人生的感悟。他说"文革"期间，大部分人都投身于运动，他起先也积极参与。但是，他很快就幡然醒悟，抽身而退，又回复了治学经历。郁老师说，其实自己基础并不是很好，就是凭借多年的苦心研读，刻苦钻研，才有所收获。从郁老师的话语中，我也领悟出，一个人在事业上所获得的成功，往往与他所付出的是成正比的。

1992年毕业后，我分配在出版社工作。事隔一年后，台湾出版社决定出版我的博士学位论文《词的审美特性》。在即将付梓前，我想请郁老师作序。那时，离出版时间已很紧，我赶到郁老师家，说明来意。起先我很担心，老师学术事业繁忙，恐无时间过问。然老师一口答应，并嘱我过几日即可来取。当我拜读了郁老师写的序后，不禁为老师的精彩美文而称叹不已。尽管全文不过千余字，然语言优美，论述精当，感觉其味无穷，实为拙稿增色不少。在以后的岁月，偶遇老师，他总是谆谆告诫，要不忘学习，注意保重身体，其言切切，宛如慈父好友。

我在论文中曾谈及宋词的生命意识，认为人对生命是否有自觉的反省意识,是人生发展的重要因素。可以说,郁老师终身以事业为重,几十年兢兢业业,惜时如金,生命与事业已经浑然一体,其思想境界之高远,足以让吾辈仰之而慕之。

郁师与任铭善先生之交往

——陶谷炉话漫记之一

查屏球

十八年前，弟子出入陶谷，问学之余，偶或触发郁师谈兴，滔滔不绝，绘声绘色，时常不觉天色既黑，直至师母催饭方止。金陵寒冬，郁师身裹棉大衣，足著电暖屐，双手拢袖，笑状可掬。此一情景吾谓之“围炉漫话”也。现以拙笔转述一二，供师门同学分享。忆力不佳，不敢称“实录”，或恐为漫话之漫话，乞望郁师见谅。

上世纪六十年代初，郁师曾返沪参与《辞海》编纂，其间与任铭善先生交往颇密。任铭善（1912－1967），江苏如皋人；1935 年毕业于之江大学国文系，师从钟泰、徐昂①、夏承焘先生；曾任之江大

---

① 钟泰（1888—1979），江苏南京人，早年肄业江南格致书院，毕业于日本东京大学，曾任两江师范学堂日文译教，1924 年转任杭州之江大学国学系教授兼系主任。1939 年任湖南蓝田国立师范学院教授。1943 年任贵阳大夏大学文学院长兼中文系主任。1944 年与熊十力并任书院主讲兼协纂。1948 年任光华大学教授。解放后入华东师范大学，后转入上海文史馆。著有《中国哲学史》、《国学概论》、《荀注订补》、《庄子发微》、《春秋正言断词三传参》、《顾诗笺校订》等。徐昂，字益修（1877—1953），号亦轩，南通市人。光绪末年以第一名秀才入庠，进江阴南菁书院学习。光绪三十四年（1908 年）后，在通州师范、南通中学、南通女子师范等校担任语文教师。民国 24 年为之江大学教授、民国 28 年兼任无锡国专教授。解放后，曾为江苏省文史馆馆员。著有《徐氏全书》100 卷，1952 年出版。其中收入的专著（接下页）

学讲师、浙江大学教授；1949 年后，历任浙江师范学院教授、副教务长，杭州大学教授，民进浙江省委第一届副主任委员。“反右”期间被打为“极右分子”，剥夺授课之资格，取消教授工资待遇，遣入系资料室“改造”。任先生长期从事古文献、古代汉语、现代汉语的研究和教学；著有《礼记目录后案》、《汉语语音史概要》等，素为学界推许。其时以戴罪之身参与《辞海·语词分册》编纂。《辞海·语词分册》修订者多为音韵训诂专家，多有“反右”后压抑心理，他事不敢言，唯于学问自视仍高，一朝得理，寸步不让。时以南大洪诚先生火性最著，审稿中一见有误，张口即是国骂，既不顾及自身教授身份，也不认对方是学术耆宿，或新进风头之士。而于任先生却始终持以尊礼，见面必拱手道：“任公。”郁师其时为“语辞部”年纪最少者，跑腿奔走之事多赖其力，故与诸位名家交往较多。沪外学者多住在辞书出版社附近之浦江饭店，郁师住室与任先生相邻，上下班之际多有交谈。有一星期日，郁师在室中伏案读书，任先生见其所读乃朱骏声《说文通训定声》，就顺口谈论作者之事，郁师提出几处与段注有异，任先生兴趣大增，不藉他书，旁征博引，徐徐解析，一一辨证。经此一事，郁师切身领略到任先生学问之渊博，任先生也识得郁师好学之悟性。此日之后，晚餐之后，郁师辄捧籍往任先生室请教，任先生亦诲人不倦，热心讲解一课有余。一来二往，餐后受教已成为郁师每日必修之课，亦是每日莫大之享受。遂引得家住上海诸多年轻编辑不胜羡慕，下班后皆不归舍，齐等任先生开讲。其时，饥荒日甚，风声日紧，然浦江边隐然存在着这样一个自发的国学讲习班，亦非常年代之殊景也。是年末，《辞海》编纂工作完役，南师召郁师回校教授《中国韵文史》，任先生亲送郁师至车站，并赠词一首。笔者查《无受室文存》中，见有《鹧鸪天·于役

（续上页）有《易林勘复》、《京氏易传笺》、《释郑氏女表补》、《周易虞氏学》、《周易对象通释》、《诗经声韵谱》、《楚词学》、《石鼓文音释》、《说文音释》、《等韵通转图证》、《诗经形释》、《益修文谈》、《马氏文通正误》、《休复斋杂志》等 30 余种。受业弟子有魏建功、陆侃如、王焕镳、任铭善、蒋礼鸿、陈从周诸名家。

〈辞海〉功竣，奉刘锐赠别兼呈诸友》一首，或即此也：

> 诘诎虫鱼费校睼，商量旧学养新知。书从叶落旋旋扫，陌上花开缓缓归。
>
> 文字饮，盛平时，江楼灯火耐寻思，人生会有明朝约，梦里云高一雁飞。

其时，正是三年自然灾害期间，人多食不裹腹，且“阶级斗争”之风渐紧，知识人多惶惶不安，老先生词中颇有大隐隐朝市之趣，只为“商量旧学养新知”而兴奋，浑然不觉世事之艰难。五年后，文革风起，任先生于风声鹤唳中辞世。可以推想，沪上授学，接受私淑弟子，当是其晚年一快事也。

郁师在沪时，南师老师段熙仲先生来访。段熙仲（1897—1987），1927年毕业于南京东南大学，师从胡敦复、柳诒徵先生，曾任安徽大学、中央大学、南京师范学院教授，著有《礼经句读》、《楚辞札记》、《礼经释名》、《水经注疏》（校点）、《春秋公羊学讲疏》等。段公闻任先生在旁，即让郁师引至任室，段先生约长任先生十余岁，两先生相见，施礼有加，然“久仰”之言方歇，学术争辩即起。这一年，《文史》首刊发行，第一篇即为段先生《礼经十论》，任先生首问此事：“段先生近来专治礼学乎？”段曰：“二十年前之旧作耳。”谦逊而又显有气度，任曰：“段先生认为贾公彦所说有误，窃以为不然。贾氏发明无多，而于此处正是其最有贡献处。”接下任先生全然进入学术发表境界，侃侃而谈，手无片纸，时时引证诸说比较，一字一句似若诵读，所论材料凿实，不容存疑。段先生唯颔首称是，时已深冬季节，段先生身着毛料大衣，然额际时露汗迹，不时以手绢拭抹。约半小时后，任先生言罢，反问段曰：“敝意如此，段先生以为如何？”段先生顿然立起，拱首答曰：“承教，承教。”退身离去，郁师追上送行，段先生一言未发，及至门口外分手时方曰：“我向以为任公年长于我，不想年轻若此。”段先生《礼经十论》后有短跋曰：“此二十年前旧稿，治《礼经》时所作也。《礼经》一书，专尊亲亲、皆封建社会之意识形态，过而存之，非同敝帚之珍。今将付《文史》，岁时晴窗，因为后记。熙仲时年六十有六，方授书南京师院。”出语颇谨，既示与时俱进之心，亦存自得自珍之底气。任先生所论当中其款隙，颇泄其气，故默无一言而去。

当年听得郁师讲述，对两位大家问学论剑之情景心存向往，然又不明所以，时常慊慊生憾，寻来段先生《礼经十论》一读，唯觉新意迭出而又持之有故，甚合皖学家法，更不得任先生之剑法之利。近读任先生后人整理之《无受室文存》及任公《礼记目录后案》（1982年由齐鲁书社出版），仿佛悟得一二。

> 段公言：“题目当从汉师，其称《礼经》者，对传记而言之尔，不曰《仪礼》也。《晋书·荀崧传》始有请置郑氏《仪礼》博士之言，则《仪礼》之称，起于典午南迁之世矣。意者《天官》五篇之书，汉人但称曰：《周官》者（白虎通称引可证），郑尊信其书，注《礼》引之，每称《周礼》，《周官》既专《周礼》之名，于是《礼经》乃降而曰《仪礼》矣。此则今古文家门户之见为之也。今从其朔，正名曰《礼经》。”“当时科取篇首二至四字，以为一篇之题目，亦犹郑君说世师之取章头‘曾孙’二字以题《狸首》，但由便耳，实婚以之为全篇之总目也。”“篇第当从大戴，《礼·祭统》曰：‘凡治人之道，莫急于礼；礼有五经，莫重于祭。’五经之目，郑注《礼记》，以《周官·大宗伯》吉、凶、宾、军、嘉实之，殆非也。吉、凶、宾、军、嘉之为五礼，古文学者后起之说耳。刘子政未见《周官》，其《别录》于嘉、宾之礼皆属吉事，见《礼记》孔疏所引郑君《目录》述刘氏之说。《乡饮》、《乡射》二义，陆氏《释文》亦引郑云《别录》属吉礼。以事言之，吉者对凶之辞，则刘子政初不以吉礼为限于祭礼也。故郑《目录》所引刘氏《别录》《礼经》十七篇之序次，与二戴不同，而贾疏申郑用《别录》篇次之谓刘氏得尊、卑、吉、凶次第伦叙，言其序次为由卑而尊，由吉而凶也。是知《周官》五礼之目为西京先师所未知，即不得以之说《祭统》更不得依之次第《礼经》矣。”

指出贾公彦承郑玄之说，源头即误。

任先生言:孔颖达曰:《仪礼目录》云:"诸侯无事若卿大夫有勤劳之功,与群臣燕饮以乐之。"勤劳,谓征伐聘问。《诗》曰:"吉甫燕喜。"是也。臣有王事之劳,亦燕之。故《燕礼记》云:"若有王事"是也。贾公彦曰:"上下经注,燕有四等。《目录》云:"诸侯无事而燕",一也;卿大夫有事之劳,二也;卿大夫有聘而来,还与之燕,三也;四方宾客与之燕,四也。褚寅亮《仪礼管见》:"待宾之礼有三,飨也,食也,燕也。飨重于食,食重于燕。飨主于敬,燕主于欢。"今案,贾疏四燕之外,又有大射之燕。《射义》"古者诸侯之射,必先行燕礼"是也。燕礼所以欢乐,《诗·鹿鸣》:"嘉宾式燕以敖。""燕乐嘉宾之心。"《閟宫》:"鲁侯燕喜。"《仪礼·聘礼记》:"燕则上介用宾。"郑注:"燕,私乐之礼,崇恩杀敬。"《燕礼记》云:"于寝。"郑注亦谓"燕于路寝,相亲昵。"此《目录》乃谓上下相尊之义者,以此篇文云:"臣莫敢与君亢礼。"有莫敢敌、明嫌之义,故以燕礼为明君臣贵贱之礼,郑君据以为说也。(《〈礼记〉目录后案·燕义第四十七》)"

其论不仅全以郑注为据,而且肯定贾说渊源有自。

两相比较,段先生之论具明显古文学者之立场,其学承乾嘉皖学,又具五四后疑古派之精神。《段熙仲自述》:"中文教授黄陂鲁先生①教予诵章实斋《文史通义》、刘子玄《史通》,我始知世有学术

① 高增德、丁东编《世纪学人自述》第一卷,P. 220—228,北京十月文艺出版社 2000 年版。黄陂鲁先生,当指鲁济恒先生,早年就读于张之洞所办的湖北存古学堂。1913 年任湖北省第一师范学校文史教员,与董必武同事。1917 年兼任武昌商科大学国文教员。1927 年武昌中山大学成立任中文系主任兼教授。1930 年任中华大学中文系主任。1943 年曾在四川璧山县任国立社教学院国文兼目录学教授。1944 年回中华大学中文系,任系主任兼教授。1948 年,兼湖北师范学院教授,1953 年 2 月,任湖北省文物整理保管委员会会员。6 月,被聘任为湖北省人民政府文史研究馆馆员。

事。”“予亦好读经，重今文家言，所治为仪礼与公羊春秋。清代学者常州刘申受先生之《公羊释例》，以为诸古籍言例，最先见于僖公元年传之‘臣子一例也’一语，于是萌以例说经之意，由是而推之于古籍（瑞安孙仲容先生著《周礼》，开卷即周礼正义略例十二凡、重例，古今文一也）。予生平喜诵陈兰甫先生之《东塾读书记》。先生言学有宗主、有异同。公羊则何氏，重胡母生条例，与左、穀不同。”已示其门径为今文公羊学也。有义例，好发明。《礼经十论》核心论点在于：《仪礼》乃古礼经之残文，经刘向今文转述后成今文，东汉诸儒多未见原初古文《礼经》，十七篇名为各段文字首字，古文家多有曲解。这一学派立场，段先生至老未变，1983 年《文史》20 期刊其《炳烛小录》仍言：“《仪礼》的编纂有了一点系统，将各种礼节仪式完整记录下来，其篇题也是另一种形式，题名虽已和内容有关，但仍不等于全篇的主题，还是科取全文的开头几字（最多五字）作题。（我在 1962 年发表的《礼经十论》中曾提出这种看法，两年后武威汉简出土，其中《仪礼》部分证实了这个推断。）”段先生这一学术立场亦为今人所识。如詹子庆《先秦礼学研究刍议》言：“段熙仲《礼经十论》，该文虽受到经学门户之见的局限，确是 1949 年以来第一篇系统研究“礼经”（《仪礼》）的文章。”①任先生传徐昂音韵训诂之学，一守古文经学实证之法，其论自与段先生不同，如《无受室文存·西京学三论·礼记考略》言：“《仪礼》记者，今文记，而《礼记》兼有今古说也。”“刘向治《鲁诗》、《穀梁春秋》，而传古文礼，汉儒之通习如是，不必以其系名于大戴小戴为疑耳。”他以为《礼记》《仪礼》传受并无可疑之处，《仪礼》是汉儒以今文传写古文之礼。即便系名戴氏仍可存其旧。谨守家法，尊重原典。其《礼记目录后案序》言：

昔韩文公谓《仪礼》难读，而不知《礼记》尤为难读，甚于

① 《社会科学战线》，2009 年第 5 期。

《仪礼》也。《仪礼》之难读者，曰：经文简奥，动仪繁复，而名物制度官执之细，累世不能通，当年不能究。故三代两汉之书，后世虽残阙，而好奇理董者多有；至于《仪礼》，则善读书者称其难焉。于是圣王粲然之迹，郁郁乎文者，不复可知，而郑君之注号为绝学。宋兴，周孔之学大昌，凡书之有益儒家之教者，虽记传诸子，必表章而发扬之。而《仪礼》子所雅言，且在六艺之料，言之者顾尠。固以唐代学官立《礼记》，而熙宁王氏之法重《周官》，亦由诸难未祛，则学者无以措其功耳。南渡以后，朱子欲以正学诒天下，乃倡修三《礼》，为《仪礼经传通解》，章明句晰。又有李如圭《集释》，颇赖以存前儒之说。扬复又本《三礼旧图》及聂崇义、陈祥道诸家，以为《仪礼图》。吴澄、汪克宽为之补逸，敖继公兼治经注。于是，《仪礼》之学一时大明，自郑君以来，崔灵恩、贾公彦、杜佑所尝从事者得以光显于世，后之学者，遂无复难读之叹矣。《礼记》者，汉儒为《仪礼》之书，好古者务征采，多存古义，网罗放失，不为区别，或不尽合乎《仪礼》之经，其文奥而仪繁与《仪礼》若，而名物制度之琐碎纷若而不一致，其难穷则已过之。至其摭拾缀缉，既非一本，文异而义乖者，百虑殊涂，错出间见，虽有郑、孔之学之精，而徇文以汩经，执矛以攻盾者往往不免。后人发明之者，视《仪礼》尤少，盖舍经以治记，塞本源，乱家法，则《礼记》之难读甚于《仪礼》远矣。有清一代于学亦彬彬矣，为三《礼》者，张尔岐、秦蕙田、江永、金榜、戴震、程瑶田、张惠言、胡匡衷、胡培翚、孙诒让、黄以周尤为卓绝，而专言《礼记》者盖寡。朱彬、焦循恪守郑学，孙希旦博引明辨，三家之书皆可观。然其所取以折衷而为之区别者殆未可知，将因记以明经，由文以考制，是非从违之间有未尽焉。则义与数卒不得而穷究，其难读固犹然也。予尝私好学《礼》，以俗儒占毕之教必先读《礼记》，用其法，取而观之而茫然。退而治《仪礼》十七篇，既稍稍离章句，乃复取《礼记》读之，则合乎十七篇者既昭然不可混同，而其悖者殊者与似是而非者，亦欲一一寻其源而权衡之以折衷于经。

> 其文奥仪繁，已有儒先之注疏训解；而其杂取而错见者将必参酌以定于一是。则明记乃所以明经，牴牾矛盾之蔽斯解矣。盖有志焉而未易至也。庚辰春（1940年），以《礼记》教于之江大学；明年，复教于无锡国学馆，朋友讲习之际，既叹其难，思有以祛之。乃以平日所取以折衷权衡者记于篇，既而取郑君《目录》分系之，曰《礼记目录后案》。其志尚欲治全书以赞儒先之成功而补其阙佚，盖有待焉耳。虽然，读《礼记》者将因之而忘其难邪，抑其不合者尤多且益增其难邪？若宋以来诸贤之祛《仪礼》之难者，则亦渺乎浩乎其未可几及也！抑予又有感焉：郑君逃权势之威而入乱贼之薮，厥协六经，整齐百家，方遘大难，从容注《礼》，明夷之贞，百世以俟圣人而不惑者也。予丧乱之馀，籀诵经记，草是篇时，盖困于寇盗者数月不能解，故籍残阙，多不能致，日对郑君之书，盖私慕乡往不可已，而所以自励者将益切，庶几进退之际无愧于郑君者，以是篇为之砥砺焉，勉之哉！

任先生治礼亦是以《仪礼》为本，持《礼记》、《仪礼》为一体，力解两者相关相合之处。其治礼学之时，正值国难之日。虽生计无所，仍以继承郑玄事业自许，朱熹以下诸家之说多所目验，自信所论可赞先儒之成功而补前贤之阙，其志固不在小也。段先生之文，以疑经的方式独创新论，对守古文家法之任先生而言，无疑是釜底抽薪，想必早已引满待发，唯其时学术环境无法刊文论争，段公来访，实缴其矢而已。

礼学今日渐成绝学，笔者于经学本属外行，对于两先生争议，不敢轩轾一辞。然有趣查考此事，实有缘也。笔者于此似悟得郁师学径。郁师亦不治经学，其著多唐代文史实证，由其与任先生过从关系看，实以训诂为基而扩展至唐代文史实证，本基实固，枝叶亦茂。现代唐史名家严耕望、岑仲勉亦起家于经学，再进至唐史。其学术谱系中乾嘉实证一派印记甚显。郁师为新型学者，学途与前辈有异，然隐显之间，亦断不了乾嘉之学养，其方法、门径、理念即由此养成也。今之治当代学术史者于此不能不有所关注。又，上世纪六十年代初，传统经学几已断绪，《文史》刊发段先生一文，本身即为奇事一件。参与《文史》首刊编辑工作的沈玉成先生事后回忆曰："《文史》还不忌旧、生、冷，第一辑第一篇段熙仲先生的《〈礼经〉十论》，完全是一篇旧式经学家的论文，但由于"三礼"之学亟待抢救，所以照发不误。"①任、段二先生见面论学仿佛乾嘉学人披经讲义，全无当下时调，虽然屋外早已物换星移，沧海桑田，然两人所关注者仍是二十年前之旧话题。段先生时为南师劳动模范，属统战"红人"，任先生为极右分子，几入牛鬼蛇神之列，然论学之时，卑者无低下之气，红者少凌人之腔。是非全在学术真伪而与政治境遇无涉也。这种纯学术之交往，足显传统学术生命力之顽强。再者，笔者关注此事，尚有一私缘。余初治唐代学术，偶用"唐学"一词，时有生造之恐。一日，在图书馆翻检民国期刊，于 1947 年 4 月《国文月刊》中见任先生《唐学》一文，原为 1944 年在浙江大学之演讲(后又见刘述先著作亦用此一词)，兴奋异常，信心大增，为学益奋。此似巧合，然今日思之，恒觉冥冥之中，恍若有神物牵系弟子攀入郁师学缘之中。无郁师之趣谈，余或不能关注任先生这一被人遗忘的学者，更不能留意此文。由此可见："陶谷炉话"亦郁师授学之一式也，无用之中可当得大用。

2011 年 9 月 26 日草于复旦

① 沈玉成《〈文史〉前四辑的编辑工作杂忆》，《书品》1988 年第 3 期

恩师·严师·名师

——感念师从郁贤皓先生32年的点点滴滴

潘百齐

1978年3月3日，我，告别了从出生到高中毕业再到进厂工作一直生活于斯的可爱家乡——常州，从常州自行车厂机修车间模具钳工班组，来到了南京；3月4日，走进了"东方最美丽的校园"——南京师范学院；上午到中文系报到：编在77级三班，学号377114，住5舍419室。就这样，在那个我国改革开放的第一个春天里，在那个阳光灿烂的日子里，沐浴着和煦春风，我，一下子投入了春光明媚的母校怀抱，也旋即走进了人生的春天！当时，万万没有想到：那一投入，迄今竟已是33年，而且从未离开！这33年，从21岁，到54岁；从一个读书甚少（因在"十年动乱"中念完小学、初中、高中）的高中毕业（1975年7月）的学徒工（1976年9月进厂），到博士、教授、博导、大学副校长；是母校培育、造就、重塑了我！这33年，尤其令我如沐春风的是：1980年3月起，郁贤皓先生给大三的我班和77级四班合在一起讲授《唐宋文学作品选》课程1学期。光阴荏苒，32年过去了，当年郁师的谆谆教诲、风采神情，至今仍记忆犹新！当时，更万万没有想到：那一门课，日后竟成了我由衷热爱的执教专业，而且从未改变！

就从那时起，与贤皓先生开始了已有32年的师生深厚情谊。郁贤皓教授桃李满天下，但在众多学生中，像我这样师从先生32年、且同在一校至今的学生，恐为数极少。这种师生情缘，使我常常感念先生32年以来对我悉心指导、关心、帮助的点点滴滴，汇聚起来，可用“三师”概括：恩师，严师，名师。

一

32年来，在我心目中，贤皓先生一直是恩师。

记得我是以高考语文试卷附加题(古文翻译)零分的低起点入学的，大三时，先生从讲授《唐宋文学作品选》课程起，就对我指导颇多，使本科阶段我的学习兴趣经过了从现代汉语到古代汉语，再到先秦文学的转变后，竟定格在唐宋文学上。

记得1982年2月8日，我留母系工作，也是命运和机缘使然：我被安排做贤皓先生的助教，从此我就在恩师的指导下开展教学和科研工作。

记得1982年5月20日下午，我第一次在大学讲台上授课：为79级三、四班学生讲授苏轼，这天正好是我25岁生日。那次上课，我只带粉笔和茶杯，没带讲稿上台，脱稿讲了两节课。从此，在教学和管理工作中以及其他场合也就形成了脱稿的习惯。这，正是贤皓先生破例让我提前上讲台、大力鼓励我脱稿授课、悉心指导我备课的结果。在当时，先生此举实属非常难能可贵。

记得在贤皓先生的全程指导与鼎力举荐下，我完成了教学成果《优化高师〈中国古代文学〉课程教学内容体系的研究与实施》，被专家组鉴定为“国内领先水平”，1993年9月获国家级优秀教学成果二等奖，是当时全国唯一获此奖项的最年轻的个人与个人项目(一般为集体项目)。

记得1995年9月至1998年6月，我师从贤皓先生在职攻读唐宋文学博士学位。读博期间，精力专注于科研，科研又集中于《唐诗艺术学研究》这篇博士学位论文，论文中凝聚了郁师悉心指导的无数心血和精力。

记得在我的学术研究道路上，贤皓先生不仅精心指导，还亲自担任我编著的《全唐诗精华分类鉴赏集成》的推荐人、审稿人；还亲自为我撰著的《唐诗艺术学导论》、《唐诗抒情艺术研究》、《唐诗艺术范式论》等 3 部唐诗艺术学研究的系列学术专著写序。总之，在学术研究上，先生给了我很多指导和鼓励：这是我的最大幸运和难得机遇！

二

32 年来，在我心目中，贤皓先生又是严师。

先生的严谨与严格，是公认的，其例不胜枚举，我仅述一事：我师从先生读博期间，已人到中年，一身三任：既是负责全校导师和研究生管理工作的研究生处处长，又是研究生导师，更是一名学生，任务颇繁重。于是，我数次向先生表达了希望延期答辩的意愿，而且我也知道推迟一年是在职博士生的常例。但先生一直坚持要求我三年按期答辩，并以其急性子，经常催促，不仅在学位论文上精心指导、严格把关，而且在时间上更是督促有加、寸步不让。正是在严师的"高压"下，我三年如期答辩并获得博士学位。

三

32 年来，在我心目中，贤皓先生更是名师。

郁贤皓教授是在海内外学术界享有盛誉的著名唐代文史研究专家，也是我校极少数被国务院学位委员会评定的博导之一(1990 年)。我有幸见证了先生成为名师的艰辛历程，更领略了他的名师风范。兹举两例，以表感佩之情。

"方便面泡出来的名师"：当年我常到贤皓先生家请教，亲眼目睹了先生在学术研究的过程中，尤其是在《唐刺史考》成书过程中，由于师母工作早出晚归，自己又无暇做饭，到学校食堂也觉耽误时间，所以，常常泡方便面作午餐——学术上高标准、生活上低要求，是贤皓先生的常态。

"乐做普及工作的名师"：贤皓先生在李白研究与唐代文史研

究方面取得了学界公认的学术成就，但先生一直乐于做唐诗普及的工作，撰著了《李白的故事》(少年儿童出版社)、《谪仙诗豪李白》(上海人民出版社)、《女皇帝武则天》(上海人民出版社)等。先生还鼓励、指导我做这方面的工作，我编著的《唐诗精华365首》就是由先生指导并作序；我主编的《全宋词精华分类鉴赏集成》也是由先生亲自担任顾问、审稿人并作序，同时又是撰稿人之一。

值此贤皓先生八十华诞之际，32年的师生情缘，32年的师恩点滴，铭记在心：我，衷心感谢您——贤皓先生！我，由衷祝福您——安康，长寿，幸福！

由一个问讯电话想到的

李宗长

上世纪九十年代初，我硕士毕业后来到南京航空航天大学教书。当时南航社科类专业设置不多，单独招生的班级较少，我的教学任务也不重，平均下来，一个礼拜只有 3 个钟点的课程。我那时年纪尚轻，精力充沛。剩余的时间和精力干些什么呢？有些青年教师热衷办班、编书搞创收，这样的热门我做不来，还是继续读书吧。

读书找个名师跟着学，长进会快些。跟哪个老师后面学呢？我想到了南京师范大学中文系教授郁贤皓老师。一方面，南京地区只有两所大学招收古代文学博士研究生——南京大学和南京师范大学，我硕士是在南大读的，从转益多师为吾师的角度考虑，选报南师大最为合适；另一方面，我硕士论文的评阅意见是郁老师写的，他在评阅意见中给了我很大鼓励，我想也许郁老师对我还有印象，说不定这能成为录取的“终南捷径”呢。

1994 年 3 月，我拿到准考证，5 月参加了考试。等到 8 月下旬新学期开学前，我没有获得任何消息。我想给郁老师打个电话，问讯一下是否被录取。电话拨通后，郁老师对我说：“我不知道呀，录取是研究生招生办公室负责的，我不清楚。”我心里顿时变得拔凉拔凉的，马上就要开学了，导师竟然不知道报考自己的研究生哪个考取了，这与常理不合呀。我自忖：肯定是我考得不好，没有被录取，郁老师为了顾全我的自尊，只好推托说不知道。可我又不甘心，很快给南师大研究生招生办公室打了一个电话，接电话的老师告诉我："你已经被录取了。"听到这个柳暗花明的消息，我有点丈二和尚摸不着头脑，怎么回事呀？

几天后，我收到南师大寄来的入学通知书，心里一块石头落地。可我的疑惑也更大了：既然我已经被录取了，为什么郁老师说不知道？这个问题让我想了很多很多，也想了很久很久。

我不清楚南师大博士研究生的录取流程。但作为一名在学术界享有盛誉的博导，为自己的学术声誉计，招收研究生前总得和招生办沟通沟通，对报考学生进行大致的了解摸底吧。我猜想，招生办录取了我，而郁老师却不知道，最大的可能就是郁老师在招收研究生过程中，根本就没和招生办沟通过，不愿插手录取工作。和有些把招收研究生当作一种资源进行开发的博导相比，郁老师放大这一"资源"效应的机会多多，郁老师却弃之不用，不屑"变通"，这让我心中对他充满了高山仰止的敬慕。我感到，郁老师是一位纯粹的读书人、学问家，选择跟随郁老师读书问学选对了。

成为郁老师学生后，我的心里充满骄傲。和郁老师接触多了，我愈加深切地感受到，郁老师的心灵几乎完全为崇高的学术道德和追求所充盈。有许许多多的事情，郁老师确实不知道——他也不想知道；可师生间一聊起学术界的渊源流变以及学界前辈们的趣闻轶事，又没有郁老师不知道的。我想，也许正是郁老师的有所不知，才最终成就了他在学术上的无所不知。就我个人而言，我最想向郁老师学的，是他在学问方面无所不知的渊博，而不是他不想知道的所谓诗外功夫。

郁老师传道授业解惑的路径之一是和学生聊天。师兄弟们有个共识，大家都特别爱和郁老师闲坐聊天。我们每每在聊天过程中把疑惑提出来，郁老师是知无不言，言无不尽。郁老师的学术思想博大精深，郁老师的学术成就有目共睹。作为郁老师的弟子，我们常常可以零距离地领略他的大师风范和大家情怀，在不知不觉中收获郁老师几十年治学的方法、心得和感悟，感觉仿佛是让幸福飞。这样的情景至今回想起来，仍然令人感念不已，心向往之。如果时间可以倒流，我还会选择回到郁老师身边，跟随他读书问学。

郁门立雪的日子

王利民

做学问，是时间的最有力的杀手。蓦然回首，我怀揣博士学位证书走出南京师范大学校门，已是十二年前的事了。如果说毕业是一个句号，标志着博士研究生生涯的结束。那么冒号就要点在“上海”这个地名的后面。1996年9月，我到上海为南通师范专科学校中文系购买教材，晚上住在旅馆里，接到家人的电话，说是南京师范大学文学院录取我为博士研究生，让我去报到。我当时激动的心情就像那秦国的青年终于亲近了在水一方的伊人。

这一年，我在南师大诗词学方向的博士生招生笔试中，考了第一名。但颜祥林师兄发表的研究成果摞起来有一大堆，非我能望其项背，这个方向录取了颜师兄。我本来已经做好了明年再考的准备。谁知世上真的有意外之喜。

入学后，我才知道，当时有一位云南的考生想借读博调出云南。他报考的是魏晋南北朝唐宋文学方向。该方向的两个招生名额中，有一个是委培性质的。这位来自云南的老兄考了个第二名，被录取为委培性质的博士生。结果，他放弃了。当年除颜师兄外，还有另外两个南师大的教师报考了本校中国古代文学专业的博士生。听说多出了一个名额，有位南师大教师还在校内活动了一下，想争取到这个名额。可是，魏晋南北朝唐宋文学方向的导师郁贤皓教授和诗词学方向的导师钟振振教授认为，应该根据考试成绩来录取学生。这样我才能够在9月份拖着行李，走进东方最美丽的校园——南京师范大学随园校区。

初次见到郁老师,是在南师大文学院的鲁迅雕像旁,他给我的第一印象是“威重”,很有博导的气派。接触多了,我才认识到,郁老师是一个宽厚温和、平易近人的长者。我从来没有见到他发脾气,也没有见到他摆架子。有一次,我帮他打印一份稿件,他谦虚地说,稿子上有什么字句上的毛病,就帮他改过来。

读博士学位的日子在外人看来也许很单调,但对我来说,每天往返于图书馆、资料室和宿舍之间,阅读各种学术书刊和消遣读物,洋洋乎自得其乐。特别是第一个学年,我从江头海角的小学校走出来,看到文学院资料室的书橱上陈列着一溜溜的港台版学术书籍,大有惊艳之感。譬如那套台湾文津出版社的“大陆地区博士论文丛刊”,每部书的封面都有一只鼎,装帧相当漂亮,各书内容也像鼎一样厚重,勾引起我强烈的求知欲。于是,我打算列鼎而食,将其依次阅读一过,充分享受这份知识大餐。这段时间,我的生活像泼墨而成的水墨写意,既滋润,又散淡。

我把阅读看成一种享受,把写作看成一种苦差。在我看来,作为一名教师,做到学养丰厚,无问不知,大可以此骄人。要想拥有著作等身的成就感,那也太费劲了。很可能,就是这种勤于阅读、拙于书写的状态给人造成了一种不求上进的印象。三年后,我想从事博士后研究,需要征得原单位南通师院的同意,而原单位的领导驳回了我的申请。当时,南通师院的一把手是刘一平书记,他是南京师范大学调过去的。在一次南师大增补博导的会议上,郁老师向刘一平书记问起我申请做博后的事,刘书记说:“听人讲,王利民不用功。”后来郁老师转述这番话的时候,本人才知道,从小以博览群书沾沾自喜的我,在部分同事眼里居然是一个不用功的人。但我不得不承认的是,对于自我形象塑造或者说自我包装这门功课,我是从来不用心的。如果没有郁老师的过问,我大概就要和博士后经历失之交臂了。

话说回来,率性随意的学习方式的确延宕了我迈入专业研究阶段的进程。记得在一个凉爽的阴天里,我和师兄妹去逛市内某图书展销会，听到一个同学说，郁老师询问我的课程论文写作进展情况，心中不禁一阵惶恐。因为手头的一篇课程论文已经写了大半年，还没有写好。值得庆幸的是，郁老师并没有要我们定期向他汇报研究心得，否则，以我这种到处顾盼流连地泛读杂览，真不知道拿什么来汇报。

我在南京做了三年的博士研究生。其间虽也领略过玄武湖的波影、明孝陵的秋色、梅花山的春光，但给我印象最深的地方，除了南师大的随园校区，就是导师郁贤皓先生的家了。在上个世纪的九十年代，高校教师家的住房普遍不太宽裕。而郁老师的家由门对门的两个中套组成，这就很是令人羡慕。我听一个研究生讲，郁老师的家像皇宫一样。这话夸张得也太离谱啦。郁老师家的装修很简单，家具摆设也非常朴素。客厅里放置的，不过是一套桌椅、一张沙发、一个茶几，以及墙角的一台电视机而已。

郁老师的日常生活应该是很平淡的，没有多少趣事可以引为谈资。能够八卦一下的是郁老师炒股的事。我有几次晚上去郁老师家，见他拿着遥控器，在看电视里的股市行情。郁老师开始进入股市时，把买股票当成了储蓄的另一种方式。他因为家中有一笔存款到期，听说股票回报率更高，就懵懵懂懂地买了股票。谁知恰逢大熊市，郁老师花八万块钱买的股票，每天都在缩水。郁老师叹息说：要破产啦！要破产啦！我毕业后，听说师门中出了位高手，帮郁老师炒股，把老师损失的资金又从股市中捞了回来。

郁老师给我们开了四门课，即“经学研究”、“史学研究”、“子学研究”、“集部研究”。他要求我们写出课程作业，发表出来，然后打分给成绩。第一门课，我选择读《易经》，写了一篇题目叫做《易传“死生之说”揆义》的论文，发表在《周易研究》上。起初，我把初稿交给郁老师看的时候，他脸上没有皱眉头，可能心里有点纠结。郁老师擅长的是考证，看我这种重在哲理思辨的文章恐怕不轻松，而且我写文章喜欢像侦探探案一样，先提出问题，然后逐步分析，层层剥笋，一路剥到底，最后才露出核心。读者看我的文章，得要有点耐心。郁老师教我，先亮出观点，每一部分结尾，都应该拎一拎这一部分的要点,最后作出结论,这样文章就更能让人看懂。

郁老师常常夸奖自己门下的弟子。他在我面前说过几次,程杰师兄的博士论文《北宋诗文革新研究》极为出色,某国内著名学者来主持程师兄的论文答辩,有这样的评价:北京大学这么多年来都没有写出过这么好的博士学位论文。郁老师对查屏球师兄也非常赏识,认为弟子中数查师兄最聪明,其论文最有才气。我还听李宗长师兄说过,他进新华日报社时,郁老师写的推荐信起了很大的作用。我想,郁老师在刘一平面前为我说项时,一定也会替我美言几句,但具体怎么说的,就不得而知了。

郁老师偶尔也会和我们提起他生活中的一些往事。记得我获得华藏奖学金后,请郁师和同门聚餐,特地点了道红烧甲鱼,觉得这是比较上档次的菜。郁师不以为然地说,他早年做记者时,在农村吃甲鱼吃厌了。还说他那时写完稿子,喜欢到小酒店里就着花生米,喝点小酒。郁师不止一次提到他曾参与修订《辞海》。段承校师弟说:郁老师所出博士生招生试卷中的有些题目就出自《辞海》中的辞条。遗憾的是,这个信息对于我来说已是明日黄花。

读博期间,我曾和刘运好兄陪同郁老师去淮南师专和六安师专讲学。在淮南这个豆腐的发源地,我们品尝了别具风味的豆腐宴。在淮南师院的礼堂里,我第一次也是唯一一次听郁老师作学术报告。看得出来,那时候难得有知名学者到这所地方院校讲学。当郁老师闪亮登场时,全场掌声雷动。当郁老师以平实的语言讲解李白七绝的风格特色时,学生们都以仰慕的眼光看着他。在六安师专,郁老师和该校中文系教师进行座谈,重点谈了从事学术研究的方法问题。本来,该校接待人员有意安排郁老师去游览金寨县的天堂寨,可惜的是,郁老师对游山玩水不感兴趣。

在南师大的时候,我几乎不知道郁老师有什么个人癖好,他不抽烟,不喝酒,不饮茶,不养花,不玩鸟,不钓鱼,不下棋,不打牌,不唱歌,不跳舞,好像也没有体育爱好,当然更不会玩电脑游戏。我偶尔想送一点礼品给他,都不知道买什么好。毕业以后,我又回南京见过几次郁老师,他生活的轴心依然是学术研究。很长一段时间里，我不知道老师有什么癖好，除了做学问以外。黄震云兄说他1989年去南京郁老师家的时候，见郁老师的抽屉里都是流行音乐磁带。最近，读到黄兄写的随笔《走进随园成蹊，感受大师风范》，文中说："郁先生是位很有情趣的人，失眠几十年，但每天喜欢走路散步，还听音乐。一笔很漂亮的行书，虽然是行书，但笔画一笔不少。有一次郁老师心脏出现一些情况我去看他，他一会说几句笑话，意思差点没了，但没有伤感；一会又很认真地问我对当时影响很大几部书的看法，但是，每次见面时间都不是很长。表达看法很清晰是郁老师给我的印象，感觉郁老师年轻的时候应该是一表人才。"关于郁老师喜欢听流行音乐的说法，我总觉得有些匪夷所思。今年春节，我在电话里向郁老师拜年的时候，就此向郁老师本人求证，郁师说他喜欢听戏曲演唱。前两天读郁老师同班同学潘树广所著《学林漫笔》，见书中《南京师范学院忆旧》一文有两处提到郁老师，一处说："郁贤皓是越剧迷，能把各越剧流派分析得头头是道，常在宿舍里自吟自唱。"看来，郁师确有他的浪漫情愫，听越剧就是这位上海人的最大爱好。潘树广在文中另一处提到："宋代文学小组郁贤皓、周福昌写的论柳永的文章发表在《光明日报》(1960)。"原来，郁老师在大三的时候就已经在国家顶级报刊上发表学术论文了。我上网查了查，潘先生说的这篇文章，题目是《必须用批判的态度对柳永的词重新估价》，发表在1960年7月17日的《光明日报·文学遗产》上。如果不是学业成就优异，郁老师大学毕业时大概也不会被分配留校从事古代汉语教学。

人们常讲性格决定命运。这话是有相对的真理性的。就学人而言，性格往往能决定一个人的治学途径。郁老师具有刚毅木讷、朴学笃行的学者品性，用他自己的话来说，他是一个很笨的人。他说聪明的人会钓鱼，而他本人很笨，不会钓鱼的技巧。那怎么办？只有车干了水捉鱼。郁老师为研究李白，为撰写《唐刺史考》、《唐九卿考》，阅读了已知的全部唐代文献。这所谓全部唐代文献不仅是指印在纸上的，而且包括刻在石头上的。他向我讲起过，他是如何打着手电筒，钻到山洞里，如何不顾洞顶滴水，弯腰抄录古碑的。

我觉得这是郁老师在教我们做学问的方法。我反躬自省,抚膺长叹,学不了,实在学不了。一直到现在,我仍旧是个钓鱼者,而不是竭泽而渔的捕鱼人,所以在学术上的收获不及老师远矣。什么叫高山仰止?这就是。

失眠症伴随了老师几十年。郁师曾说:学问就是在睡不着觉的时候做出来的。我很幸福,没有失眠症。但当老师还埋首于青灯黄卷中的时候,做弟子的早早就呼呼大睡,似乎有点说不过去。我于是把自己在南师大的宿舍命名为"夜读斋",并请一位美术系的同学写了斋名,贴在墙上,举头可见。景行行止,庶几近之。

人们或许会以为,一个学者成名后,家中谈笑有鸿儒,往来无白丁。我感觉郁老师在社会交往中并不是一个活跃的人。其实,一个毅力非凡的学者并不需要外在的繁华和外界的刺激,恰恰相反,他需要不被干扰、可以自我调配的时间,需要有规律的生活,需要一个明窗下的书桌,需要一成不变的书籍在四壁环绕着他,这样的话,就有了日复一日的卓有成效的工作。郁师的日常生活好像静水无澜,只有他那浩繁的著作蕴含着平静人生的非凡光彩。

一位平易可亲的长者

——我印象中的郁老师

曹丽芳

第一次见郁老师，是在陶谷新村老师的家里。那时，我刚刚知道终于如愿以偿可以做郁老师的学生了，于是去看老师。那天下午，阳光在窗外慢慢地流动，郁老师说了很多，也很费劲，因为不知道是楼上还是楼下的人家正在装修，刺耳的电钻声音不屈不挠，一直伴随着我们整个谈话过程。它每一次响起，我们就只好停下来等一会儿。记得那天郁老师说了他很小的时候就到工厂里做工的事情，说了他后来怎么一边工作，一边学习的事情，说了因为看石刻拓片在洛阳连着半个月吃方便面的事情，还谈到了他所敬重的好几位前辈学者，语气中那种朴实的敬仰令我震撼。我认真地听着，渐渐地觉得自己确实是走进了一个神往已久的世界。从那次见面开始，郁老师在我心中就与清高、骄傲、严厉等这些我预想的大学者派头了无瓜葛。我觉得老师既渊雅宏博，又温和平易，对于学生，更像是家里的长辈。这让我感觉很轻松。

三年的学习时间，多次印证了我的第一印象。说实话，我只是个善于应付考试的人。当年和胡振龙师兄一起考进南师，在入学后的学习和工作中，很快就发现自己的基础知识和基本能力远不能和胡师兄相比。许多常用的典籍我只是很肤浅地了解过，根本没有认真仔细地读过，而胡师兄却是以前使用过的，对它们都相当熟悉。所以每次郁老师布置作业，胡师兄一听就知道怎么去做，而我总要在云里雾里迷糊相当一段时间，不知该怎么着手。我知道郁老师自己有一大堆的工作要做，惜时如金，对于学问以外的事情，他都以急脾气著称，所以一开始有点不好意思拿这么低级的问题去打扰老师。可是等到实在不行了，就只好硬着头皮去。让我更加惭愧的是，无论什么时间，每次我到老师家，把郁老师从电脑跟前请到客厅时，他总是一副不着急的态度，仔细地听我诉说我的困惑，然后慢慢地帮我整理思路，告诉我怎么去做。看到我着急的样子，郁老师反而笑了，说："急有什么用？会做事才是目的。要保持有效的情绪。"就这样经过老师多次开导，我才算是慢慢地知道了一点做学问的门径，能独立地写点东西了。这期间，老师给我批改过无数次作业。看了郁老师给我批过的文章，我就再也不敢说"批语比正文还多"这句话只是文学作品中高于生活的艺术语言了，因为我发现这句话真的非常写实。

郁老师的日常生活也不只是限于教学和写作，他的兴趣和爱好应该是相当广泛的，只不过是做学问这个活儿太折磨人，太消耗精力和时间了。对于学者来说，一旦沉浸在某个问题当中，就一定要把它搞个水落石出才肯罢手。在结论出来之前，注意力是舍不得转移的。郁老师写了那么多的书，时间的付出是可想而知的。但有时候也能碰上老师或许是刚刚解决了一个问题，心情比较放松的情况，这时候的郁老师就焕发出了另外一种神采。有一次我到郁老师家，也是下午。进门后老师没有说请我先坐下，等他去关电脑。而是说："等着啊，我给你盛碗粥。"我就站在客厅等。一会儿，老师笑眯眯地端着一个小碗从厨房出来了。我一看，是一碗品相极佳的银耳莲子粥，里面有莲子、红枣、枸杞、银耳等，红的鲜艳，白的晶莹，煞是好看。老师又赶紧补充说："我做的。还有冰糖呢，你尝尝。"我尝了一口，果然清爽香甜。没等我说话，老师又说："好喝吧？快喝，还有呢！"看着我大口大口地就把这一碗莲子粥很快地报销了。老师说："我再给你盛。"于是我就又喝一碗。老师要盛第三碗的时候，我有点犹豫了，因为忽然想起据深入过郁老师家厨房重地的段师兄说，郁老师家做饭的锅不是很大。我不知道我喝了这么多，还能否给郁老师自己留下点？但是看着郁老师高兴的样子，我又不想扫兴，索性又喝一碗，完了主动问："还有吗？"郁老师不好意思地笑笑说："下次吧，我再给你做。咱们谈正事。"于是，我们这才落座，说起工作上的事情。

闲聊的时候，郁老师跟我谈的最多的是他的学生们。我很惊讶老师对每个学生的了解程度，谁有什么性格、脾气他都了如指掌，包括多年前已经毕业的弟子。而郁老师的学生们，不管是我听老师说起过的，还是我亲眼见到的，似乎他们真有一些共同的特征，比如都为人正直、好学上进、喜欢帮助别人，他们的做事风格好像都在郁老师的意料之中。郁老师还有一个特点，就是说到他的某位学生在某个领域做得很好时，会不由自主地在这位学生名字前面冠以"我的学生"四个字，从"人品好"、"学问好"到"电脑高手"、"炒股高手"甚至"喝酒高手"等好多领域，都有"我的学生某某某"令老师掩饰不住他的骄傲。记得有一次说到刘立志，老师说："刘立志是蛮帅的哟！"我随口接了一句："当然啦！您的学生刘立志嘛！"郁老师严肃认真地点点头，说："那是，那是。"这样的话听得多了，我也难免展开想象：将来或许有一天，在谈到什么问题时，老师也能在我的名字前面加上"我的学生"四个字。但是，这个想象毕竟有点过于浪漫了，我的自信心严重不足，于是小心翼翼地问郁老师："您的学生中，有没有哪个是在各个方面都很平庸的？做不出来什么好成绩的？"郁老师马上就说："绝对没有。我的学生个个都是最棒的，都出类拔萃。"后来我才知道，"我的学生个个都是最棒的"是郁老师流传颇广的一句名言。这句话对我的影响很大，每当我遇到困难开始怀疑自己能力的时候，都拿这句话来给自己打气鼓劲，坚持一下，难处也就过去了。

但是，要说郁老师对学生们所有的事情都了解，也是有点夸张的。据我所知，有一件事情直至我上次跟老师谈话为止，郁老师了解得还是不很清楚，那就是郁老师不知道他的学生当中有多少"牌坛高手"。我上学的时候，南师的研究生楼里一到晚上九点多，就有人张罗打牌的事。学生当中有个理论是我一进楼就被传授了的："连牌都打不好，怎么能做好学问！"我的好多师兄都是从这个楼里走出来的。关于他们打不打牌的事情，我问过郁老师，老师很坚决地说："我的学生不打牌的！他们看书还看不过来呢，哪有时间玩那个？"既然老师这么以为，我就只好说"情况不明"了。不过，我猜想，如果哪一天，当老师明白了真相，那么郁老师再谈起令他骄傲的学生时可能会增加一个项目，说："保密高手，我的学生某某某……等。"

郁老师对学生的好不是刻意的，好得很自然，让学生感到温暖、亲切而没有压力。反过来，学生们对郁老师的好，也是自然朴实的，没有太过张扬的举动，但是很感人。记得 2001 年 11 月中旬，唐圭璋先生诞辰一百周年纪念会在南师召开，我参与了接待工作。正式开会的前一天早上，接到了风尘仆仆从北京赶来的诸葛忆兵师兄。按照惯例，这个时间到会的专家学者一般都是先在宾馆前台办好手续，然后接待人员就把他们送到房间里去休息。诸葛师兄办完手续后，我们要帮他把行李送回房间，他却摇手说："不行，行李能不能先寄放在你们这儿？"喘了一口气，又解释说："我都跟郁老师说好了，我不洗脸就得跟他聊天去。"大家都一时无语。看着师兄匆匆远去的背影，我突然觉得，在这深秋的季节仿佛有一股春天的暖气弥漫在整个空气当中，人世间果然还有我从来不曾领会过的美好。

我们毕业临走前，郁老师把胡师兄和我叫到了家里。师母做了一大桌子的菜，他们二位又不怎么吃，就坐在对面看着我和胡师兄吃，师母还不停地给我们碗里夹菜。我觉得师母是把所有拿手的好菜都做了一道，她希望我们每一个都能尝尝，可是，实在是太多了，每个菜就是只吃一点儿，我们也实在吃不了那么多。眼前碗里的东西越来越多，我们吃的速度越来越慢，说话也越来越少，情绪却慢慢复杂起来。以我们这些年来对老师的了解，除了家人，郁老师最喜欢的人是他的学生们，最喜欢的事是看到他的学生们。可是，铁打的营盘流水的兵，学生总是要离开老师去走自己的人生之路的。每一届学生毕业，在老师的心里可能都不是个简单的过程。我们所能做的，只是尽量把离别的气氛淡化再淡化，于是，我们就使劲吃啊吃，同时使劲找一些话题来谈笑风生。从老师家出来以后，我们走在路上，一句话都没有了。

曾经看过一篇文章，是写陶敏先生的。其中有一段文字把陶先生和郁老师做了个对比，说郁老师“比陶敏先生具有更为亮丽的人生”。有一次开会，我见到了陶敏先生，还说起了这篇文章。陶先生说：“郁老师我最了解的，他很不容易啊！”语气很深沉，目光也很深沉。但是陶先生没有就这个话题往下谈，而是说：“现在好了，郁老师很幸福！”作为志同道合又是多年挚交的老朋友，陶敏先生对郁老师学术生涯当中诸多滋味的理解和体会一定远远比我们要全面、深刻，但是过去的事情陶先生都不愿意多说了，他只强调他们现在都很幸福，这不正是他们那一代学者的睿智和豁达之处吗？郁老师也是这样，过去的艰辛不曾多说，我记忆中只有两件事印象深刻。一是郁老师说他失眠几十年，无论吃多么贵重的好药都收效甚微。那时，对自己总也改不掉睡懒觉毛病的我还很羡慕地说：“睡不着多好呀！可以看多少书啊！”直到后来我也偶尔尝到了失眠的滋味，这才知道我当时说话是多么没心没肺。二是郁老师几十年来一直坚持认为世界上最好的食品就是方便面，他说他非常感谢发明方便面的人。说这些事的时候老师也很平静，里面蕴含的人生况味可以说都是在我工作了多年以后，再回忆时慢慢品读出来的。

郁老师现在确实很幸福。在师母的精心照料下，我想已经好久不吃方便面了吧？而且，最神奇的是，就在我们毕业的时候，郁老师的失眠症居然好了！听到这个消息的学生们都由衷地为老师感到高兴。去年我去南京看望老师，师母又做了一大桌好吃的，我和刘立志师兄一家在老师家里共享了这顿其乐融融的晚餐。第二天照例是在南京的师兄们召集聚会。酒席上郁老师自己很少说话，只是饶有兴趣地听大家天南海北地聊，不时地和师母交换一下眼色，眉宇间全是欣赏和满足的表情。聚会结束，老师和师母坚决不坐车，一起散步往家里走。我们目送了很远。我觉得老师现在的状态让我们这些远方的学生很放心。

十载随园忆师恩

尹楚兵

时光似水，离开随园，屈指算来已有十三个年头。今年欣逢郁贤皓师八十华诞暨从教五十周年，回忆起自己曾在随园十载的求学、工作生活，提起笔，往事便如放映一般，一幕幕浮现在眼前。

初识先生，是在上世纪八十年代末。那时我在湖南师院中文系即将本科毕业，生性腼腆的我为了逃避当中学老师，加之从小受父亲农事之暇吟诗诵赋的熏陶，于是报考了南京师院中文系古代文学唐宋方向的研究生。有幸进入了面试，于是在1988年春天第一次踏进金陵随园，在位于一座小山坡上的中文系二楼的小会议室接受了面试。依稀记得当年主持面试的是古代文学教研室主任张采民老师（后来成了大师兄），另外还有两位，其中一位身材魁梧，不苟言笑；另一位满头银丝，笑容可掬，张老师介绍说这就是我们将来的指导教师郁贤皓老师和钟陵老师。贤皓师用略带南方口音的话语自我介绍说是上海人时，我们不禁有点诧异，本以为这高大魁梧的身材定是北人无疑。初识先生，见他魁梧的身材和不苟言笑的表情，我们当时心里颇有点忐忑不安，以为将来待人一定很严厉，难以接近。

有幸忝列郁门后，后来才觉得当初的想法是那么幼稚可笑。与郁师往来日多，愈来愈感受到他的平易随和、慈祥亲切。当时先生的《李白丛考》、《唐刺史考》已先后问世，已经奠定了他在学界的重镇地位，但他却一点也没有名教授的架子。在郁门硕、博六年的求学生涯中，上先生的专业课，我们每次都是到他家里，郁师每每亲手给我们每人泡上一杯茶，然后师徒几个围坐在一起，侃侃而谈。没有正襟危坐，也没有师生间森严的壁垒，说是上课，其实更像是师徒间的交流，亦师亦友，如沐春风。正因为如此，我们在学业上、生活上有什么疑惑，也常常喜欢前去向先生请教。多少年过后，僻静小巷里的陶谷新村 5 号那栋小楼一直是我们心中最熟悉的记忆。

先生不仅平易随和，而且对学生关爱有加。作为硕士、博士研究生均就读于郁门，工作后又曾身为先生下属的我，感触尤深。在金陵求学、工作的十年里，我远离家乡，孤身在外，去先生家时，郁师、师母常常留我下来，亲自下厨做上几个菜，说是改善一下伙食。印象最深的是，博士毕业前一年，寒假因为要赶毕业论文，不能回家过年，先生得知后，提前在我信箱里留下一封信，盛情邀我到他家过年。那是我生平第一次在外过年，却感受到了慈父般的温暖。后来虽然东奔西走，数度搬家，那封信却被我视若家珍，珍藏至今。我生性内向，不善与人交际，硕士毕业后求职屡屡碰壁，又不愿离开省城，郁师得知后，平生不愿求人的他为了我的事情却放下面子去找人，使我得以留校工作。当我在校图书馆工作因为专业不太对口不怎么安心时，郁师又不畏人言将我调到古籍所。因为我生性腼腆，郁师甚至还为我的婚姻操心过。回想起这些往事，至今仍深感愧疚。先生对自己的学生如此，对素不认识的其他学生也是如此。我来到无锡江南大学后，曾听本科毕业于南师中文系的同事高毛华老师讲过她亲历的一件事情。高老师是无锡人，本科毕业后想回家乡工作，听人说先生有同学在无锡教育学院任职，于是想登门请郁师写信推荐。不过因为大学阶段郁师没有教过她，此前并不认识，对于一个素不相识的学生的不情之请是否会出手相助，在去先生家之前，高老师心里并没有底。没想到来到先生家后，郁师却欣然允诺，并最终玉成其事。多少年后，当提起此事时，高老师仍心存感激。

郁师对学生的关爱不仅仅体现在生活、工作上，更多的则是学业指导上的认真负责。硕士研究生刚入学时，郁师就给我们开列了一个必读书目，要我们一本一本去认真阅读。读书过程中有什么疑问，可以随时去请益。如有所得，先生就鼓励我们及时写出来，并手把手教导我们如何写作学术论文。对我们论文中存在的问题，大至观点、结构、材料，小至引文、错别字、标点符号，都一一认真指出。经他修改过认为好的文章，有时还帮助向熟悉的刊物推荐。先生对研究生的指导，尤其注重治学方法和门径的传授，常常结合自身研究，以身说法。为了帮助我们了解学界动态，拓宽学术视野，先生还先后介绍我们加入唐代文学学会、中国李白研究会，介绍我们与学界同行认识。我是慢性子，做事懈怠，读书写文章常常喜欢拖沓，先生总是经常善意地提醒、鞭策我。

即使在我离开金陵回到湘地，后来又辗转来到太湖之畔的无锡后，郁师对我的关爱依然如旧，每次电话交谈或见面时，郁师总是像关心自己子女一样细细地询问我的工作、家庭和学问情况。二〇〇八年春，拙著《令狐楚年谱　令狐绹年谱》即将付梓，赴宁请郁师撰序，到后才知道郁师因为眼疾刚刚手术出院不久，但他没有丝毫的犹豫，欣然提笔为我作序。

实至名归，郁师对学生的关爱获得了师生们的一致肯定，两次被省教委和学位办评为优秀研究生导师。当我后来也成为一名研究生导师后，回顾郁师对我们弟子的关爱，常常自觉地在内心将先生作为自己的标杆，鞭策自己为成为一名优秀的导师而努力。

除了为人的平易随和、关爱学生外，对我影响至深的是郁师治学的勤勉和严谨。先生的学术生涯如果用一句话来概括，个人以为没有比"板凳甘坐十年冷，文章不写半句空"更贴切的了。

郁师回顾自己的治学经历时，常对我们弟子说，一份耕耘，一份收获，谦逊地说自己并不比别人聪慧，一生学术成就的取得完全是靠自己的勤奋，靠付出比别人更多的努力。先生一生治学道路曲折坎坷，童年时代正逢日寇占领上海，父亲失业，家境贫困，仅断断续续读过五年小学，十二岁就到厂里当童工，自小饱尝人世艰辛。但他好学上进，常到书摊租书自学。新中国成立后，又曾从事新闻工作多年。后来自学考入南京师院中文系。留校后在繁忙的教学之暇，自甘淡泊，献身学术，笔耕不辍。特别是《唐刺史考》的成书过程尤为感人，当时没有科研经费，没有现在海量的电子图书和全文检索数据库，到图书馆查阅资料也不像现在这样便捷，面对这样一个巨大工程，先生不畏艰难，锲而不舍，平时夜以继日伏案家中，节假日则往外地奔走，考索碑碣，寻觅古籍，积累卡片数以万计，细致排比，钩沉稽核，青灯午夜，孜孜不倦，耗时十年之久，终于撰成五大册二百二十余万字的煌煌巨著。我在金陵求学和工作的日子里，每次到先生家，发现他除了看看新闻外，绝大多数时候都是在伏案查找资料或写作，完成一个任务后，立即着手进行下一个目标，在学术道路上永不知倦。天道酬勤，先生已出版著作三十多种，发表论文百余篇。但他始终没有满足于已经取得的成就，即使在七十三岁退休后，也没有像绝大多数老人那样颐养天年，凭着对学术的执着精神，仍在为李白全集的重新整理、编纂和笺注而殚精竭虑。近年来去看望先生，每每看到年届八旬坐在电脑桌前工作的身影，作为晚辈后学，不禁为老一辈学者对学术的执着和献身精神而感动，也不禁为自己的懈怠、浮躁而汗颜。

郁师治学的严谨也是弟子们众所周知的。从我们入门之初，先生就一再强调从事学术研究一定要严谨，要言之有据，强调实证，反对空疏的学风。他非常重视第一手资料，并强调在材料占有上应尽可能竭泽而渔。先生经常告诫我们弟子，要珍惜自己的学术声誉，要严格遵守学术规范，千万不要剽窃别人的成果，自毁学术生命。他是这样说的，也是这样身体力行的。他的代表作《李白丛考》、《唐刺史考全编》、《唐九卿考》等无一不是这方面的典范。先生的严谨也体现在对自身学术研究的不断追求完善上。《唐刺史考》经过十余年的艰苦努力于 1987 年分别由江苏古籍出版社和香港中华分局同时出版后，获得了海内外学界的高度评价，在荣誉面前，郁师并没有止步，针对后来一些新材料的发现和出版，以及自身对原著中疏误的发现，并充分吸取学界同仁、友人甚至学生的意见，他又开始了对原著的不断修订增补，历经十年，于 2000 年由安徽大学出版社推出了320万字的修补本《唐刺史考全编》。即使是在《唐刺史考全编》出版后，先生仍没有停止修订的工作。前几年当我说在撰写《令狐楚年谱 令狐绹年谱》过程中对个别刺史的考证偶有所得时，郁师立即随手记了下来。先生这种严谨认真的精神在当今的学术环境下尤其令人感佩。先生治学的严谨甚至还体现在一些看似不起眼的细节上，比如先生与弟子们合撰的论文，收入先生的文集时，他都要事先一一征询我们弟子的意见，是否同意收入。

笔拙不尽心中意，拉拉杂杂写了以上这些，最后在郁师八十华诞暨从教五十周年到来之际，敬撰一联，以志庆贺：

杏坛五十载，春风化雨，喜看桃李满天下；
寿诞八十春，老骥腾骧，频将著述惠学林。

师门二三事

诸葛忆兵

一九九四年秋季，我通过南京师范大学中文系中国古代文学专业博士生入学考试，正式投入郁贤皓师门下，成为一名郁门弟子。三年攻读博士学位，师长弟子相聚，欢声笑语不断，我完全是在快乐愉悦中渡过这一段时光的。

郁门师长与弟子或师兄弟之间，关系极为融洽。这首先取决于郁师的性格。郁师为人真诚率性，待人接物皆具“赤子之心”。在弟子面前，从不摆老师的架子，视弟子为朋友。入师门不久，即发现郁师此一性格特征。很快，我们便在郁师面前变得“肆无忌惮”。如，师兄弟们到郁师家，盯着柜子里的几瓶好酒，挖空心思，往往能够如愿以偿。我的博士学位论文《徽宗词坛研究》出版时，曾将此类轶事写入“后记”。而后，学界诸多同仁便知我喜饮酒，时有美酒相馈赠。这也算是郁师为我带来的“后福”。只是年齿渐长，酒量锐减，遵医嘱不敢再饮酒。当年窥伺美酒的乐趣，只能留存于记忆之中了。此外，我们与郁师聊天，言语上也毫无顾忌，海阔天空，时而还调侃郁师几句，师长、弟子哈哈一笑，其乐融融。记得某日聚宴，谈天说地，郁师言己有四十多年党龄了。话题数转，郁师又提及自己睡眠质量不好，吃了四十多年的安眠药。我立即总结说：郁师从入党开始就吃安眠药！于是，满座喷饭。有师如此，师门氛围当然极好。读书之余，师兄弟们热衷于聚会，在杯酒谈笑中消除苦读的疲劳。这种聚会，时而还闹到郁师家中，这样，起码我们不需要买酒了。离开师门十几年了,师兄弟们相聚,总是轻松愉快,笑声不断。我们的为人处事,多多少少是要受到郁师影响的。

郁师为人真率,也表现在对我们读书要求方面。在郁师门下,就不必顾忌学校相关部门诸多繁琐无聊的条条框框。我们征求郁师意见,他总是说:别理他!我印象最深的是博士论文开题报告一事。硕博论文,在开始写作阶段,都需要做开题报告,这是国内各大高校通例。此一陋习,不知来自何处,或许也是与国际接轨的结果?我在高校从教二十多年,凡我所经历的论文开题报告会,都是徒具形式者,对学生读书、写作几乎没有作用。原因如下:其一,国内硕博学制较短,学生多数没有前期比较充分的阅读就需要应付开题报告,许多学生甚至没有论文的构思,就被逼应付交差;其二,无论硕博,其研究的课题具有一定的独特性,即使老师也不一定都熟悉。许多参加开题报告的老师,既看不到学生论文的内容,又有专业上的一定隔膜,也知道开题报告只是走走形式,也就随意敷衍一些意见,走走过场。顺便说一句,我认为北京大学实行的博士学位论文预答辩,是非常好的学术交流与讨论。学生的博士论文已经大致写定,师生可以展开具体的学术对话与讨论。读博期间,看到其他博导门下的同学纷纷通过开题报告,我就数次询问郁师,我们是否也要走走开题报告的形式,以应付研究生院。郁师总是回答:别理他!我们没有举行任何开题报告,最终顺利参加博士学位论文答辩。那时,一所大学博士授予点较少,博士生导师学术地位极高,学校行政部门对知名教授保持应有的学术尊重。郁师一句话,开题报告之类形式主义的东西就可以免除。现在"官本位"现象恶意泛滥,高校各个行政部门都认为:行政命令是最重要的,乃至各个教学单位的领导也以尊奉各部门行政命令为第一要务,而置教学科研实际需求不顾。学校行政部门诸多条条框框,其原意是为教学科研服务,只是在"官本位"体制中逐渐走样。人在江湖,不得不浪费时间应酬诸多形式。回想郁师的率性而为,心向往之!

郁师对于我们学习上的要求,简单明了:结合研究方向和专题，经、史、子、集各自精读一部著作，写出四篇论文，以发表为衡量标准。读完一部著作，写成一篇能够被专业学术刊物接受的论文，又要阅读相关的多少学术著作呢？我们的阅读面由此被不断地扩大，对学术的思考被逼向深入。这种阅读过程中，问题意识非常清晰，始终是带着问题去读书，因为我们要写论文，要发表！当年史学专题，我选择《续资治通鉴长编》来阅读，写就的论文是《洛蜀党争辨析》，后来发表于《南京师范大学学报》1996 年第 4 期，人民大学报刊复印资料《宋辽金元史》1997 年第 1 期转载。那时，作为博士生，论文能够被转载，自然增添许多学术信心。多年后碰到暨南大学宋史专家张其凡先生，他告诉我说：他让门下学生都要读我这篇论文，看看文学研究者的独特史学视角。在阅读史书过程中，我发现学者往往借用现成的史学研究成果作为文学研究的背景，而诸多史学研究的结果是错误的，文学研究于是就在错误的基础开始工作，其学术结论当然只能是荒谬的。于是，我一发不可收拾地转向史学研究领域，要求自己一定对宋史有独立的认知，方可安心地从事宋代文学之研究。追溯学术根源，得益于郁师对我们攻读博士学位期间的学习要求。

攻读学位期间形成的读书、科研方式或习惯，对以后从事专业工作影响至深。这一段时光由此永远成为美好的回忆。

五、访谈录

学问尚精专　研磨贵纯一

——郁贤皓教授访谈录

傅承洲

郁贤皓，男，1933 年 1 月生，上海市人。南京师范大学文学院资深教授、博士生导师，古文献研究所名誉所长，全国古籍整理出版规划领导小组成员，《辞海》编委兼分科主编。历任中国李白研究会会长、名誉会长，中国唐代文学学会副会长、顾问，美国唐代学会终生名誉会员等职。长期从事唐代文史研究，主要著作有：《李白丛考》、《唐刺史考全编》、《天上谪仙人的秘密——李白考论集》、《李白选集》、《新译李白诗全集》、《唐诗经典》、《唐风馆杂稿》、《李白与唐代文史考论》、《元和姓纂（附四校记）》（合著）、《唐九卿考》（合著）、《李白大辞典》（主编）、《唐代文选》（主编）、“九五”国家级教材六卷本《中国古代文学作品选》（主编）等三十馀部。

一、求学路

傅：郁老师，您好！受《文艺研究》编辑部的委托，想请您谈谈您的治学道路、治学方法和学术贡献。您早年曾做过新闻记者，这一职业对您后来的学术研究是否有影响？

郁：解放初我从事新闻工作有四年半时间，我觉得这个职业的特点是要具有较高的政治敏感性，能领会党的方针政策，深入工农群众。当时我写的新闻报道经常在《新华日报》头版头条用大标题发表，就是配合当时的中心工作。我在《解放日报》上发表的《朱光照比输了》、《记上海市工人代表团访问北桥乡》、《雨中护稻》，在《展望》周刊上发表的《积肥竞赛》、《荒地变绿洲——记苏南第一个棉花机械农场》，在《新华日报》上发表的《记光荣的铁路工作者奖章获得者庄铭耕在苏联休养的日子》等长篇通讯，以及小品文《徐副科长在征购销工作中》，都是宣传发展农业生产，互助组、合作社的优越性，宣传工农联盟、统购统销政策，所以在当时影响较大，有的被上海人民美术出版社改编成连环画册出版。这与我后来从事的学术研究的性质完全不同，但这对我提高观察社会现象的能力和写作水平还是有很大帮助的。我特别感到庆幸的是：这一时期我结识了许多成为我一辈子敬仰和亲密的好领导和好朋友，如高斯总编辑，丁群组长，还有洪滔、李承郃、黄丕谟、马为群等先生。

傅：您上世纪五十年代就读于南京师范学院中文系，当时南师中文系名师荟萃，如唐圭璋先生、孙望先生、徐复先生，都是研究古代文学和文献的著名学者，您都修过哪些先生的课？他们授课有什么特点？哪些先生对您的影响比较大？

郁：我考入南师中文系读书，主要是觉得自己的学历太低，知识不广，必须掌握系统的知识，以后才能有所成就。当我进入南师读书后，经济非常困难，我的朋友们替我买书，每个星期日请我吃饭，给了我许多帮助。我在南师读书期间，是南师中文系鼎盛时期，杨白桦教授讲授先秦文学，段熙仲教授讲授两汉魏晋南北朝文学，孙望教授讲授唐代文学，唐圭璋教授讲授宋代文学和元明清戏曲，徐铭延教授讲授明清小说。徐复教授讲授古汉语。他们的授课各有不同的风格和特点，但有一点是共同的：不尚空谈，注重实证。正是这一特点对我的影响最大，尤其是孙望先生的唐代诗人考证和徐复先生的训诂考证，对我后来的治学道路和治学方法起了决定性的作用。

傅：您在读大学期间，就在《光明日报·文学遗产》发表学术论文，这对您后来的职业选择和学术自信会有影响吧？

郁：当时北京大学55级同学编写出版了《中国文学史》，于是南师领导也要求我们中文系师生合作编写一部《中国古代文学史》教材。我们班负责唐宋文学的编写工作。孙望先生和唐圭璋先生都在我们班上指导。当时边读书边讨论，解放思想，敢想敢说，但有明显的时代局限性，就是要“以阶级斗争为纲”，用“阶级分析”的方法。我曾写过一篇题为《南师中文系举行学术讨论会，争论文学史上三个重要问题》的长篇报道，发表于1959年5月11日《新华日报》，不久，何其芳同志在他的文章中引用过这篇报道中的一些观点。后来，我们宋词小组讨论柳永《乐章集》时，师生间产生重大分歧，展开了激烈辩论，由我和周福昌同学执笔，撰写了题为《必须用批判的态度对柳永的词重新估价》的论文，发表于1960年7月17日《光明日报·文学遗产》322期。引起学术界的反响。由于这段经历，使我放弃了原想钻研文艺理论以指导写作报告文学和当作家的理想，决定今后走从事学术研究的道路。

傅：您大学毕业后，留校教过几年的古代汉语，这对您做古籍整理和实证研究会有帮助吧？

郁：大学读书时，我是班上的党代表，年级的党支部委员兼团总支书记，毕业时，我按照党的政策将全班同学都分配到各地去工作，但我自己的工作不能由自己决定。当时我不想留校，因我的妻子、儿女都在上海，我想回上海或到苏州去工作，但党委和系里却决定要我留校，并分配我从事古汉语教学。当时人们都认为这是个冷门的专业，但在我看来，打好文字学、音韵学、训诂学的根底，是研究古籍最基本的前提，所以很高兴从事这一专业，当时边教学边学习清代朴学家的许多名著，还到南京大学旁听黄粹伯先生的“一切经音义”、洪诚先生的“古书疑义举例”课程，初步掌握了一点基本功。我感到特别幸运的是：1963年初，中华书局《辞海》编辑所集中一批专家在上海浦江饭店修订《辞海》，由于徐复先生的推荐，我有幸也被邀参加语词部分的修订工作。当时各方专家云集，图书资料集中，我得以有机会向各位前辈专家们请教。从此我走出南师，走出南京，打开眼界，阅读大量典籍，开阔了知识视野，积累了一些资料。尤其是承蒙杭州大学任铭善先生青睐，每晚为我讲授经学和训诂学，使我获益匪浅。这对于我后来做古籍整理和实证研究，确实有很大的帮助。当时，唐圭璋先生正在搜集金元词，希望乘我在上海之便，能够帮助他到上海图书馆善本书室去抄录有关书籍中的金元词，他给我开了一大批书名。于是，徐复先生带我到上海图书馆善本书室去拜见了在那里工作的前辈潘景郑先生，这不但使我完成了唐先生的嘱托，还为我后来经常到上海图书馆善本书室查阅书籍带来了很大方便。可惜在当年暑假，我就被学校召回，转入古代文学教研室，给高年级学生开设"古代韵文选"课程。从此我每学期备课、上课，还兼班主任，工作十分繁忙，根本无暇从事学术研究。期间还带领学生到句容参加了半年"四清"运动。

二、李白研究

傅："文革"期间，学术环境和学术条件非常糟糕，您却在七十年代初就开始研究李白，这是对您后来的学术走向影响很大的一个决定，是什么原因促使您作出这一决定的？

郁："文革"一开始，我就被调到省委写作班子去写大批判文章，后来造反派冲击省委，写作班子解散，我又回校。1971 年，周恩来总理倡议恢复《辞海》的修订工作，南师中文系是承担语词部分修订的单位之一，领导希望我负责这一工作，我当即答应，并提出一定要让徐复先生参加。还请羊达之、葛毅卿两位老先生参加，再增加一位年轻的徐振礼同志。当时我作为《辞海·语词分册》负责人之一，承担从"示"部到"羊"部共六千多条约 50 万字的修订审定工作。为此我名正言顺地提前数年脱离了"文革"旋涡。当时我除了修订《辞海》外，还认真阅读了陈寅恪、岑仲勉等前辈学者的许多学术著作，认识到治学必须有深厚的学养，同时还必须确定方向，选择专题。当时适值郭沫若的《李白与杜甫》出版，出于对李白及其诗歌的爱好，我对书中李白的部分认真读了好几遍，我觉得其中有不少精辟见解，但也存在不少问题。反思解放后的李白研究，多局限于诗歌思想性和艺术性的分析，对李白的生平事迹和交游缺乏深入稽考，未能做到知人论世，因此对作品的理解多流于主观臆测，破绽百出。于是我决定把李白研究作为自己的研究课题，从考证生平事迹及其交游入手，以期逐步解决李白研究中长期存在的疑点和难点。这一决定确实对我后来的学术走向影响很大，使我的学术研究基本上限定在唐代文史领域。

傅："文革"结束后，您就发表了一系列的李白研究论文，八十年代初，结集出版了《李白丛考》，后来又出版了《天上谪仙人的秘密——李白考论集》、《李白选集》、《李白与唐代文史考论》，主编《李白大辞典》，请您谈谈您研究李白的体会与收获？

郁："文革"结束时，我已经对李白研究积累了不少文章，于是，从1978年初开始，不断在全国各刊物上发表系列论文。八十年代初，结集为《李白丛考》，1982年5月在中国唐代文学学会成立大会上，陕西人民出版社姜民生先生宣布，该社决定将拙著作为《唐代文学研究丛书》的第一种出版。此书出版后，得到学术界前辈和朋友们的很大鼓励，并获得江苏省首届哲学社会科学优秀成果二等奖。1984年，上海古籍出版社约我撰写《李白选集》，我用两年时间就完成了，1986年交稿后，因当时上海只有中华印刷厂能排繁体字，此书在印刷厂排了四年队还出不来，后来我请王运熙先生帮助，才得以将此书从中华印刷厂抽出来到一家新成立的印刷厂排印出版。此书是上世纪规模最大的李白作品选本，作品的编年、题解以及牵涉到的交游，多采用自己的考证成果，注释则运用自己学到的训诂学知识，自认为有与众不同的特色。后来我又发表了一些考订李白事迹、交游以及理论探讨的文章，结集成《天上谪仙人的秘密—李白考论集》，1997年5月由台湾商务印书馆出版发行。1995年1月，广西教育出版社出版了由我主编的《李白大辞典》,这是我约请海内外研究李白的同仁合作编写而成的,将一千多年来的研究李白的成果尤其是二十世纪的研究成果用辞条形式汇集起来,算是作一个总结。我研究李白的基本方法是:在阅读作品时记下心得或问题,同时将诗文中提到的交游全部制成卡片,然后查稽各种典籍和石刻资料,发现有关材料即写入卡片。通过对资料的排比研究,有所发现就写文章。我的主要收获是:通过深入地考证辨析,订正了前人研究中的许多错误,发现了不少新的材料,从而提出了新的观点和结论。如考明宋之悌是初唐诗人宋之问弟,卒于开元二十九年(741)之前,从而订正了詹锳《李白诗文系年》将《江夏别宋之悌》系于乾元元年(758)的错误。同时,又考出肃宗至德年间营救李白出寻阳狱的御史中丞宋若思即为宋之悌之子,李白是宋若思的父执,从而搞清了其救李白出狱并请李白入为幕宾的原因。再如前人根据《旧唐书·李白传》的记载,都认为天宝初李白奉诏入京、供奉翰林乃道士吴筠的推荐。我根据权德舆的《唐故中岳宗元先生吴尊师集序》记载,吴筠年十五即隐于南阳倚帝山,天宝初由倚帝山奉诏入京,请度为道士,到嵩山拜冯齐整为师,可知吴筠天宝初未隐剡中,入京后亦未供奉翰林。直到天宝十三载才被"召入大同殿,寻又诏居翰林"。安史之乱后吴筠才渡江南下,"栖匡庐,登会稽,浮浙河,息天柱。"大历十三年卒于宣城。由此可见天宝元年李白奉诏入京供奉翰林决不可能出于吴筠推荐。为此我写了《吴筠荐李白说辨疑》,推翻了沿误千馀年的旧说。同时,我根据魏颢《李翰林集序》记载:"与丹丘因持盈法师达,白亦因之入翰林。"提出了李白奉诏入京供奉翰林出于玉真公主推荐的新说。这不但有根据,而且合乎情理。正由于是玄宗之妹玉真公主的推荐,所以李白入京后即受到玄宗隆重接待:"降辇步迎,如见绮皓,以七宝床赐食,御手调羹以饭之。……置于金銮殿,出入翰林中……。"(李阳冰《草堂集序》)类似这样的发明,还有如订正前人将崔侍御与崔宗之混为一人之误,从出土墓志中考明了崔宗之的排行及崔成甫的家世、仕历和卒年;订正黄锡珪将独孤及之文误收为李白之文的错误,并考明其致误之由;指出《旧唐书·李白传》

在籍贯、家世、主要事迹、交游、地理、死因诸方面都记载错误，不足为据。如此等等。

傅：您研究李白四十年，还担任过中国李白学会会长，对新时期的李白研究状况非常熟悉，您认为新时期李白研究取得了哪些主要成绩？存在哪些问题？像李白这样的大诗人，今后的研究该如何推进？

郁：从上世纪七十年代后期到八十年代末，是李白研究最辉煌的时期，取得的成果极为丰硕。主要成绩有：第一，对李白的生平研究有突破性进展。过去认为李白到长安只有一次，即天宝元年(742)奉诏入京供奉翰林，1962年《中华文史论丛》发表稗山的《李白两入长安辨》，首次提出李白曾两入长安，但十年间毫无反响，直到七十年代郭沫若出版《李白与杜甫》，才肯定稗山之说，并推定李白首次入长安的时间在开元十八年。但郭说在学术界又隔了多年仍没有反响。从1978年起，我发表了一系列文章，肯定稗山的“两次论”和郭氏的推断。并提出了较多论据：(一）李白有《玉真公主别馆苦雨赠卫尉张卿二首》，据王维、储光羲等人的有关诗篇，证知玉真公主别馆在终南山。(二）据张九龄所撰《张说墓志》，开元十八年至二十年时张垍为卫尉卿，可知李白诗中的卫尉张卿即张说之子张垍。(三）李白在开元十八年写的《上安州裴长史书》最后说要“西入秦海，一观国风”，“何王公大人之门不可以弹长剑乎”！证知当时因雪谤无门而要离开安陆，到长安去找政治出路。(四）据李白《以诗代书答元丹丘》中有“离居在咸阳，三见秦草绿”之句，证知李白第一次到长安住了三年，而天宝初供奉翰林时元丹丘也在长安，不能说“离居”。(五）开元二十二年写的《与韩荆州书》中提到崔宗之、房习祖、黎昕、许莹等人，这些人都在长安，李白与他们结识必须在开元二十二年前到过长安。(六）李白代表作《蜀道难》当为首次入长安寄寓功业难求之作。六朝时阴铿《蜀道难》有“蜀道难如此，功名讵可要”之句，可知这一乐府旧题原有功名难求之意。中晚唐之际诗人姚合《送李馀及第归蜀》诗：“李白

《蜀道难》，羞为无成归。子今称意行，蜀道安觉危！”说明唐人认为李白《蜀道难》是由于追求功业无成而归的作品，这正符合李白开元年间首次入长安的情况。此后，国内外学术界纷纷发表文章，赞同两入长安说。此说的成立，不但对李白在关内写的诗篇分出了不同阶段，而且对李白的创作道路也必须为之改写。第二，对李白交游的研究比较深入，很多学人学会了科学的考证方法，搞清了一些交游的人名和事迹。第三，对李白的出生地和家世展开了广泛的讨论，虽然未能取得一致意见，但多数学人认同出生于西域，其家世也应认同李白自己的说法。第四，对李白的许多作品提出了新的解释和编年，如《南陵别儿童入京》的“南陵”非今安徽之南陵，而应在今山东兖州附近等等。但从上世纪九十年代以来，李白研究的重要成果显著减少，大多数论文停留在对前一时期研究论文中一些细节的讨论和修正。窃以为像李白这样的大诗人，今后尚须运用“二重证据法”，深入发掘新材料，运用微观综合研究的方法，才能有新的发明，现在李白的生平交游和许多作品都还存在不清楚和不理解的地方，只有发掘出新材料，才能有新的突破。

傅：您曾赴日本、美国讲学，还与日本、俄罗斯汉学家合作研究，您认为外国学者研究中国文学有什么特点？

郁：从上世纪七十年代末我发表一系列李白研究的文章开始，日本、美国的一些著名学者就与我联系，进行学术交流。八十年代到九十年代，中国唐代文学学会和中国李白研究会每两年开一次年会暨国际学术研讨会，每次都有不少海外学者来参加会议。承蒙有些外国汉学家的垂青，和我建立了深厚的友谊。1993 年 4 月，我应邀赴香港中文大学讲学。1995 年 3 月 15 日至 5 月 30 日，我应邀赴美国哈佛大学、宾夕法尼亚大学、美国唐学会访问讲学。1995 年 6 月应松浦友久先生邀请，赴日本早稻田大学讲学，同时应爱知淑德大学校长小林先生的邀请，赴该校讲学。后来，因与市川桃子教授合作研究日本文部省项目《李白的文——书和颂的译注考证》，又于 2000 年 11 月与 2001 年 4 至 5 月两次赴日本东京，其间又应松浦友久先生和市川桃子教授邀请，分别在早稻田大学和明海大学作过两次学术讲演。俄罗斯科学院远东研究所资深研究员、功勋学者谢·阿·托罗普采夫教授，曾到中国来访我，惜失之交臂，后通过电子邮件联系，方得知他对李白的研究很有成就，他已将李白的《古风五十九首》译成俄文，征得我的同意，又将我的学术论文《论李白〈古风五十九首〉》也译成俄文，加上他自己的研究，终于结集为《李白古风·组诗翻译与研究》一书，由莫斯科东方文学出版社于 2004 年出版(俄文版)。

在我的印象中，外国汉学家研究中国古典文学各有不同的特点。美国的汉学家思想开放，多喜欢创新。美国唐学会会长艾龙先生是美国著名的李白研究专家，他从《甘泽谣》中记载的李白为许云封出生时取名一事，考证出唐玄宗曾拟在天宝元年举行封禅大典，并通过对李白《大猎赋》及崔成甫《得宝歌》等作品的分析考证，提出唐玄宗何以要改年号为“天宝”的真实思想，写成《史传“云封”诗谜情含“天宝”年号——李白为许云封取名涉及唐玄宗封禅大典和天宝艳闻考》、《李白诗中之谜——关于天宝丑闻的补充注释》等文章，这些观点尽管未必能为中国学界所接受，但确实令人耳目一新。美国学者还多喜欢将中国诗歌与古代外国诗歌作比较研究。而日本的汉学家多比较务实，他们为中国古籍做了许多索引，包括各种文集的人名索引，各种典籍的书名、篇名索引、地名索引等，为研究者提供方便。在研究方面也更细致深入。日本著名的李白研究专家松浦友久教授，认为前人对李白《秋浦歌》中“逻人”一词的解释是错误的，特地亲自到中国安徽池州作实地考察，撰写专文订正前人的错误。我觉得外国学者的研究精神和各种思维方法和研究方法，都是值得我们学习的。

三、从文学到史学

傅：中国的学术传统是文史不分家，民国时期的著名学者如王国维、陈寅恪都是文史兼治，1949 年以后，随着学科的划分越来越细，以后的学者能兼治文史的越来越少。您的专业本来是古代文学，怎么会去研究古代历史？

郁：研究古代文学如果不研究古代历史，就不可能做到知人论世，势必流于空谈，所以真正的学术研究必须文史结合。无论是清代的朴学家，还是民国时期的著名学者，都是文史兼治的。1949年至1966年这十七年中，因为学术与政治挂钩，强调要以阶级斗争为纲，反对繁琐考证，所以当时的学人对古代文学本身就读书不多，更谈不上文史结合。只有在改革开放的大环境下，才能从容地博览群书。我在研究李白的过程中，首先遇到两个问题：一是觉得《元和姓纂》这部姓氏书非常重要。我考出宋之悌是宋之问之弟、宋若思之父，就是利用了《姓纂》的记载。但此书文字夺、衍、讹、倒极多、难以读通，亟待整理。二是在李白诗文中经常遇到某州某使君，某郡某太守，而不知其名，更不知其事迹，于是我觉得唐代职官工具书中还缺少一部最重要而难度最大的对唐代三百年间各州刺史考证的工具书，这两部书一属谱谍学，一属职官志，都属史学范畴。既然我自己亟需这两部书，我想从事唐代文史研究的学者也一定会迫切需要，于是，我就冒昧地涉猎史学领域，承担起整理和撰写两书的任务。

傅：您的《唐刺史考》初版五册，二百多万字，出版后好评如潮。凭一个人的力量，来完成这样一部著作，您做了多少年？您写这本书时，电脑还没有普及，更没有古籍电子文献，全凭人工查阅和手写，您统计过没有，跑了多少家图书馆？翻阅过多少种古籍文献？

郁：我开始考证唐代刺史，是与李白研究同步进行的。当时为了考证李白的交游，遍稽两《唐书》、《全唐诗》、《全唐文》、《元和姓纂》、《册府元龟》、《太平广记》等等各种典籍，凡见刺史材料，也全部制成卡片。首先是南京图书馆古籍部藏书中凡有唐代资料的典籍，以及该馆所藏《千唐志斋藏石》拓片，都稽阅一过。然后到上海图书馆古籍部，由于得到潘景郑前辈的帮助，使我和我的助手能到长乐路馆将该馆所藏的数千张唐人墓志拓片全部阅完。然后我又自费到西安碑林、昭陵博物馆、乾陵博物馆抄录陈列的石刻中的刺史资料，又多次到洛阳关林抄录陈列和堆积的数以千计的出土志石中的有关资料，当时“文革”刚结束，我曾通过各种关系请求洛阳博物馆让我阅读这些志石拓片，但一再遭到婉言谢绝。凡有朋友到北京图书馆，我也总要麻烦他们帮助查抄一些该馆收藏的唐人墓志拓片。当时我所运用的方法就是竭泽而渔。凡到一地参观，都要看看出土的文物。有一次，在镇江焦山游览时，居然看到一块金州刺史殷彪的志石，虽然字迹漫漶，但与白居易《授殷彪金州刺史》的制诏对照，可以解读出来。证知其不但当过金州刺史，还当过其它几州刺史。当时，搜集的资料卡片数以万计，在此基础上，将卡片按州排比归纳整理，考证编年，写成正式文字。1980 年我在杭州开会时遇见中华书局副总编赵守俨先生，他知道我正在写《唐刺史考》，嘱我一定要给中华书局出版。1982 年在西安召开的中国唐代文学学会成立大会上，傅璇琮先生介绍中华书局出版规划时，特别提到我的《唐刺史考》。但 1984 年江苏古籍出版社成立，该社领导多次降临寒舍，要求我支持他们这个新的出版社，将此书给他们出版，提出了最优惠的条件。我将此事与傅璇琮先生商量，得到允许，终于在 1987 年 2 月由中华书局香港分局与江苏古籍出版社同时出版国际版和国内版。从 1976 年开始搜集资料到 1987 年出版，前后花了十多年时间。在后来的十多年中，我又不断地修改补充，2000 年，又由安徽大学出版社出版了《唐刺史考全编》，增加了 100 多万字，变成 320 万字。到现在为止，又过了十多年，又有不少新出土的墓志，我又发表过订补的文章。现在我年事已高，已无精力再广泛搜集新资料，所以我已拜托胡可先教授，请他帮助修订补充，在不久的将来，再出一部《唐刺史考订补本》，力求更加完善。

傅：您治学以考据见长，您的文史研究都运用了这种研究方法，您怎样看待考据学？考据应该注意什么？

郁：“考据”二字，说得通俗一点，“考”就是调查研究，“据”就是掌握证据。在现实生活中辨别是非、办理案件也是常用的。不过，在古代学术研究中，考据已不仅是一种方法，而且是一门学问，从汉代的训诂学大师到清代的朴学家，形成了整套的考据学学术思想体系。要掌握这门学问，确实需要认真地学习。现代一些著名的学者，他们都掌握了这门学问，如王国维先生将地下发掘出来材料（甲骨文）与纸上的材料（文献典籍）结合起来排比考证，终于彻底搞清了殷代王室世系，写出了划时代著作《殷卜辞中所见先公先王考》。对于这个重大成果，王国维先生曾有过总结，就是在《古史新证》中提出的“二重证据法”。将“二重证据法”运用到唐代文史研究中最早的是陈寅恪、岑仲勉两位先生。陈氏在1935年3月写的《李德裕贬死年月及归葬传说辨证》一文，运用新出土的《郴县尉赵郡李君墓志》、《李烨亡妻荥阳郑氏墓志》，结合《通鉴考异·咸通元年》刘邺请赠李德裕官条、《唐会要》卷五九延资库使条、《新唐书·刘子蒙传》等典籍中资料，考出李德裕在大中六年归葬的结论。同时还考出李商隐《无题》（万里风波一叶舟）诗乃大中六年奉幕主柳仲郢之命赴江陵路祭李德裕归柩而赠李烨之作，其《荆门西下》、《汉南书事》都是此行之作，解开了千年之谜。岑仲勉先生的《金石证史》、《贞石证史》、《续贞石证史》以及《唐史馀瀋》中的部分条目，都是运用贞石资料和史籍结合研究的方法，解决了历史上许多疑难问题。尤其是他的巨著《元和姓纂四校记》，利用大量贞石资料，主要是唐人墓志拓片，结合史籍记载，对唐代许多历史人物的民族、郡望、籍贯、世系、仕历、生卒年等进行了大量的考证订补工作，解决了许多重大问题，为唐史研究及唐代文学研究作出了重大贡献。陈、岑两先生导夫先路，给我们后辈学人的治学很大启发。我的治学方法基本上是学习岑先生的路子。窃以为考据是要花很大气力，从各种材料中多方比对，综合研究，辨别真伪后才能得出可靠结论。所以我归纳我的研究方法是唐代文史的微观综合研究。有的学人看到一条材料，不加考辨，就将它作为证据。那就不能说是考据。

傅：您做古籍整理工作，选择整理《元和姓纂》。《元和姓纂》对研究唐代文史非常重要，但整理难度极大，您怎么想到要去啃这块硬骨头？

郁：我整理《元和姓纂》确实是啃硬骨头。1982 年 3 月，当时任中华书局副总编的傅璇琮先生来函约请我整理《姓纂》，由于我在以往的研究工作中经常运用此书，深感此书对唐代文史研究非常重要，所以欣然接受任务。其年 5 月，傅先生在西安召开的唐代文学成立大会上谈到中华书局出版规划时，已将我整理《元和姓纂》列入出版计划。是年秋，《元和姓纂》（附四校记）整理已被正式列入国务院批准的《全国古籍整理出版规划》。但我当时教学任务十分繁重，手上的《唐刺史考》又急于完稿付梓，直到 1985 年才整理出第一卷样稿，而中华书局又多次催促希望早日完成，考虑到工作量和难度很大，我担心难以如期完成。经中华书局同意，请当时在湘潭师院任教的陶敏副教授协助我参加此书的整理工作。岑仲勉先生在《四校记自序》中曾说："大抵校书难，校氏姓书尤难，校氏姓书如《姓纂》者更难。"在整理过程中，我们对此说感受极深。由于今本《姓纂》是四库馆臣从《永乐大典》中辑出来的，其中的错简、文字的脱、衍、讹、倒极多，根本无法读通。再加上此书几乎全由官名、人名组成，其中的错误无法根据文意推求，只能依据史料判断，校读难度极大。根据中华书局的要求，此次整理主要是为研究者提供一个使用的本子，要求保存《姓纂》和《四校记》原貌，不作增删改正，这更给文字的句读标点增加了许多困难。岑氏写《四校记》，可以避开读不通的文字，但我们整理则不能避开，只能面对。我们经常因几个字难以理解而发愁，有时对一处文字的怀疑而遍查典籍，结果却一无所获；有时对一些明显的错误，却又校读数过而没有发现。真是疑也难，辨也难。但经过我们反覆地讨论研究，终于一一地逐步解决，对岑氏四校记中的重要错误，也都在《整理记》中一一指出订正。终于在 1988 年完成交稿，1994 年出版。

傅：学界早有"北傅南郁"之说，您和傅璇琮先生是好朋友，您和傅先生在治学风格方面是否有相同之处?

郁:这是上世纪八十年代部分学者对鄙人的谬奖,我岂敢当!傅璇琮先生是我敬仰的好朋友,但把我这个才疏学浅的普通学人与才高学博的傅先生并列,岂非贬低了傅先生的地位?当时因为出版学术著作的学人较少。傅先生最早出版了《唐代诗人丛考》,在学界影响极大,接着又出版了《唐代科举与文学》、《李德裕年谱》等,鄙人先是发表了研究李白的系列论文,出版了《李白丛考》,后又出版了《唐刺史考》,引起了海内外学界的关注。虽然我与傅先生都研究唐代文史,都注重考证,但傅先生学识渊博,著作等身,是我们这一代学者中最杰出的领头人物,如把我与傅先生相比,傅先生是大海,我只是大海中的一点水而已。

傅:您治学成果丰硕,有近千万字的著作出版,涉及的领域广泛,在文学、史学、古籍整理多个领域都取得了令人瞩目的成就。每个人都是一天二十四小时,您退休之前一样上课、指导研究生,怎么做完这么多的研究课题?

郁:我也深感学海无涯,人生短促。在我进入大学一直到73岁退休前,基本上每天坚持十六个小时工作。经常感到时间不够用。睡眠时间很少,每晚服安眠药后大约睡4—5个小时。我的观念是:首先是要完成组织上分配的教学任务,指导硕士生、博士生、博士后的任务,业余时间才从事科研工作。除此之外,我没有其它的兴趣和爱好。我虽然一心扑在教学和科研上,但由于资质愚钝,与前辈学者和同辈一些学者相比,成果还是太少。还需说明的是,有些著作还是合作完成的,如《元和姓纂》整理是我和陶敏教授合作完成的,《唐九卿考》是我和胡可先教授合作完成的,六卷本国家级教材《中国古代文学作品选》是我与我校文学院许多先生合作完成的,《李白大辞典》是我和海内外许多教授合作完成的,在这些著作中,有许多人的劳动,不能说成是我个人的成果。我非常感谢这些朋友的支持和帮助。

四、得天下英才而教育之

傅:您从上个世纪八十年代初开始带硕士研究生,八十年代末开始带博士研究生,现在已是桃李满天下,有一批弟子已经成为学界有影响的学者,您也曾两次被评为江苏省优秀研究生导师。您指导研究生有什么经验?

郁:我从大学毕业后的第一学期起,就给九个班的本科生上古代汉语课程。后来就转为每学期给高年级本科生上《古代韵文选》课程。一直到"文革"为止。后来工农兵学员进校,我又被选为首批上课教师,讲授毛主席诗词和唐宋文学课程。1977 年恢复招收本科生起,我又每学期上古代文学史和唐宋文学课程,从未休息过一个学期,直到 1986 年为止。听过我课的本科生有数千人之多,至今有很多本科生与我保持着深厚的友谊。

从孙望先生、唐圭璋先生联合招收第一批硕士生开始,我就成为协助指导的成员,为他们开设李白研究课程。同时,我也为本科生开设这门选修课。1983 年,我自己被评定为硕士生导师。招收两名硕士生。1986 年这两名硕士生毕业,我又招收三名硕士生。1988 年,唐圭璋先生给孙望先生写了一封信,大意是说,1989 年他准备招收唐宋文学方向的博士生,考虑到他的健康每况愈下,希望我和钟振振博士能协助他指导。请孙先生转告我。我当即答应了唐先生的要求,我还与钟博士一起去拜见唐先生,表达了我的意见。于是,从 1989 年起,我就开始指导博士生,不再招收硕士生。1990 年 10 月,国务院学位委员会评定并通知我为博士生导师。据说此次国务院评定的中国古代文学博士导师有北京师大的聂石樵先生,南京大学的卞孝萱先生,复旦大学的王水照先生,杭州大学的吴熊和先生,他们都是享誉学界的著名学者,我自知才疏学浅而却忝列其中,深感惶恐和惭愧。而就在此年 11 月,唐圭璋先生不幸去世。于是我便成为南京师大中文系唯一的博士生导师,原来以唐先生名义招进来的 89 级、90 级四位博士生都归入我的名下。说实话,当时我根本不想当博士生导师,一是觉得自己学术水平不够;二是我只想给自己多留一些时间读书做学问,指导博士生毕竟要花费不少时间和精力。所以,当初领导上要我填写申报表时我就表示不想申报,但归鸿校长严肃地批评我说:"老郁,这不是你个人的问题,而是关系到学校学科建设的重大问题。"于是我不得不遵命而为。1991 年、1992 年虽然报考的学生都有好几个,但有的外语不及格,有的专业基础太差,所以我每年只录取一个。听说王水照先生当时因报考的学生质量不高,连续两年都不招,我心中非常佩服。而 1993、1994 年因考生的学业基础和思想品质都较好,我就每年录取四名。其中包括一名台湾辅仁大学的副教授,一名日本的国会议员、东北福祉大学校长。1995 年以后,我每年都招二至三名博士生。1999 年,我校中文系又设立博士后流动站,我又成为博士后联系导师。前后算来,我共培养出五位硕士,二十八位博士,四位博士后。

我在 1988 年被江苏省政府授予"有突出贡献的中青年专家",1993 年、1996 年两次被评为江苏省优秀研究生教师,1997 年被评为江苏省普通高校优秀学科带头人。1991 年起享受国务院颁发的"政府特殊津贴"。我知道这是组织上对我的鼓励。值得欣慰的是,我的这些弟子如今多已成为国家的重要人才。有的是北京大学、复旦大学、浙江大学、中国人民大学、中央民族大学、上海大学等名牌大学的教授,有的已出版多部著作,成为学术界有影响的著名学者,有的当了副厅长、高校副校长、文学院院长以及新闻出版界的领导和骨干,有的在南京师大、安徽师大、江南大学等地方高校当教授。当然,弟子的成才主要取决于他们自己的努力,导师的指导毕竟是次要的,我也谈不上有什么经验。但至少有三点我觉得作为导师应该必须做到的。首先,招生时一定要考察学生的道德品质,对于朴实忠厚、谦虚谨慎的学生,即使天资差些也应招收;而对于耍小聪明油滑的人、打击别人抬高自己的人则决不可录取,否则后患无穷。其次是在前两年要严格督促博士生认真读完博士学位课程。至少每两周检查一次,并不断勉励学生提出问题,帮助解决疑难问题，力争及时写出学位课程的优良作业。最后是要认真帮助博士生做好学位论文的选题，搜集资料，指导写作方法，包括提炼观点，分析和综合，归纳结论，还要准备答辩等等。我想只要做到上述三点，就应该算是尽了导师的责任。

傅：我还记得您要求博士生在读期间，至少要通读经、史、子、集各一部，并各写一篇论文。这种要求是出于一种什么考虑？

郁：通读经、史、子、集各一部书作为学位课程，是我从程千帆先生那里学来的。当年程先生指导博士生，规定要读六本书，经、史、子、集都有。而我校研究生处规定，对博士生要开五门学位课程，其中一门是外语。于是我就决定每位博士生通读经、史、子、集各一部书，作为四门学位课程。要求在通读过程中写下心得，做好笔记，每两周与导师讨论一次，最后写出一篇文章，作为学位课程的成绩。当时我想，作为一位博士，应该具备"博"的基础，扩大视野，两年中通读四本书，不算过分。考虑到每个博士生研究的方向不同，我规定可以各自选择与自己方向有关的四部典籍。如研究两汉魏晋南北朝的，经部可选《毛诗郑笺》、《论语集解》、《孔子家语》等，史部可选《史记》、《汉书》等，子部可选《世说新语》等，集部可选从汉至南北朝任何一个作家的诗文集，如此等等，尽可能与自己做学位论文必需读的典籍结合起来。后来的事实证明，这对扩大博士生的知识面很有帮助，使不少博士生在日后撰写断代的多方面著作发挥了很大作用。

傅：您近年主编了一套高校文科教材《中国古代文学作品选》，很多高校中文系采用这套教材，您这套教材与同类教材相比，有什么特点？

郁：1996 年，当时国家教委为了适应二十一世纪高等教育发展的需要，决定组织高校专家编写一套新教材，设立了"面向二十一世纪普通高等教育国家级重点教材建设项目"，我就申报了其中的《中国古代文学作品选》项目。1997 年初，国家教委组织专家评审，我申报的项目顺利通过，被列入“九五”国家级重点教材立项。紧接着高等教育出版社给我来信，希望这部书由他们出版，其年2月3日即签订了出版意向书。此后，我就组织编写班子，古代文学教研室、古文献研究所、古文献专业的大部分专家都自愿参加，我就按他们各自的专长进行分工。考虑到以往教材因受极“左”思潮影响，许多名篇佳作被认为思想性不强而被弃不收，我们提出：首先，凡经受历史检验一致公认的名篇佳作当为首选篇目；其次，精心挑选新发现而过去被忽视的佳作入选，作为新成果；其三，过去元、明、清三代的作品多选戏曲、小说，而诗文很少入选，本教材则改变这种状况，大量选入这三代的优秀诗文作品。在此指导思想下，要求每位编写者各自选出所承担部分的选篇目录，汇总到我主编手里，在征求全国各有关专家意见后，进行增删，再发回各位编写教授。为了使教师授课时有选择的馀地，也为了扩大学生的课外阅读量，本教材所选作品数量比教学所需量多一些。共分成六卷，每卷都设立分卷主编，承担各卷的审读工作。选篇确定后，由我起草了编写体例和样稿，分发给各编写教授，经反复讨论修改定稿后，就按此体例和样稿分头撰写。我的指导思想是：使这套教材尽可能做到注重实用性、科学性和前瞻性，尽量吸收最新科研成果，作为“面向二十一世纪”的国家级教材，无论在选篇和体例诸方面，都能经得起时间的考验。

此外，我主编的教材与同类教材相比，还有如下特点：（一）在每位作者或每部专书的首篇作品前，都有简明的“作者介绍”或专书介绍。在介绍作者的生卒年、籍贯、仕历、诗文风格特点等诸方面都要求吸收学术界最新研究成果。（二）在每篇作品题目下都有“解题”，介绍作品的写作年代、背景、主旨，以及艺术特点等，也都要求吸收新科研成果。（三）所选作品要求用较好的版本（善本、名家注本或整理本）作底本，并在作品后注明所据版本名称。（四）每篇作品的注释都要求准确、简明扼要，注重科学性，力求有创新的见解。难懂的句子作适当串讲，为学生课外阅读扫清文字障碍。（五）作品注释后面多附有“选评”，要求精选前人对本篇作品最精当的评论，供教师讲解作品及学生领悟作品参考。这是本书的一个创新。（六）不少作品后面还附有“备考”，此乃本书重要的独创性之一，要求尽可能从学术界研究成果中归纳出对本篇作品有争议的问题和观点，并进行辨析，启发学生对作品的深层思考。本书自 2003 年 6 月出版后，承蒙各高校青睐，纷纷采用这套教材。至 2010 年已 15 次印刷。

傅：您的研究工作非常紧张，您却抽出时间，写了好几种普及型的著作，是基于什么考虑？做古代文史的普及工作，对社会有什么作用？

郁：我在上世纪七十年代末至八十年代初，写过不少普及读物。最早的一本是《李白的故事》。那时，上海的少儿出版社要出一套丛书——著名诗人的故事，当时我已在各刊物上发表过多篇考证李白生平和交游的文章，影响较大，该社编辑到南京来约我写这本书，当时我正想把我对李白研究的新成果普及到广大群众中去，于是答应了他们的要求。该社要求此书细节可以虚构，文字要通俗生动，于是我与写作组的何永康同志合作。书中完全按照我的研究成果来描述李白的一生经历，并将李白作品按我研究的编年贯串其中。此书于 1981 年出版，第一次印刷就有十一万五千册，后来此书列为“少年文库”，不断地印刷达二十多次。与此同时，少儿出版社又约我撰写一套《古代文学作品选讲》，名义上是作为中学生的课外读物，实际上是为中小学语文教师提供一套参考资料。当时我经济上非常困难，每月 67 元的工资是 1956 年在《新华日报》工作时定的省报正式记者的最低工资，历经二十五年没有加过一分钱，维持一家四口的最低生活尚且不够，何况我还要自费到外地图书馆、博物馆查阅资料，总想赚点稿费来弥补一下生活，于是我接受了这个任务，约请周福昌君和陈书禄君合作，按神话、寓言、古诗、历史散文、游记、科学小品、律诗、词曲、小说、杂剧、传奇等等各种不同文体来选讲作品，体例不但有作者简介、题解、原文、注释、译文、简析，还对课文中的词语和故事作语言知识和文化知识的讲解，1981 年 3 月先出版第一册、第二册两本，每册第一次印刷都超过二十万册。深受上海广大中小学教师的欢迎，后来陆续出版到第八册，合成四大本，共一百零三万九千字，亦列入“少年文库”丛书。

与此同时，上海古籍出版社约我为《中国古典文学基本知识丛书》写一本《李商隐》，我大约花了半年时间，写成了初稿，交给出版社，责任编辑审读后，希望我在文字上修饰一下，写得再通俗一些。当时我课务很重，手上的写作任务又很多。应该说明一下，上世纪七十年代末我发表的一系列考证李白生平和交游的文章，最早赏识的是上海古籍出版社的编审朱金城先生，他在 1980 年出版的与瞿蜕园先生合著的《李白集校注》的《附校补记》中，引用了我的研究成果，并在《后记》中予以赞扬。后来我每次到上海，都到朱先生家去拜见他，承蒙朱先生垂爱，每次都盛情款待，于是我就认识了朱先生的全家人。特别是朱先生的女儿朱易安女士，当时她在一所中学里任教。她受父亲家学的熏陶，酷爱古典文学，而且文笔很流畅。于是我就将《李商隐》一书的初稿交给她，请她在文字上修饰改写，1985 年由上海古籍出版社作为我们两人合作的一本著作出版。朱女士后来考取上海师大硕士生，毕业后留校，现在已是学术界的佼佼者。

接着，上海人民出版社约我为《祖国丛书》写两本普及读物。一本是与我的外甥张启超合作的《谪仙诗豪李白》，此书没有虚构的成分，完全是按历史的真实面貌作通俗描述，将我的研究成果贯串到李白一生经历中去。此书 1986 年由上海人民出版社出版不久。台湾云龙出版社就与该社联系，要求在台湾出版繁体字版，征得我的同意，我还写了台湾版的《序》。另一本是我与方义兵君合作的《女皇帝武则天》，此书 1987 年出版第一次就印刷三万册。

其实，我写得最多的普及读物是关于文史知识方面的著作。因为我在教学过程中，发现许多大学生、研究生对古代文史的一些基本常识都搞不清楚，如历代帝王的谥号、庙号、陵号和年号的区别，古代避讳有帝讳、家讳、为尊者讳乃至掌权者强制讳的区别等，亟待普及，于是我编写了《历代帝王年号、谥号、庙号、陵号一览表》。同时，在陈垣先生《史讳举例》的基础上，改编成《历代帝王避讳一览表》。当时江苏科技出版社准备出版一套《百科知识十万个为什么》。嘱我先将“文史”知识方面的内容用“为什么”的形式写出来，于是我将几十年来备课笔记和读书札记中积累的有关内容陆续整理出来，如“为什么历代都有文帝和武帝”？“为什么唐宋皇帝称‘祖’或‘宗’”？“为什么明太祖的陵墓称明孝陵”？都是讲解谥号、庙号、陵号的来历，并穿插一些故事。又如“为什么‘姮娥’改称‘嫦娥’”？“为什么‘民部’改称‘户部’”？“为什么‘建邺’改名‘建康’”？“为什么唐末扬州人称蜂蜜为蜂糖”？“为什么杜甫诗中没有‘闲’字”？“为什么李贺不能考进士”？等等，都是讲解避讳知识。“为什么称正月为‘孟春’”？“为什么称西风为‘金风’”？“为什么王维看黄狮舞被贬官”？“为什么荆轲唱‘变徵之声’和‘羽声’”？“为什么说‘夷则为七月之律’”？“为什么称东北为‘艮’”？“为什么称帝王为‘九五之尊’”？“为什么南北通道称为‘子午道’”？都是讲解阴阳八卦及五行、四时、四方、五色、音律、干支相配关系的。如此等等，与史双元君合作，先后出版了六本。深受广大读者所欢迎。不久，合并为一大本，题为《文史知识十万个为什么》，由台湾的一家出版社出版。1997 年 2 月，经过修订，由江苏人民出版社出版精装本，书名为《中华文史知识实用手册》，共七十多万字。其中有些内容，应《古典文学知识》的要求，又重新撰写成单篇文章，作为“古代文史百科知识讲座”在该杂志上陆续发表。

我深深体会到，撰写普及读物，讲解古代文史知识，不但是广大读者的迫切需要，对从事教育工作的中小学教师，乃至大学教师，也是充实知识的参考书，都能从中汲取知识养料。

傅：这次访谈，我仿佛又回到了当年的课堂上，谢谢您。

（原载《文艺研究》2011 年第 9 期）

六 学谱和著作年表

郁贤皓先生学谱

刘立志　编

凡例：

1. 本文编年述列郁贤皓先生学术活动与研究成果及影响。

2. 内容兼及论文、专著、序跋、学术会议、学术讲演等。

3. 如有确切资料作为依据，相关学术论著兼备撰著时间和发表时间。

4. 序跋文字能明确撰写时间者则直接标明此时间，不再揭示出版时间；只能明确出版时间者则只依据出版时间系联。

5. 如果文章在收入先生专书之前从未公开发表，则在文后直接绍介收录书名，不再以时间先后系联。

6. 同一书的不同版本情况，只在第一次言及时概括交待。

1933 年，1 月 4 日，先生出生于上海县陈行乡一个工人家庭。父亲为雕花匠，曾因制造新中国第一艘潜艇木模和万吨水压机木模而被评为上海市劳动模范。

1945 年，先生随父亲到上海殷隆顺玩具工业社学习雕花工。

1946 年，先生进入上海光华电业制造厂当修机器的保全工。

1951 年，5 月，先生被调到上海县三林区委任文书。

1953 年，1 月，先生被调到上海县委宣传部负责《新华日报》通讯站工作，曾两次赴南京在《新华日报》通讯工作会议上作经验介绍。

1955 年,**2 月**,先生被调为江苏农民报驻松江专区记者,因提供农村生产需求重要信息而被省委书记刘顺元誉为“人民的好记者”。从 1951 年 5 月至 1957 年 5 月,先后在《苏南日报》、《新华日报》、《解放日报》、《江苏农民报》、《展望周刊》等报刊杂志上发表新闻报道、通讯、小品文、评论、报告文学等 120 多篇。

1957 年,**9 月**,先生考入南京师范学院中文系读书。

1959 年 5 月,《南师中文系举行学术讨论会,争论文学史上三个重要问题》,刊 11 日《新华日报》。

1960 年 7 月,与周福昌合撰《必须用批判的态度对柳永的词重新估价》,刊 17 日《光明日报·文学遗产》第 322 期。

1961 年,先生大学毕业,留校从事《古代汉语》教学。

1963 年,年初,先生由徐复先生推荐,到上海浦江饭店参加《辞海》语词部分的修订工作(此书于 1969 年出版“未定稿”)。暑假被学校召回,转入古代文学教研室,讲授“古代韵文选”课程,由孙望、唐圭璋两位先生担任指导老师。

1966 年,《辛弃疾在南宋阶级斗争中担当什么角色——评近几年来出版的几本〈辛弃疾〉专著》,刊《南京师院学报》第一期。

1973 年,在上海瑞金二路 272 号参加《辞海》语词部分的修订工作,复旦大学陈允吉先生来访,从此结为莫逆之交。

1975 年,与朱明雄合撰《宋江投降和宋代的招安政策》,刊《工农兵评论》第十一期。

1976 年,《辛弃疾反民族投降的爱国词》,刊《南京师院学报》第二期。

与朱明雄合撰《“响箭”与“诗美”——学习鲁迅诗论札记》,刊《江苏文艺》第二期。

与朱明雄合撰《旧民主主义革命的一面镜子——鲁迅小说的思想意义》,刊《南京师院学报》第三期。

1977 年,与张瑗合撰《西汉的统治思想和学派的变化》,刊《南京师院学报》第二期。

与张瑗合撰《略谈〈史记〉的几个问题》，刊《开封师院学报》第五期。

1978 年，《李白与张垍交遊新证》，刊《南京师院学报》第一期；

《略论〈诗经〉中的奴隶文学》，刊《语文学习》第二期。

《古典诗词艺术辩证法札记》，刊《南京文艺》第二期。

《李白诗〈江夏别宋之悌〉系年辨误》，刊《南京师院学报》第三期。

《李白两入长安及有关交游考辨》，刊《南京师院学报》第四期。

1979 年，**9 月**，《辞海》(编委兼分科主编)，上海辞书出版社出版。负责"示"部至"羊"部共六千多条约 50 万字的修订审定工作。

《李白诗中崔侍御考辨》，刊《文史哲》第一期。

10 月，《吴筠荐李白说辨疑》初稿完成。

12 月，《李白与元丹丘交游考》完稿。

《静中见动——古典诗词艺术辩证法札记》，刊《青春》第十二期。

1980 年，《李白初入长安事迹探索》，由《社会科学战线》编入《中国古典文学论丛》第一辑，于本年出版。

《刘长卿别李白小辨》，刊《中华文史论丛》第一辑。

《黄锡珪〈李太白年谱〉附录三文辨伪》，刊中华书局《学林漫录》初集。

《李白暮年若干交游考索》，刊《南京师院学报》第二期。

8 月，《吴筠荐李白说辨疑》改定。

11 月，《李白与孟浩然交游考》完稿。

1981 年，**1 月 20 日**，孙望先生为《《李白丛考》作序完稿。

与何永康合著《李白的故事》，由少年儿童出版社出版，此书 1990 年出版第 2 版，至 2000 年已 12 次印刷。

与周福昌、陈书禄合撰《古代文学作品选讲》(1—8 册)，本年起由少年儿童出版社陆续出版。

《吴筠荐李白说辨疑》,刊《南京师院学报》第一期。

6月15日,接到日本学者松浦友久先生的书信,自此开始学术交往。

《李白与元丹丘交游考》,刊《河南师大学报》第二期。

《李白与孟浩然交游考》,刊《唐代文学》第一期。

1982年,《李白丛考》由陕西人民出版社作为"唐代文学研究丛书"的第一种出版,后获得江苏省首届哲学社会科学优秀成果二等奖。

《李白交游杂考(一)》,刊《南京师院学报》第一期。

5月,参加在陕西省西安召开的中国唐代文学学会成立大会,会上中华书局副总编傅璇琮先生介绍该社出版规划,提到先生的《唐刺史考》和《元和姓纂(附四校记)》准备在该社出版。陕西人民出版社姜民生先生在大会上宣布该社拟出版"唐代文学研究丛书",并决定以先生的《李白丛考》作为第一种。

《李白出蜀前后事迹考辨》,刊《苏州大学学报》第二期。

1983年,先生晋升为副教授、硕士生导师,招收指导硕士生。

《李杜交游杂考》,刊《草堂》第一期。

《李白出生地问题讨论综述》,刊《文史知识》第二期。

《李白交游杂考(二)》,刊《唐代文学论丛》第三辑。

《晚唐杰出诗人李商隐》,刊《文史知识》第十一期。

1984年,杨明先生《评〈李白丛考〉》,刊《唐代文学研究年鉴》1984年号。

《兰州刺史考》,刊《兰州学刊》第三期。

《李白三入长安质疑》,刊《中华文史论丛》第三期。

《李白研究中的几个问题》,刊《南京师大学报》第四期。

《研究古典文学必须了解多方面知识》,刊《祝你成才》第四期。

《高适研究的可喜成果——评周勋初〈高适年谱〉》,刊《文学评论》第五期。

《骨高气高，色泽情韵俱高》，刊中州出版社出版的《唐诗探胜》。

《道德文章皆吾师——介绍孙望教授》，刊《唐代文学研究年鉴》。

1985 年，4 月，与朱易安合撰《李商隐》，上海古籍出版社出版，又台湾《国文天地》1992 年 7 月出版此书。

5 月 23 日，与黄丕谟、安旗、伍天玉、陈有英等先生组成“六朝至唐文人行迹考察团”，应邀至新昌考察。

5 月至 6 月，参加安徽省马鞍山市召开的“中日李白诗词研讨会”，与松浦友久先生首次晤面。先生与松浦友久先生在会上分别介绍两国的李白研究状况。

《安州马都督考——李白交游杂考之三》，刊《南京师大学报》第三期。

《我寻谪仙游天姥 · 剡中纪游》，刊《风流一代》第十期。

《李白研究综述》，刊《唐代文学研究年鉴》。

1986 年，4 月，先生晋升为教授。

5 月，与南京大学周勋初先生同时应邀赴复旦大学讲学，周先生主讲《当代学术思辨》四次，郁先生主讲《考证在古代文史研究中的作用》及《李白研究新成果》两次。

6 月，先生与张启超合著的《谪仙诗豪李白》由上海人民出版社作为《祖国丛书》之一出版。

8 月 15 日，应《马鞍山日报》特约所撰《吴鼒对联乃揶揄李白之作》发表。又《百科知识十万个为什么 · 文史》(一)，由江苏科技出版社出版。后多次印刷。

12 月，卞孝萱《唐刺史考序》，刊《唐代文学论丛》第八辑。

《劳格〈杭州刺史考〉补正》，刊《中华文史论丛》第一期。

《〈全唐诗〉作者小传正补(二)》，刊《湘潭师院学报》第二期。

《李白洛阳行踪新探索》，刊《南京师大学报》第三期。

《〈全唐诗〉作者小传正补(四)》，刊《湘潭师院学报》第四期。

《李白几次到长安?》，刊《古典文学知识》第六期。

《李白研究综述》,刊《唐代文学研究年鉴》。

1987 年,2 月,《唐刺史考》(全五册)由江苏古籍出版社出版国内版,中华书局香港分局出版国际版。此书获得“1987 年度中国图书奖荣誉奖”、全国首届古籍优秀图书一等奖、江苏省政府第二届哲学社会科学优秀成果二等奖、江苏省出版界最高奖——精品奖。

5 月,与方义兵合撰《女皇帝武则天》,由上海人民出版社作为《祖国丛书》之一出版。又《唐才子传·李白传校笺》,刊《唐才子传校笺》第一册,中华书局出版。

10 月 6 日,朱金城《评介〈唐刺史考〉》,刊香港《大公报》之读书与出版》第四七〇期。

《“玄黓”、“涒滩”是何年?》,刊《古典文学知识》第一期。

与朱金城合撰《〈李白学刊〉发刊词》,刊《李白学刊》第一辑。

《论李白乐府的特质》,刊《李白学刊》第一辑。

《重修峨眉亭记》,刊《李白学刊》第一辑。

《松浦友久李白研究述评》,刊《唐代文学论丛》第九辑。

《李白研究综述》,刊《唐代文学研究年鉴》。

11 月,参加安徽省马鞍山市纪念李白逝世 1225 周年活动暨中国李白学会成立大会。先生当选为中国李白学会副会长兼秘书长。

美国研究李白的专家艾龙先生来南京金陵饭店,访问先生,先生陪同游览南京名胜古迹一周。

1988 年,先生被江苏省政府授予“有突出贡献的中青年专家”称号。

3 月,《李白洛阳行踪新探索》,刊《唐代文学研究》第一辑。

7 月,主编《中学古诗文鉴赏辞典》,由江苏古籍出版社出版。又主编《新编中学知识手册·文学分册》,由江苏科技出版社出版。

8 月,参加在山西太原召开的中国唐代文学学会第四届年会,先生当选为中国唐代文学学会常务理事。

《〈夜泊牛渚怀古〉与〈横江词六首〉考释》，刊《南京师大学报》第三期。

《李白研究综述》，刊《唐代文学研究年鉴》。

《论唐代文史的微观综合研究》，刊《西北大学学报》1988 年增刊第十八卷《周秦汉唐考古与文化国际学术会议论文集》。

为《李白诗魂系青山》一书作序，该书由中国展望出版社出版。

陆国斌《〈唐刺史考〉述评》，刊《苏州大学学报》第一期。

任大熙《对唐代研究作出巨大贡献的力作——〈唐刺史考〉》，刊日本《东方》杂志 1988 年 7 月号，

《中外名人评〈唐刺史考〉》，刊《中国图书评论》第三期。

1989 年，韩国学者任大熙作、张采民译《对唐代研究作出巨大贡献的力作——〈唐刺史考〉》，刊《文教资料》第一期。

5 月底 6 月初，主持在安徽省九华山召开的中国李白研究会第二届年会暨国际学术研讨会。

6 月，为李子龙《采石矶揽胜》一书作序，该书由江苏科技出版社出版。

与倪培翔合撰《建国四十年来李白研究综述》，刊《李白学刊》第二辑。

《李白〈古风五十九首〉刍议》，刊《中国文学研究》第四期。

与张采民合撰《建安七子与“建安风骨”》，刊《南京师大学报》第四期。

《叙〈元和姓纂〉整理经过》，刊《文教资料》第五期。

与陶敏合撰《〈元和姓纂四校记〉斠正》，刊《文教资料》第五期。

12 月 14 日，为李子龙《采石话源》一书作序。

《李白研究综述》，刊《唐代文学研究年鉴》。

1990 年，先生被国务院学位委员会评定为中国古代文学博士生导师，开始招收指导博士生，同时担任南京师范大学古文献研究所所长。

5 月，与张采民先生合著的《建安七子诗笺注》由巴蜀书社出版。

《〈唐刺史考〉补遗、订正》，刊《文教资料》第 3 期、第 4 期合刊。此刊此期封二刊发《唐刺史考》书影。

9 月，主编《古诗文鉴赏入门》，由台湾新地文学出版社出版。

10 月，《李白选集》由上海古籍出版社出版。此书融入了先生多年考证的成果。获全国二届古籍优秀图书二等奖。又由南京大学主办、南京师大协办的第五届中国唐代文学学会年会暨国际学术研讨会召开，先生担任组织委员会副主席。

《论李白作品的时代特征及艺术特点》，刊《天府新论》第五期。

《论李白〈古风五十九首〉》，刊《中国李白研究》1990 年集上。

《李白后嗣考》，刊《中国李白研究》1990 年集下。

为《郑虔资料汇编》一书作序，该书由浙江古籍出版社出版。

1991 年，国务院决定从本年七月起发给先生国务院“政府特殊津贴”。

5 月，主编《中外名人掌故》，江苏科技出版社出版。

《〈全唐诗〉作者小传正补(续)》，刊《南京师大学报》第一期。

《诗仙遗踪留黄山》，刊《古典文学知识》第二期。

《我与李白研究》，刊《古典文学知识》第三期。

8 月 6 日，《〈唐代文选〉前言》完稿。

8 月 19 日，倪培翔、潘百齐《李白研究的丰硕学术成果——〈李白选集〉简评》，刊香港《大公报》“上海书讯”。

9 月，与张启超合著《谪仙诗豪李白》，由台湾云龙出版社出版。

《论李白思想的形成与发展》，《中国李白研究》1991 年集上。

1992 年，**4 月**，先生受聘为国务院古籍整理出版规划领导小组成员。

与周福昌、陈书禄合撰《古代文学作品选讲》，由少年儿童出版社 1992 年“少年文库”版。

7月，与朱易安合撰《李商隐》，由台湾国文天地出版社出版。又为《李白安徽诗文校笺》一书作序，该书安徽文艺出版社出版。

《苏颋事迹考》，刊《唐代文学研究》第三辑。

《宋之问事迹和交游五题考辨》，刊《唐代文学研究》第五辑。

《戚派艺术与南方传统文化积淀》，刊《戚雅仙表演艺术》，上海文艺出版社出版。

1993年，先生被评为江苏省优秀研究生导师。

《宋之问事迹与交游五题考辨》，刊《文学遗产》第一期。

《从令狐梅墓志看李德裕与晚唐党争》，刊中华书局《中国典籍与文化论丛》第一辑。

《帝王的年号、谥号、庙号和陵号》，刊《古典文学知识》第一期。

《李白诗中"卫尉张卿"续考》，刊《南京师大学报》第二期。

4月，应邀赴香港中文大学讲学。8日，在香港中文大学作学术讲演，题为《论"二重证据法"在唐代文学研究中的运用》，文刊《江海学刊》第五期。

《帝王后宫杂谈》，刊《古典文学知识》第三期。

《从"变徵之声"和"律中无射"谈起》，刊《古典文学知识》第四期。

《〈旧唐书·李白传〉订误》，刊《中国李白研究》1992—1993年集。

1994年，《再谈李白诗中的"卫尉张卿"与"玉真公主别馆"》，刊《南京师大学报》第一期。

《古代刑法琐谈》，刊《古典文学知识》第一期。

《和亲杂谈》，刊《古典文学知识》第三期。

5月，与陶敏合撰的《元和姓纂(附四校记)》(全三册)由中华书局出版。此书于1988年整理完毕。又于2008年3月再版。

8月，参加在山东省兖州市召开的中国李白研究会第四届年会并作工作报告，报告要点见《中国李白研究》1994 年集。

10 月，与孙望先生联合主编的《唐代文选》（全三册），由江苏古籍出版社出版。

12 月，为刘尊明《唐五代词的文化观照》一书作序，该书由台湾文津出版社出版。

《苏颋年谱》，刊中华书局《中国典籍与文化论丛》第二辑。

《李白与玉真公主过从新探》，刊《文学遗产》第六期。

《〈元和姓纂〉整理记感》，刊中华书局《书品》第四期。

《历代宦官弄权杂谈》，刊《古典文学知识》第五期。

《宋之问事迹与交游五题考辨》，刊《唐代文学研究年鉴》第五辑。

《再谈李白两入长安及其作品系年》，刊南京大学编《文学研究》第五辑。

《李白乐府与歌吟异同论》，刊《中国李白研究》1994 年集。

《唐代诗人与剡中风光》，刊《唐代文学研究》第六辑。

《唐代诗人与浙东山水》，刊《中国山水的艺术精神》，学林出版社出版。

为孙立《论词的审美特性》一书作序，该书由台湾文津出版社出版。

先生主持在新昌召开的唐代文学国际会议，担任组织委员会主席。

1995 年，**1 月**，先生主编的《李白大辞典》由广西教育出版社出版。此书获中南片区优秀图书一等奖。又于 1997 年 2 月再版。又为朱崇才《词话学》一书作序，该书由台湾文津出版社出版。

3 月 15 日至 5 月 30 日，先生应邀赴美国访问讲学。其间，4 月 7 日至 10 日，出席在华盛顿希尔顿饭店召开的美国亚洲年会暨唐代文学年会，向与会代表作了题为《中国唐代文学当代研究述评》的学术讲演，刊《南京师大学报》本年第四期。4 月 12 日在宾夕法尼亚大学作学术讲演，题为《李白两入长安的发现及其学术意义》。

5月31日,应邀赴日本讲学访问。6月1日在早稻田大学作学术讲演,题为《李白乐府与歌吟异同论》。6月4日在爱知淑德大学作学术讲演,题为《李白研究的回顾与展望》。

11月28日,《美国学界印象记》刊《扬子晚报·扬子广角》整版。

与查屏球合撰《在微观考证基础上建立宏观理论体系的佳作——评邓小军〈唐代文学的文化精神〉》,刊《杜甫研究学刊》第三期。

《中国唐代文学当代研究述评》,刊《南京师大学报》第四期。

《读〈程千帆选集〉》,刊《古籍整理出版情况简报》第十期。

与查屏球合撰《以传统的方法开拓新的思路》,刊《文学遗产》第六期。

1996年,先生被评为江苏省优秀研究生导师。

《李白乐府与歌吟异同论》,日文版刊日本《专修大学学报》第一期。

6月5日,为《奚柳芳史地论丛》一书作序。

《转益多师是汝师》,刊《古典文学知识》第四期。

9月,出席中国唐代文学学会年会暨西安国际学术讨论会,先生被选为中国唐代文学学会副会长。

11月4日,宋慧献《兼容并蓄　雅俗共赏——〈李白大辞典〉读后》,刊《新闻出版报》1996年11月4日

12月,为程杰《北宋诗文革新研究》一书作序,该书由台湾文津出版社出版。

《李白生平研究综述》,《中国李白研究》1995—1996年集。

朱寒石《评〈李白大辞典〉》,刊《唐代文学研究年鉴》1995、1996年合辑

1997年,2月,主编《李白大辞典》,由广西教育出版社再版,获中南片区优秀图书一等奖。又与史双元合撰《中华文史知识实用手册》,由江苏人民出版社出版。

4月10日，为张采民《隋唐之际诗歌之演进》一书作序。

6月，《天上谪仙人的秘密——李白考论集》由台湾商务印书馆出版。

《〈全唐诗〉研究最突出的成果——评陶敏〈全唐诗人名考证〉》，《湘潭师院学报》本年第二期。

8月16日，为周建江《北朝文学史》一书作序。

10月，李白与三峡国际学术研讨会暨中国李白研究会年会在四川万县召开，先生被选为中国李白研究会会长、法人代表，《中国李白研究》主编。

11月，为鲁同群《庾信传论》一书作序。

《近百年来李白生平研究述评》，刊《中国古典文学学术史研究》。

与尹楚彬合撰《李白诗的辑佚与辨伪》，刊《唐研究》第三卷。

《李民〈李白新论〉序》，刊《中国李白研究》1997年集。

12月，先生被评为江苏省普通高校优秀学科带头人。

1998年，**2月15日**，《王青〈汉代宗教与神话研究〉序》，该书由台湾洪叶出版公司1998年8月出版。

3月，为《郑虔传略》作序，该书由黄山书社出版。

《〈隋唐之交诗歌之演进〉评介》，刊《中国韵文学刊》第一期。

《神话学和宗教学研究的新突破》，刊《江海学刊》第四期。

10月，《李民〈李白新论〉序》收入《中国李白研究1997年集》，安徽文艺出版社出版。又为潘百齐《唐诗抒情艺术研究》一书作序。

倪培翔《一部“采山之铜”的力作》，刊《文学遗产》1998年第三期，专评《李白考论集》。

王友胜《海纳百川　自成一体——〈李白大辞典〉评介》，刊《辞书研究》第一期

12月，先生被评为江苏省优秀哲学社会科学工作者。

1999年，**1月**，《唐诗经典》由上海书店出版，后多次再版。

《从〈李白全集校注汇释集评〉想到古籍整理的学术规范问

题》，刊《南京师大学报》第一期。

《纵览千古诗坛——评张颢瀚教授主编的〈古诗词赋观止〉》，刊《南京大学学报》第一期。

《开创庾信研究新局面的力作》，刊《书品》第一期。

3月，傅璇琮先生为《唐刺史考全编》作序。

5月，《李白选集》由上海古籍出版社再版。又与朱易安、陈伯海合撰《李商隐及其作品选》，由上海人民出版社出版。又参加在浙江新昌县召开的"李白与天姥"国际学术研讨会暨中国李白研究会特别会议，担任学术委员会主席，并致开幕词，文载《中国李白研究》1998—1999年集。

6月，与陶敏合撰《唐代文史考论》，由台湾洪叶文化事业有限公司出版。

8月，《唐风馆杂稿》由辽宁大学出版社出版。

9月，为李子龙《李白诗文遗迹释考》一书作序，该书由安徽文艺出版社出版。

12月，《我与唐代文史》，刊《学林春秋》三编上册，朝华出版社出版。

《天姥山记》，刊《中国李白研究》1998—1999年集暨李白与天姥国际会议专辑。

《〈李白与天姥国际会议专辑〉序》，刊《中国李白研究》1998—1999年集。

2000年，1月，《唐刺史考全编》（全六册），由安徽大学出版社出版。此书获安徽省政府优秀图书一等奖。1月12日，为诸葛忆兵《徽宗词坛研究》一书作序。

3月，《道德文章垂范后学 时间生命奉献社会——孙望先生事迹简述》，刊《学林往事》下册，朝华出版社出版。

4月，与陶敏合撰《唐宋文名篇》（名家选注唐宋名篇），由辽宁人民出版社出版。

5月，为陈泳超《尧舜传说研究》一书作序。

12月，主编《中华大典· 隋唐五代文学分典·隋文学部》、

《中华大典· 隋唐五代文学分典·唐文学部一》，由江苏古籍出版社出版。

11月12日，由张采民先生陪同赴日本访问讲学。15日在明海大学作学术讲演，题为《李白绝句漫谈》，收入《中国李白研究》2000年集。17日在早稻田大学作学术讲演，题为《安史之乱初期李白行踪新探索》。

《李白绝句漫谈》，刊《中国李白研究》2000年集。

2001年，**2月**，与封野合撰《李杜诗选》，由台湾三民书局出版。

陈允吉、胡可先《考昭代之史文，张前修之轨则——评郁贤皓著〈唐刺史考全编〉》，刊《学术研究》第一期。

《安史之乱初期李白行踪新考订》，刊《文史》第五十五辑，2001年第二期。

《李白的潇湘之情探微》，刊《中国文学研究》第二期。

《〈唐刺史考全编〉订补》，刊《南京师大学报》第三期。

陶敏《评郁贤皓〈唐刺史考全编〉》，刊《中国史研究》第三期。

7月28日至8月4日，由张采民先生陪同赴日本访问讲学。

又为周建江《太和十五年》一书作序，该书由广东人民出版社出版。9月，为诸葛忆兵《徽宗词坛研究》一书作序，该书由北京出版社出版。

胡可先《移一时之风气，示来者以轨则——评郁贤皓著〈唐刺史考全编〉》，刊台湾《书目季刊》三十五卷二期。

朱玉麒《锦上添花的精品工具书——〈唐刺史考全编〉评介》，刊《中国图书评论》第二期。

彭君华《衣裳之冠冕，水木之本源——〈唐刺史考全编〉评介》，刊《中国图书评论》第四期。

10月，出席安徽省马鞍山市召开的李白诞辰一千三百周年纪念大会。先生作主题讲演《李白：人民最喜爱的伟大诗人》，发表于《中国李白研究》2001年—2002年集。

与胡振龙合撰《八世纪以来李白研究的十大热点》，刊《文史知识》第十期。

《纪念李白诞生1300周年笔谈》，刊《文史知识》第十期。

11月7日，《人民日报·海外版》第十版刊发吴瀛《郁贤皓——埋头做学问的学者》一文。

12月，与胡可先合撰《评贾晋华〈唐代集会总集与诗人群研究〉》，刊《唐研究》第七卷。北京大学出版社出版。

陈尚君《评〈元和姓纂(附四校记)〉》，刊《唐研究》第七卷，北京大学出版社12月出版。

《发掘中国传统文学本质特征的佳作——读胡可先〈中唐政治与文学〉》，刊《书品》第四期。

《李白：人民最喜爱的伟大诗人——在李白诞生1300周年纪念大会上的报告》，刊《中国李白研究——纪念李白诞生1300周年国际学术讨论会论文集》。

为吕华明《李白新考论》一书作序，该书由作家出版社本年出版。为周建江《北魏政治文化变革研究》一书作序，该书由广东人民出版社出版。

2002年，**3月**，参加台湾辅仁大学召开的“建构与反思中国文学史的探索学术研讨会”并发言，题为《论胡小石〈中国文学史讲稿〉的建构特点》，文刊台湾学生书局出版的《建构与反思——中国文学史的探索学术研讨会论文集》。

《深受广大读者喜爱的优秀期刊》，刊《古典文学知识》2002年第1期。

4月2日，刘运好《注重实证 不尚空谈——郁贤皓教授的学术特点》，刊《人民政协报》之《文化周刊》。

9月，与周福昌、姚曼波合撰《新译左传读本》(全三册)，由台湾三民书局出版。

9月4日，陈敏莉《成如容易却艰辛——记我的老师郁贤皓先生》，刊《江南时报》之《成长》1版。

12月，《松浦先生与我在学术交流中不断增进友谊》，刊日本《中国诗文论丛》第二十一辑《松浦友久教授追悼纪念》。

《再谈李白〈蜀道难〉的寓意》，刊《唐代文学研究》第10辑。

2003 年，2 月，与市川桃子合撰《新编李白的文——书颂的译注考证（日文版）》，由日本汲古书院出版。

3 月 5 日，为刘运好《魏晋哲学与诗学》一书作序。

6 月，主编《中国古代文学作品选》（六卷本）（“九五”国家级重点教材），由高等教育出版社出版。该书已 16 次印刷。

与胡振龙合撰《对一代诗仙的千年关注的当代关注》，刊《南京师范大学学报》第二期。

11 月，与胡可先合撰《唐九卿考》，由中国社会科学出版社出版。

2004 年，2 月 29 日，为竺岳兵《唐诗之路唐代诗人行迹考》一书作序。

4 月，为黄山书社影印出版《李翰林集》一书作序。又《论李白〈古风五十九首〉》经俄罗斯学者谢·阿·托罗普采夫教授译成俄文，收入莫斯科东方文学出版社《李白古风》书中。

9 月 8 日，为赵荣蔚《晚唐士风与诗风》一书作序。

7 月，主编《中国古代文学作品选》（简编本上、下册），由高等教育出版社出版，该书已被 17 次印刷。

《咸淳本〈李翰林集〉源流概述》，刊《中国李白研究》2003—2004 年集。

上海大学钱伟长校长聘请先生为上海大学兼职教授，聘期为 2004 年 12 月至 2007 年 11 月。

12 月，为赵荣蔚《晚唐士风与诗风》一书作序，该书由上海古籍出版社出版。

陶敏、李德辉《锲而不舍，再垦荒园——评郁贤皓、胡可先著〈唐九卿考〉》，刊《唐研究》第十卷，北京大学出版社 12 月出版，文云：如果要用一句话来概括《唐九卿考》的学术贡献与特色，那就是既全且精。

卞孝萱《填补空白 有功文史——评〈唐九卿考〉》，刊《书品》第四期。

2005 年，11 月，出席全国高校教材建设研讨会并发言《叙国家级教材六卷本〈中国古代文学作品选〉编撰经过》，后收入《唐风馆杂稿续集》。

12月2日，在上海大学作学术讲演，题为《李白生平及其诗歌畅谈》。

2006年，**2月**，为党银平《桂苑笔耕集校注》一书作序。

3月，《咸淳本〈李翰林集〉源流和名称简论》，刊日本研文出版《松浦友久博士追悼纪念·中国古典文学论集》。

4月，应邀赴上海各大学讲学，先后在华东师范大学、上海财经大学、同济大学、复旦大学各讲一次，上海大学讲《唐代职官趣谈》、《李白研究历史回顾》两次。

6月15日，《〈唐刺史考全编〉补遗》完稿，后收入《李白与唐代文史考论》书中。又为胡振龙《李白诗古注本研究》一书作序，该书由陕西人民出版社出版。

10月，《李白晚年行踪及思想考论》，收入复旦大学出版社出版《中日学者中国学论文集——中岛敏夫教授汉学研究五十年志念文集》。

《气象雄浑 奔放飘逸——谈李白诗歌的艺术特色》，刊《古典文学知识》第五期。

11月，《李白集》作为"历代名家精选集"之一，由凤凰出版社出版。

12月20日，为刘立志《汉代〈诗经〉学史论》一书作序。

2007年，**1月**，《李白生平及其诗歌畅谈》，刊学林出版社出版陈晓兰编《诗与思——上海大学中文系学术讲演录》。

3月9日，为《李白与唐代文史考论》所作《前言》完稿。

《〈李白集〉前言》，刊《南京师范大学文学院学报》第二期。

6月20日，为胡可先《唐代重大历史事件与文学研究》一书作序。

8月，为党银平《桂苑笔耕集校注》一书作序，该书由中华书局出版。

9月15日，《溯史料本源　循学术规范——评〈册府元龟校订本〉》刊《光明日报》第五版。

10 月,中国李白研究会成立 30 周年大会在湖南湘潭、吉首召开,先生作为名誉会长出席会议,并在开幕式上发言。

10 月 15 日,为傅承洲《明清文人话本研究》一书作序。

2008 年,1 月,《李白与唐代文史考论》,由南京师范大学出版社出版。1 月 15 日《唐风馆杂稿续编》之《后记》完稿。

胡可先《海纳百川 有容乃大——郁贤皓教授的学术成就与治学方法》,刊《古典文学知识》第一期。

胡可先《旧学新知的贯通与融会——评郁贤皓教授〈李白与唐代文史考论〉》,刊《书品》第四辑

2009 年,7 月,主编《中国古代诗文名著提要·汉唐卷》,由河北教育出版社出版。又《唐诗经典》,由上海书店出版社出版。

2010 年 3 月,主编《中国古代文学作品选》繁体字版(六卷本)("九五" 国家级重点教材),由高等教育出版社出版。

杜晓勤《读傅璇琮主编的〈中国古代诗文名著提要〉》,刊《文学评论》第三期,文云:该书编纂者无论是分卷主编还是主要撰稿人,多属当今古代文史研究界的名家、大家。如"汉唐五代卷"主编郁贤皓早就以唐代刺史考据成果享誉学界,同时还是李白研究专家。他除了担任分卷主编,还亲自撰写了七种李白集及其评注本的提要,融汇了他多年对李白集版本研究的心得,其对清代藏书家误认为"宋咸淳本《李翰林集》"的明翻三十卷本的考辨,反响最大。

2011 年,4 月,《新译李白诗全集》(全三册)由台湾三民书局出版。继续纂注《李太白全集校注》,笔耕不辍。

郁贤皓先生著作年表

曹丽芳　编

1951 年 5 月 14 日至 1957 年 5 月 18 日，先后在《苏南日报》、《新华日报》、《解放日报》、《展望周刊》、《江苏农民报》等报刊杂志上发表新闻报道、通讯、小品文、报告文学、评论等 120 多篇。

1959 年

《南师中文系举行学术讨论会，争论文学史上三个重要问题》，在 5 月 11 日《新华日报》上发表。

1960 年

7 月 17 日，《必须用批判的态度对柳永的词重新估价》（与周福昌合作），由《光明日报·文学遗产》第 322 期发表。

1963 年

1 月至 7 月，应邀在上海浦江饭店参加《辞海》语词部分的撰写修订工作，该书于 1969 年出版《辞海》"未定稿"

1966 年

《辛弃疾在南宋阶级斗争中担当什么角色——评近几年来出版的几本〈辛弃疾〉专著》，《南京师院学报》1966 年第 1 期。

1975 年

《宋江投降和宋代的招安政策》（与朱明雄合作），《工农兵评论》1975 年 11 期。

1976 年

《辛弃疾反民族投降的爱国词》，《南京师院学报》1976 年第

2 期。

《“响箭”与“诗美”——学习鲁迅诗论札记》(与朱明雄合作),《江苏文艺》1976 年第 2 期。

《旧民主主义革命的一面镜子——鲁迅小说的思想意义》(与朱明雄合作),《南京师院学报》1976 年第 3 期。

1977 年

《西汉的统治思想和学派的变化》(与张瑗合作),《南京师院学报》1977 年第 2 期。

《略谈〈史记〉的几个问题》(与张瑗合作),《开封师院学报》1977 年第 5 期。

1978 年

《李白与张垍交游新证》,《南京师院学报》1978 年第 1 期。

《略论〈诗经〉中的奴隶文学》,《语文学习》1978 年第 2 期。

《古典诗词艺术辩证法札记》,《南京文艺》1978 年第 2 期。

《李白诗〈江夏别宋之悌〉系年辨误》,《南京师院学报》1978 年第 3 期。

《李白两入长安及有关交游考辨》,《南京师院学报》1978 年第 4 期。

1979 年

9 月,《辞海》(编委兼分科主编),上海辞书出版社出版。负责“示”部至“羊”部共六千多条约 50 万字的修订审定工作。以后该书每十年修订一次出版。每次都是《辞海》编委兼分科主编。

《李白诗中崔侍御考辨》,《文史哲》1979 年第 1 期。

《静中见动——古典诗词艺术辩证法札记》,《青春》1979 年第 12 期。

1980 年

《李白初入长安事迹探索》,由《社会科学战线》编入《中国古典文学论丛》第一辑,于 1980 年出版。

《刘长卿别李白小辨》,《中华文史论丛》1980 年第 1 辑。

《黄锡珪〈李太白年谱〉附录三文辨伪》，中华书局《学林漫录》初集，1980 年 6 月出版。

《李白暮年若干交游考索》，《南京师院学报》1980 年第 2 期。

1981 年

《李白的故事》（与何永康合作），由少年儿童出版社出版，该书 1990 年出第二版，列入《少年文库丛书》。至 2000 年已 12 次印刷。

《古代文学作品选讲》（与周福昌、陈书禄合作）（1—8 册），本年起由少年儿童出版社陆续出版。

《吴筠荐李白说辨疑》，《南京师院学报》1981 年第 1 期。

《李白与孟浩然交游考》，《唐代文学》1981 年第 1 期。

《李白与元丹丘交游考》，《河南师大学报》1981 年第 2 期。

1982 年

《李白丛考》，作为《唐代文学研究丛书》的第一种，由陕西人民出版社于本年出版。该书获江苏省首届哲学社会科学优秀成果二等奖。

《李白交游杂考（一）》，《南京师院学报》1982 年第 1 期。

《李白出蜀前后事迹考辨》，《苏州大学学报》1982 年第 2 期。

1983 年

《李杜交游杂考》，《草堂》1983 年第 1 期。

《李白出生地问题讨论综述》，《文史知识》1983 年第 2 期。

《李白交游杂考（二）》，《唐代文学论丛》1983 年第 3 辑。

《晚唐杰出诗人李商隐》，《文史知识》1983 年第 11 期。

1984 年

《兰州刺史考》，《兰州学刊》1984 年第 3 期。

《李白三入长安质疑》，《中华文史论丛》1984 年第 3 期。

《李白研究中的几个问题》，《南京师大学报》1984 年第 4 期。

《研究古典文学必须了解多方面知识》，《祝你成才》1984 年第 4 期。

《高适研究的可喜成果——评周勋初〈高适年谱〉》，《文学评论》1984 年第 5 期。

《骨高气高，色泽情韵俱高》，载《唐诗探胜》，该书由中州出版社于 1984 年出版。

《道德文章皆吾师——介绍孙望教授》，由 1984 年度《唐代文学研究年鉴》发表。

1985 年

4 月，《李商隐》（与朱易安合作），由上海古籍出版社出版。

《安州马都督考——李白交游杂考之三》，《南京师大学报》1985 年第 3 期。

《我寻谪仙游天姥·剡中纪游》，《风流一代》1985 年第 10 期。

《李白研究综述》，由 1985 年度的《唐代文学研究年鉴》发表。

1986 年

6 月，《谪仙诗豪李白》（与张启超合作），由上海人民出版社作为《祖国丛书》之一出版。

8 月，《百科知识十万个为什么·文史》（一），江苏科技出版社出版。后陆续出版（二）至（五），并多次印刷。

《劳格〈杭州刺史考〉补正》，《中华文史论丛》1986 年第 1 期。

《〈全唐诗〉作者小传正补（二）》，《湘潭师院学报》1986 年第 2 期。

《李白洛阳行踪新探索》，《南京师大学报》1986 年第 3 期。

《〈全唐诗〉作者小传正补（四）》，《湘潭师院学报》1986 年第 4 期。

《李白几次到长安？》，《古典文学知识》1986 年第 6 期。

《李白研究综述》，由 1986 年度的《唐代文学研究年鉴》发表。

1987 年

2 月，《唐刺史考》（全五册），由江苏古籍出版社出版国内版，中华书局香港分局与江苏古籍出版社联合出版国际版。该书获“1987 年度中国图书奖荣誉奖”、全国首届古籍优秀图书一等奖、江苏省政府第二届哲学社会科学优秀成果二等奖、江苏省出版界最高奖——精品奖。

5 月,《女皇帝武则天》(与方义兵合作),由上海人民出版社作为《祖国丛书》之一出版。

12 月,《辞海·语词分册》(分科主编兼主要编写修订人),由上海辞书出版社出版。

《唐才子传·李白传校笺》,载《唐才子传校笺》第一册,该书由中华书局 1987 年 5 月出版。

《"玄黓"、"涒滩"是何年?》,《古典文学知识》1987 年第 1 期。

《〈李白学刊〉发刊词》(与朱金城合作),《李白学刊》第 1 辑。

《论李白乐府的特质》,《李白学刊》第 1 辑。

《重修峨眉亭记》,《李白学刊》第 1 辑。

《松浦友久李白研究述评》,《唐代文学论丛》第 9 辑。

《李白研究综述》,由 1987 年度的《唐代文学研究年鉴》发表。

1988 年

7 月,《中学古诗文鉴赏辞典》(主编),由江苏古籍出版社出版。

7 月,《新编中学知识手册·文学分册》,由江苏科技出版社出版。

《〈夜泊牛渚怀古〉与〈横江词六首〉考释》,《南京师大学报》1988 年第 3 期。

《李白研究综述》,由 1988 年度的《唐代文学研究年鉴》发表。

《论唐代文史的微观综合研究》,载《周秦汉唐考古与文化国际学术会议论文集》,《西北大学学报》1988 年增刊第十八卷。

《〈李白诗魂系青山〉序》,该书由中国展望出版社 1988 年出版。

1989 年

9 月,《辞海》1989 年版(编委兼分科主编),由上海辞书出版社出版。

11 月,《百科知识十万个为什么·文史编》(与史双元合作),由江苏科技出版社出版。后多次印刷。

《建国四十年来李白研究综述》(与倪培翔合作),《李白学刊》

1989 年第 2 辑。

《李白〈古风五十九首〉刍议》,《中国文学研究》1989 年第 4 期。

《建安七子与“建安风骨”》(与张采民合作),《南京师大学报》1989 年第 4 期。

《〈元和姓纂四校记〉斠正》(与陶敏合作),《文教资料》1989 年第 5 期。

《李白研究综述》,由 1989 年度的《唐代文学研究年鉴》发表。

《李子龙〈采石揽胜〉序》,该书由江苏科技出版社 1989 年 6 月出版。

1990 年

5 月,《建安七子诗笺注》(与张采民合作),由巴蜀书社出版。

9 月,《古诗文鉴赏入门》(主编),由台湾新地文学出版社出版。

10 月,《李白选集》,由上海古籍出版社出版。获全国第二届古籍优秀图书二等奖。该书 1999 年 5 月再版。

《论李白作品的时代特征及艺术特点》,《天府新论》1990 年第 5 期。

《论李白〈古风五十九首〉》,《中国李白研究》1990 年集上。

《李白后嗣考》,《中国李白研究》1990 年集下。

《〈郑虔资料汇编〉序》,该书由浙江古籍出版社 1990 年出版。

《李子龙〈采石话源〉序》,该书由江苏古籍出版社 1990 年 6 月出版。

1991 年

5 月,《中外名人掌故》(主编),由江苏科技出版社出版。

10 月,《谪仙诗豪李白》(与张启超合作),由台湾云龙出版社出版。

《〈全唐诗〉作者小传正补(续)》,《南京师大学报》1991 年第 1 期。

《诗仙遗踪留黄山》,《古典文学知识》1991 年第 2 期。

《我与李白研究》,《古典文学知识》1991 年第 3 期。

《论李白思想的形成与发展》,《中国李白研究》1991 年集上。

1992 年

《古代文学作品选讲》(合订本四册)(与周福昌、陈书禄合作),由少年儿童出版社列入“少年文库”出版。

7 月,《李商隐》(与朱易安合作),由台湾《国文天地》出版。

《戚派艺术与南方传统文化积淀》,载《戚雅仙表演艺术》,上海文艺出版社 1992 年出版。

《苏颋事迹考》,《唐代文学研究》第 3 辑。

《〈李白安徽诗文校笺〉序》,该书由安徽文艺出版社 1992 年 7 月出版。

1993 年

《宋之问事迹与交游五题考辨》,《文学遗产》1993 年第 1 期。

《从令狐梅墓志看李德裕与晚唐党争》,中华书局《中国典籍与文化论丛》第 1 辑。

《帝王的年号、谥号、庙号和陵号》,《古典文学知识》1993 年第 1 期。

《李白诗中“卫尉张卿”续考》,《南京师大学报》1993 年第 2 期。

《帝王后宫杂谈》,《古典文学知识》1993 年第 3 期。

《从“变徵之声”和“律中无射”谈起》,《古典文学知识》1993 年第 4 期。

《论“二重证据法”在唐代文学研究中的运用》,《江海学刊》1993 年第 5 期。

《〈旧唐书·李白传〉订误》,《中国李白研究》1992—1993 年集。

1994 年

5 月,《元和姓纂(附四校记)》(全三册)(与陶敏合作),由中华书局出版。该书 2008 年 3 月再版。

10 月,《唐代文选》(全三册)(主编),由江苏古籍出版社出版。

《苏颋年谱》，中华书局《中国典籍与文化论丛》第 2 辑。

《李白与玉真公主过从新探》，《文学遗产》1994 年第 6 期。

《〈元和姓纂〉整理记感》，中华书局《书品》1994 年第 4 期。

《再谈李白诗中的“卫尉张卿”与“玉真公主别馆”》，《南京师大学报》1994 年第 1 期。

《古代刑法琐谈》，《古典文学知识》1994 年第 1 期。

《和亲杂谈》，《古典文学知识》1994 年第 3 期。

《历代宦官弄权杂谈》，《古典文学知识》1994 年第 5 期。

《再谈李白两入长安及其作品系年》，南京大学编《文学研究》第 5 辑。

《李白乐府与歌吟异同论》，《中国李白研究》1994 年集。

《在中国李白研究会第四次年会上的工作报告》(要点)，《中国李白研究》1994 年集。

《唐代诗人与剡中风光》，《唐代文学研究》第 6 辑。

《唐代诗人与浙东山水》，载《中国山水的艺术精神》，学林出版社 1994 年出版。

《刘尊明〈唐五代词的文化观照〉序》，该书由台湾文津出版社 1994 年 12 月出版。

1995 年

1 月，《李白大辞典》(主编)，由广西教育出版社出版。获中南片区优秀图书一等奖。该书 1997 年 2 月再版。

《在微观考证基础上建立宏观理论体系的佳作——评邓小军〈唐代文学的文化精神〉》(与查屏球合作)，《杜甫研究学刊》1995 年第 3 期。

《中国唐代文学当代研究述评》，《南京师大学报》1995 年第 4 期。

《以传统的方法开拓新的思路》(与查屏球合作)，《文学遗产》1995 年第 6 期。

《读〈程千帆选集〉》，中华书局《古籍整理出版情况简报》1995 年第 10 期。

《美国学界印象记》,1995 年 11 月 28 日《扬子晚报·扬子广角》整版。

《孙立〈论词的审美特性〉序》,该书由台湾文津出版社 1995 年出版。

《朱崇才〈词话学〉序》,该书由台湾文津出版社 1995 年 1 月出版。

1996 年

《转益多师是汝师》,《古典文学知识》1996 年第 4 期。

《李白生平研究综述》,《中国李白研究》1995—1996 年集。

《〈奚柳芳史地论丛〉序》,该书由河南大学出版社 1996 年 7 月出版。

《程杰〈北宋诗文革新研究〉序》,该书由台湾文津出版社 1996 年 12 月出版。

1997 年

2 月,《中华文史知识实用手册》(与史双元合作),由江苏人民出版社出版。

6 月,《天上谪仙人的秘密——李白考论集》,由台湾商务印书馆出版。

《〈全唐诗〉研究最突出的成果——评陶敏〈全唐诗人名考证〉》,《湘潭师院学报》1997 年第 2 期。

《李白诗的辑佚与辨伪》(与尹楚彬合作),《唐研究》第 3 卷。北京大学出版社 1997 年 12 月出版。

《李民〈李白新论〉序》,《中国李白研究》1997 年集。

《近百年来李白生平研究述评》,载《中国古典文学学术史研究》,新疆人民出版社 1997 年 11 月出版。

《张采民〈隋唐之际诗歌之演进〉序》,该书由江苏文艺出版社 1997 年出版。

《周建江〈北朝文学史〉序》,该书由中国社会科学出版社 1997 年 7 月出版。

《鲁同群〈庾信传论〉序》,该书由天津人民出版社 1997 年 12

月出版。

1998年

《〈隋唐之交诗歌之演进〉评介》,《中国韵文学刊》1998年第1期。

《神话学和宗教学研究的新突破》,《江海学刊》1998年第4期。

《〈郑虔传略〉序》,该书由黄山书社1998年3月出版。

《王青〈汉代宗教与神话研究〉序》,该书由台湾洪叶出版公司1998年8月出版。

《潘百齐〈唐诗抒情艺术研究〉序》,该书由南京师大出版社1998年12月出版。

1999年

1月,《唐诗经典》,由上海书店出版。该书多次再版。

5月,《李商隐及其作品选》(与朱易安、陈伯海合作),由上海人民出版社出版。

6月,《唐代文史考论》(与陶敏合作),由台湾洪叶文化事业有限公司出版。

8月,《唐风馆杂稿》,由辽宁大学出版社出版。

9月,《辞海》(全三册)(编委兼分科主编),1999年上海辞书出版社出版。

《我与唐代文史》,载《学林春秋》三编上册,朝华出版社1999年12月出版。

《从〈李白全集校注汇释集评〉想到古籍整理的学术规范问题》,《南京师大学报》1999年第1期发表。

《开创庾信研究新局面的力作》,中华书局《书品》1999年第1期。

《纵览千古诗坛——评张颢瀚教授主编的〈古诗词赋观止〉》,《南京大学学报》1999年第1期。

《天姥山记》,《中国李白研究》(1998—1999年集暨李白与天姥国际会议专辑)。

《“李白与天姥”国际学术研讨会暨中国李白研究会特别会议开幕辞》,《中国李白研究》(1998—1999年集暨李白与天姥国际会议专辑)。

《〈李白与天姥国际会议专辑〉序》,《中国李白研究》1998—1999年集。

《李子龙〈李白诗文遗迹释考〉序》,该书由安徽文艺出版社1999年9月出版。

2000年

1月,《唐刺史考全编》(全六册),由安徽大学出版社出版。该书获安徽省政府优秀图书一等奖。

1月,《古汉语大辞典》(原书编写者),由上海辞书出版社出版。

4月,《唐宋文名篇》(名家选注唐宋名篇)(与陶敏合作),由辽宁人民出版社出版。

12月,《中华大典· 文学典·隋唐五代文学分典》,由江苏古籍出版社出版。任《中华大典》编委,《隋文学部》主编,《唐文学部一》主编。该书获中国图书奖一等奖。

《李白绝句漫谈》,《中国李白研究》2000年集。

《道德文章垂范后学 时间生命奉献社会——孙望先生事迹简述》,载《学林往事》下册,朝华出版社2000年3月出版。

《陈泳超〈尧舜传说研究〉序》,该书由南京师大出版社2000年出版。

2001年

2月,《李杜诗选》(与封野合作),由台湾三民书局出版。

《安史之乱初期李白行踪新考订》,《文史》第55辑(2001年第二辑)。

《李白的潇湘之情探微》,《中国文学研究》2001年第2期。

《〈唐刺史考全编〉订补》,《南京师大学报》2001年第3期。

《发掘中国传统文学本质特征的佳作——读胡可先〈中唐政治与文学〉》,中华书局《书品》2001年第4期。

《评贾晋华〈唐代集会总集与诗人群研究〉》(与胡可先合作),《唐研究》第7卷。北京大学出版社2001年12月出版。

《八世纪以来李白研究的十大热点(与胡振龙合作)》,《文史知识》2001年第10期。

《纪念李白诞生1300周年笔谈》,《文史知识》2001年第10期。

《李白:人民最喜爱的伟大诗人——在李白诞生1300周年纪念大会上的报告》,《中国李白研究——纪念李白诞生1300周年国际学术讨论会论文集》。

《吕华明〈李白新考论〉序》,该书由作家出版社2001年出版。

《周建江〈北魏政治文化变革研究〉序》,该书由广东人民出版社2001年出版。

《周建江〈太和十五年〉序》,该书由广东人民出版社2001年年7月出版。

《诸葛忆兵〈徽宗词坛研究〉序》,该书由北京出版社2001年9月出版。

2002年

9月,《新译左传读本》(与周福昌、姚曼波合作),由台湾三民书局出版。

《深受广大读者喜爱的优秀期刊》,《古典文学知识》2002年第1期。

《再谈李白〈蜀道难〉的寓意》,《唐代文学研究》第10辑。

2003年

2月,《新编李白的文——书颂的译注考证(日文版)》(与市川桃子合作),由日本汲古书院出版。

6月,《中国古代文学作品选》(六卷本)("九五"国家级重点教材)(主编),由高等教育出版社出版,该书已15次印刷。

6月,《辞海·语词分册》(音序本)(分科主编兼主要编纂者),由上海辞书出版社出版。

11月,《唐九卿考》(与胡可先合作),由中国社会科学出版社出版。

《对一代诗仙的千年关注的当代关注》(与胡振龙合作),《南京师范大学学报》2003年第2期。

《刘运好〈魏晋哲学与诗学〉序》,该书由安徽大学出版社2003年4月出版。

2004年

4月,《李白古风》(俄文版)(与俄罗斯社会科学院远东研究所资深研究员、功勋学者谢·阿·托罗普采夫教授合作),由莫斯科东方文学出版社出版。

7月,《中国古代文学作品选》(简编本上、下册)(主编),由高等教育出版社出版,该书已被15次印刷。

《咸淳本〈李翰林集〉源流概述》,《中国李白研究》2003—2004年集。

《竺岳兵〈唐诗之路唐代诗人行迹考〉序》,该书由中国文史出版社2004年5月出版。

《赵荣蔚〈晚唐士风与诗风〉序》,该书由上海古籍出版社2004年12月出版。

2006年

11月,《李白集》(历代名家精选集),由凤凰出版社出版。

《气象雄浑 奔放飘逸——谈李白诗歌的艺术特色》,《古典文学知识》本年第5期。

《胡振龙〈李白诗古注本研究〉序》,该书由陕西人民出版社2006年6月出版。

《李白晚年行踪及思想考论》,载《中日学者中国学论文集——中岛敏夫教授汉学研究五十年志念文集》,复旦大学出版社2006年10月出版。

2007年

5月,《古代汉语大词典》新一版(原书编写者),由上海辞书出版社出版。

7月,《中国古代文学教程》(主编),由高等教育出版社出版。

《〈李白集〉前言》,《南京师范大学文学院学报》2007 年第 2 期。

《刘立志〈汉代诗经学史论〉序》,该书由中华书局 2007 年 4 月出版。

《党银平〈桂苑笔耕集校注〉序》,该书由中华书局 2007 年 8 月出版。

《溯史料本源,循学术规范——评〈册府元龟校订本〉》,载《光明日报》2007 年 9 月 15 日。

《胡可先〈唐代重大历史事件与文学关系〉序》,该书由南京师大出版社 2007 年 12 月出版。

2008 年

1 月,《李白与唐代文史考论》(全三册),由南京师范大学出版社出版。

1 月,《唐风馆杂稿续集》,由安徽大学出版社出版。

《尹楚兵〈令狐楚年谱·令狐绹年谱〉序》,该书由上海古籍出版社 2008 年 8 月出版。

2009 年

《傅承洲〈明清文人话本研究〉序》,该书由人民文学出版社 2009 年 2 月出版。

7 月,《中国古代诗文名著提要·汉唐卷》(主编),由河北教育出版社出版。

7 月,《唐诗经典》,由上海书店出版社出版。

2010 年

3 月,《中国古代文学作品选》繁体字版(六卷本)(“九五”国家级重点教材)(主编),由高等教育出版社出版。

8 月,《辞海》第六版(全三册)(编委兼分科主编),由上海辞书出版社出版。

2011 年

4 月,《新译李白诗全集》(全三册),由台湾三民书局出版。